高中英语写作教学模式实践研究

刘 娜 著

中国纺织出版社有限公司

内 容 提 要

　　随着高中英语教育的持续性发展，核心素养的培养价值也在不断地提高。因为高中英语教育中写作能力属于重点教学任务之一，所以基于核心素养，教师也需要高度重视学生写作能力的培养。基于此，《高中英语写作教学模式实践研究》在第一章梳理已有研究基础上，第二、第三章围绕当前核心素养课改背景下的高中英语写作教学来进行探究，简要分析基于学科核心素养的高中英语写作教学。第四～第七章从应用文、概要、读后续写以及说明文四种常见写作类型入手，介绍不同文体的写作要点和写作技巧，同时提供丰富的写作教学工具，并通过大量翔实的写作教学案例对如何上写作课进行指导。

图书在版编目（CIP）数据

　　高中英语写作教学模式实践研究 / 刘娜著 . -- 北京：
中国纺织出版社有限公司，2022.12
　　ISBN 978-7-5229-0139-8

　　Ⅰ . ①高…　Ⅱ . ①刘…　Ⅲ . ①英语—写作—教学研究
—高中　Ⅳ . ①G633.412

　　中国版本图书馆 CIP 数据核字（2022）第 248468 号

责任编辑：柳华君　　责任校对：高　涵　　责任印制：储志伟

中国纺织出版社有限公司出版发行
地址：北京市朝阳区百子湾东里 A407 号楼　邮政编码：100124
销售电话：010—67004422　传真：010—87155801
http://www.c-textilep.com
中国纺织出版社天猫旗舰店
官方微博 http://weibo.com/2119887771
北京虎彩文化传播有限公司印刷　各地新华书店经销
2022 年 12 月第 1 版第 1 次印刷
开本：787×1092　1/16　印张：11.25
字数：226 千字　定价：98.00 元

前言 / PREFACE

在高中英语的课程教学中，写作教学可以用来判断学生对英语知识的掌握状况，是高中英语教师常用的一种教学手段。就英语的教学现状而言，一些英语教师对于核心素养背景下的教学理念的理解还不透彻，所采用的教学方法未能及时转变，导致写作教学不能顺利地进行，不能全面地培养全体学生的写作能力，很多在阅读课上表现积极的学生一遇到写作就头疼，学生的英语实际写作水平亟待提高。基于此，有必要探究高中英语教学在核心素养课程改革下的写作教学。

在实际的高中英语教学中，一些教师的教学方法比较保守，在课上过度要求学生对英语句子、语法及单词的机械记忆，学生虽然能够按照教师的要求来记忆，但是对于所学知识却不能灵活地运用，以至于学生的英语学习综合能力较低。高中英语涉及的知识量大，核心素养下的写作教学，对学生对于英语知识的掌握有更深一层的要求，因此继续采用过去的教学方式是行不通的。核心素养课程改革中明确了写作教学的教学目标，教师应积极地培养学生的各方面素质，促进学生英语学科整体素养的提升。

在高中英语中，关于写作教学的学科素养可分为三个方面，即语言能力、文化素养以及思维素养。教师在实际写作教学中应注重对学生这三方面素养的培养，也就是培养学生在写作时对语言的使用能力，向学生渗透一些关于文化背景的知识，并注重学生写作思维的培养。在高一到高三年级的英语教学中，教师都应围绕这三方面来进行写作教学的研究。《高中英语写作教学模式实践研究》在梳理已有研究的基础上，首先围绕当前核心素养课程改革背景下的高中英语写作教学来进行探究，简要分析基于学科核心素养的高中英语写作教学。然后从应用文、概要、读后续写以及说明文四种常见写作类型入手，介绍不同文体的写作要点和写作技巧，同时提供丰富的写作教学工具，并通过大量翔实的写作教学案例对如何上写作课进行指导。

刘 娜

2022 年 10 月

目录/CONTENTS

第一章 导论

第一节 研究背景

一、英语教学中写作能力培养效果不理想

当今时代背景下，国际化、全球化趋势逐步深入，世界各国之间的交流与合作也不断增强。国际日益密切的合作和交流推动着人力资本的发展，越来越多具有跨文化交际能力的国际型人才被市场所需要。英语作为一门促进沟通的语言工具，在国际交流过程中发挥着重要作用。高中英语的学习是为了帮助学生进一步学习英语知识和掌握英语基本技能，高中阶段的英语学习能够帮助学生打下良好的基础，帮助学生掌握英语学习方法和技能，养成终身学习的习惯。"听""说""读""看""写"是2020年修订版《普通高中英语课程标准》(简称"课标2020")中指出的五项对英语语言技能的基本要求，其中"听""读""看"这三个方面属于理解性技能；而"说"和"写"属于表达性技能。这两种技能在学生学习语言的过程中相辅相成，共同促进学生整体英语水平的发展。英语写作技能作为其中重要一环，对学生语言综合运用能力有较高的要求，也在英语学习过程中发挥不可替代的作用。

"课标2020"根据必修、选修、选择性必修将学生英语学业水平依次分为三个等级。其中"英语学业质量水平一"代表了必修课程的相关要求，其明确指出在学生的写作方面，要求学生能以书面形式简要描述自己或他人的经历，对自己的观点进行表达并举例说明；能介绍中外主要节日和中国优秀传统文化；书面表达中所用词汇和语法结构能够表达主要意思。由此可以看出，英语写作的学习更注重学生情感和经验的表达，是英语学习过程中必不可少的组成部分。然而在实际英语教学过程中，学生整体的写作能力培养效果并不理想。写作常常成为英语考试中失分的主要原因，在写作过程中学生经常出现简单的语法错误、整体写作逻辑不够严谨、语言表达思维过于中式等问题。在学习过程中，写作的教学方式也常常偏向于教师讲授、学生练习、教师批改纠正这一较为僵化、死板的程序，易导致学生英语写作兴趣降低，甚至在学习过程中产生抵触情绪和畏难情绪，使写作教学效果不佳，英语写作能力的培养逐渐成为教师和学生所面临的共同难题。

二、教学改革背景下师生发展的需要

近年来，我国不断深化教育改革，强调在教学过程中要培养学生的学习能力和创新精神，使学生在学习过程中进行自主学习、合作学习和探究学习，转变学生的学习方式。这就要求教师要转变固有的教学模式，改变传统的以教师为主体的讲授式教学模式，作为教师，应该积极转变自身角色，紧跟教育改革的步伐。教师在教学过程中要扮演好学生学习过程中的促进者和引路人的角色，在教学过程中努力实现自身角色的转换，从教学中的主角转变成平等中的首席，把课堂还给学生，使学生在学习过程中充分发挥其主体地位，发挥主观能动性，使学生积极参与到课堂学习过程中，提升学生在学习过程中的自我效能感。在教学过程中，教师要树立交往互动的教学观，注重教学过程中师生双方的相互交流和相互沟通，积极帮助和引导学生，使师生之间形成良好的共同体，师生之间平等交流，互教互学，真正实现教学相长。

时代的发展和进步，为教师带来了机遇和挑战。我国当前的教育改革方案强调要加强教师队伍建设，提高教师队伍的整体素质，这为教师的发展提供了良好的机遇，但与此同时也对教师的专业素养和专业能力提出了更高的要求，为教师带来了挑战。对于教师个人来说，更应该树立终身学习的理念，不断提高和完善自身的教育教学能力。教师的专业发展不仅包括教师个体的专业发展，也包括教师群体的专业发展，教师应该在集体中团结协作，充分发挥教育合力，形成共同体，在整体发展过程中促进自身的发展，更好地完成教育教学工作。

第二节　研究综述

一、高中英语课程目标研究

改革开放至 21 世纪，不同时期的高中英语课程目标在"人才培养观""语言教学观""教育理念"等方面发生了显著变化。

（一）改革开放至 20 世纪末课程目标设定

自 1978 年改革开放以来，我国英语教育教学卓有成效，教育规模逐渐扩大，然而，英语教育"费时较多，收效较低"的问题并没有得到解决。经过十多年的学习，学生的哑巴英语，以及不能熟练地阅读英文原著的现状已然不能适应我国社会发展与经济建设的需要。1986 年，我国颁布了《全日制中学英语教学大纲》，明确指出"外国语是获取全球各方面信息、汲取科学文化知识、有效进行国际交往的重要工具。"❶ 大纲强调英语学习对国家政治经济发展的作用，对人的作用提及较少。1992 年，我国颁布了《九年义务教育全

❶　中华人民共和国教育部. 全日制中学英语教学大纲 [S]. 北京：人民教育出版社，1986：890.

日制初级中学英语教学大纲（试用）》**❶**，该教学大纲除了提及英语学习对社会和国家的益处，同时关注到了个体的发展，有所涉及，但并不深入。1993 年的《中国教育改革和发展纲要》指出中小学应脱离"应试教育"并走向全面提高国民素养的轨道。此阶段英语课程以培养学生日常的交际能力为目的，初、高中的教学衔接问题得到了有效的解决（易斌，2010）。由此可见，改革开放至 20 世纪末高中英语课程目标渐渐清晰、明确，人们对语言观的理解开始朝着纵深方向发展。

（二）21 世纪以来课程目标设定

进入 21 世纪，世界政治多元化和经济全球化的发展态势日趋明显，我国确立了"科教兴国"的国策，英语教育改革不断深入。从新课标的出台到新课标的发展，突出传统高中英语教学与现代外语教学理论在教学理念方面的区别。

1.新课标的出台

2001 年，我国正式启动新一轮基础教育课程改革，颁布了《全日制义务教育普通高级中学英语课程标准（实验稿）》。2003 年，教育部在总结 2001 年英语课准的基础上修订出台了《普通高中英语课程标准（实验）》（马利红，肖磊峰，2018）。

高中英语课程标准（简称课标）是一部具有中国特色的课程标准。它为我国高中英语教学制定了新的内容标准、课程标准、课程设置模式和实施建议。为保障英语课程的稳妥实施，建立标准的英语教材体系以及丰富的课程资源体系；为使评价真正成为教学的重要组成部分，建立多元、开放的英语课程评价体系；为使不同地区与学段具有指导性目标，建立更加灵活的课程目标体系，为使课程设置和课程内容具有选择性、基础性和时代性，建立新一轮的外语教学理念。由此可见，新课程不仅关注教育的发展，也对教育者自身素质，教师的专业技能发展提出更高的要求。新课标首次将"文化意识"连同"语言技能""语言知识""情感态度"和"学习策略"列为五大课程目标。

传统高中英语教学教师往往只注重讲语法词汇，讲知识。练习方式也通常局限于机械地回答问题和做大量的书面练习等。而现代外语教学理论则注重学习者自身的"内化"，学习者已有的语言运用能力需要通过大量的语言实践及运用有效的学习策略可得。因此，教师需要转变教学理念和教学方式，把教学重点从"如何教"转到"如何学"是高中英语课改的一项重要任务。

教育部于 2011 年颁布义务教育各学科课程标准的修订版，即《义务教育英语课程标准（2011 年版）》（简称"课标 2011"）。虽然该课程标准仅仅包括义务教育阶段的英语课程，但经过十多年就课程改革所进行的努力致使课程标准成为基础教育领域内人人知晓的概念（卢金飞，2012）。2001—2011 年发布的英语等语言学科的课程标准在一定程度上已经包括学业质量标准的内容，这对于 2014 年的高中英语课程标准，关于研制英语学业质量标准方面的工作做了充分的准备。2014 年，为了进一步深化基础教育课程改革，教育

---

❶ 中华人民共和国教育部.九年义务教育全日制初级中学英语教学大纲（试用）[S].北京：人民教育出版社，1992：20.

部正式启动普通高中课程标准的修订工作。课程标准的改革及创新带来了许多进步，但仍然有很多问题需要厘清，例如，如何平衡学业质量标准与课程内容、课程目标、考试与评价等之间的关系。

经过修订并颁布的《普通高中英语课程标准（2017年版）》（简称"课标2017"）将课程目标由原来的综合语言运用能力转向了英语学科核心素养，它包括语言能力、文化意识、思维品质和学习能力四个方面。英语学科核心素养首次将思维品质列为要素之一。英语学科核心素养，强调英语课程要以抓词汇和语法的低质量教学转变为引导学生用恰当得体的语言表达观点，用英语做事情，使语言学习和知识扩充、思辨与表达能力发展融为一体，从而进一步明确英语课程的育人价值。

2. 新课标的发展

"课标2017"，指明了新一轮高中英语课程改革的走向和目标，开启了高中英语课程改革的新征程（王德美，2019）。从2003年《普通高中英语课程标准（实验）》（简称"课标实验版"）到"课标2017"的修订完成，英语课程在理论方面取得的积极成果得益于广大教育工作者和教师14年的共同努力，广大英语教师广泛认同以学生为本，指向综合语言运用能力的英语课程目标；积极探索，强调实践、探究、体验是教学方式层面的革新；实行高中课程的多样化设计，极力为学生奠定英语学习的共同基础是课程结构的创新；各级政府和教育厅行政部门极度重视，加大投入，努力提升教师的专业技能是在教师培训方面的进步。经过十多年的努力与坚持，虽然英语教学质量逐步提升，中小学生既听不懂也说不出英语的现象也基本得到解决，但在改革过程中，仍存在不少亟待解决的问题（徐翠筠，2016）。例如，因"材"施教的窘境、"哑巴英语"现象、"费时低效"现象。

课程宗旨上，为确保学科育人计划的有效实行，基础教育课程使命的顺利完成，"课标2017"力求构建并优化与其"立德树人"为宗旨协调一致的课程目标、课程结构、课程内容、教学方式与课程评价。修订后的高中英语课程目标，从"综合语言运用能力"的提升转变为英语学科核心素养的培养。这是基于国际、国内有关核心素养研究的最新研究成果，并结合我国课程改革的现状与问题，重新优化所得。具体要素为语言能力、文化意识、思维品质和学习能力；为了满足高中生多元发展的需求，"课标2017"在课程结构层面提出要减少必修学分，调整课程结构与学分要求，适当控制必修课程学习难度，适当增加选择性必修学分；"课标2017"的课程内容由主题语境、语篇类型、语言知识、文化知识、语言技能、学习策略六要素构成，语言及其所承载的主题语境和文化内涵是语言学习的中心内容；与"课标实验版"相比，"课标2017"的课程内容更具整合性、关联性。教学途径方面，为了使修订后的英语学科核心素养目标能够落到实处，"课标2017"提出实现英语课程目标的主要途径与英语课堂教学的基本组织形式都在于英语活动，并提出了六要素整合的英语学习活动。评价方式上，"课标2017"明确了基于英语学科核心素养的评价应以形成性评价为主，终结性评价为辅，并构建了针对学生核心素养发展水平的评价指标，即学业质量水平（蔡红玉，姬振亭，靳相茹，2012）。

牵一发而动全身。由于以上六要素的变化是一个系统工程，在课程宗旨的演变之下，随之引发的是一系列课程要素的深刻变革，广大教师要深刻反思，不忘初心，对于英语学科到底应该教什么、为何教和如何教这几个问题应当有一个理想的答案。追溯英语教育的本质，充分认识英语学科在育人方面的价值和功能，实现"立德树人"的根本任务。

二、核心素养的研究综述

在全球化的背景下，不同国家对核心素养的研究内容上也会存在差异。国内外相关组织与学者从多个方面对核心素养以及英语学科核心素养进行了研究。

（一）国外关于核心素养的研究

关于核心素养的研究，国外一些组织和学者在早期对其进行了相关研究，研究内容主要涉及以下几个方面：

1. 核心素养的内涵研究

经合组织（Organization for Economic Cooperation and Development,OECD）在 1997 年 12 月启动的"素养的界定与遴选：理念与基础"项目中最早提出了"核心素养"。OECD 在《核心素养促进成功的生活和健全的社会》的研究报告中指出学生应具备的能力素养就是核心素养（王欣欣，2018）。

欧盟认为核心素养是指每个人为了实现和发展自我、适应社会发展和拥有美好生活所需要具备的素养，并列出了相关核心素养，比如，能够用母语和外语进行交际的语言素养、具有基础科技素养、知道如何有效地学习、具有文化素养、具有基本的公民素养等。

美国对核心素养的解释具有时代性，将其解释为 21 世纪技能，认为其包括三种类型的技能：第一种关于学习和创新的能力；第二种关于信息技术的技能；第三种关于生活和生存的技能。

Kihun Kim（2014）在研究中对韩国年轻人所具备的核心素养进行了说明，他认为智力、解决困难的能力是韩国年轻人具备的核心素养。Javier Osorio Julia Nieves（2014）对高等教育核心素养与信息交流技术之间的关系做了研究，该研究指出要运用信息技术进行教育，才能够使学生得到全面发展，提升核心素养。

综上所述，国际上对核心素养内涵有多种解读，通过这些研究我们能够发现，对于核心素养内涵解读的共同点是：认为核心素养是为适应社会变化和个人发展，每个人都应具备的重要技能和基本素质。

2. 核心素养的框架研究

1997 年，OECD 开始对核心素养的框架进行研制。2003 年，《素养的界定与遴选》最终版报告形成，这标志着 OECD 对核心素养框架制订工作的完成。该框架是基于社会心理学的角度和个人与社会发展的原则对核心素养进行了遴选与界定，并对核心素养进行了分类。

俄罗斯对教育进行了改革，其方法是用素养教育改变传统知识教学。俄罗斯教育部于

2001 年编制的《普通教育内容现代化战略》将核心素养划分为五个方面：第一，获取信息能力的素养；第二，维持个人健康及家庭关系的素养；第三，丰富精神生活的素养；第四，适应社会角色的素养；第五，进行自我管理的素养。

美国 21 世纪素养组织（Partnership for 21st Century Skills）于 2002 年创建了 21 世纪素养框架，该框架不仅在美国，在世界各国都有很大的影响力。美国 21 世纪素养主要包括三方面素养：学习与创新素养，生活与职业素养，信息、媒体与技术素养。

欧盟于 2005 年正式公布了《终身学习核心素养：欧洲参考框架》，该文件的公布标志着对欧洲有重要影响的核心素养框架终于形成。该框体从多个方面对核心素养进行了概括，包括用母语和外语进行交际的语言素养；具有基础的科技素养；具有文化素养；具有基本的公民素养。欧盟核心素养框架的制定，对欧洲各界尤其是教育界产生了有利影响。

Keryn Davis（2013）等人对于新西兰课程标准中五种核心素养框架的学习中存在的问题进行了相关研究。

Boonsom Srisakda（2016）为了对核心素养进一步探索，建立学习者核心素养的模型，其根据基础教育核心标准，对几百名学生进行了调查研究。

由此可见，关于核心素养的框架构建，国际上已有不少研究，这些研究体现了核心素养框架构建的多样化，也对我国核心素养框架的完善起到一定作用。

（二）国内关于英语学科核心素养的研究

近几年，英语学科核心素养逐渐成为国内教育教学研究的一大热点，发展学生英语学科核心素养是深化基础教育英语课程改革的一项重要举措。学者们对英语学科核心素养进行了相关研究，主要集中在英语学科核心素养的内涵及英语核心素养的培养路径两个方面。

1. 英语学科核心素养的内涵研究

中国教育学会外语教学专业委员会理事长龚亚夫于 2015 年在题为"学生英语核心素养体系的构建与培养途径"的讲座中，从认知角度对英语核心素养进行了讲解，他表明英语核心素养应包括学术、知识等认知方面，也应包括情感、态度、价值观等非认知方面。他还提到在今后培养学生核心素养的过程中，应该注重培养学生思维能力等。

孙大伟（2015）的研究对高中阶段的英语核心素养进行了概括，认为该阶段的英语核心素养主要体现在三个层面：词汇、语法等语言认知层次，听、说、读、写等语言技能层次，语感、语境、思维等语言意识层次。

李露华、张海燕（2016）认为英语学科核心素养指的是要让学生多方面的能力得到培养与提升，比如语言运用能力、语言技能、情感态度等，具备核心技能的人才能够适应社会的发展，较好地融入社会。李建红（2016）从三个方面对英语学科核心素养的内涵进行了概括，第一个方面包括语言能力、思维品质、文化意识，其余两个方面分别为学习能力和情感态度。

"课标 2017"指出，英语学科核心素养是指学生在英语学习中获得的利于个人发展的关键能力、品质、观念。英语学科核心素养涉及语言能力、学习能力、思维品质和文化意识四个方面。

2. 英语学科核心素养的培养路径研究

张慧敏（2015）在《语言能力：英语学科的核心素养提升探微》中指出，可以通过创设相关情境，为学生提供交流的机会，以此培养学生英语学科核心素养。王蔷（2015）对英语教育改革中存在的主要问题进行了分析，试图从课程整合以及教学方式两方面培养学生英语学科核心素养。王瑢（2015）在《英语核心素养的培养途径》中指出，学生的情感对于培养学生英语学科核心素养起着关键作用，因此，英语核心素养的培养途径之一就是要关注学生的情感。

程晓堂、赵思奇（2016）在研究中指出，可以通过设置英语课程的目的与目标来培养学生的英语学科核心素养，使课程目标与英语核心素养相结合，在教学中有目的地培养学生的英语核心素养。

三、英语写作教学研究综述

国内外对英语写作教学都有不少研究。总的来说，对英语写作的研究，国外比国内起步早，大多数研究主要集中在对写作的理解以及写作教学方法上。

（一）国外关于英语写作教学的研究

国外英语写作教学研究起步很早。无论是在英语写作的概念理解上还是在英语写作的教学方法上，学者们都取得许多研究成果。

1. 英语写作概念研究

Pincas（1982）认为，写作是所有语言知识的融会贯通，包括语法、词汇以及句法。Dvorak（1986）将写作视为所有涉及将思想转移到纸上的各种活动。Bizzel（1986）将写作视为材料的转录，并将其包含在术语"写作"中，这是指写作的所有过程。Weigle（2002）认为大多数学生的第二语言写作是基于学校要求的学习活动，而不是交际语言活动。因此，在她看来，写作是为了发展知识或接受教育，而不是发展一种最终需要在实际工作和实际情况中使用的外语交际技能。Hadley（2003）将写作看作是一个有多种行为活动的集合，写作时的活动包括书写和构思。Williams（2007）认为，写作是人类传递信息和交流思想的三种方式之一，写作与口语无关，但它是一个复杂的过程，涉及各种技能和知识。Jeremy Harmer（2010）提出二语写作总体上可以划归为三种目的：其一，强化知识；其二，语言发展；其三，形成学习风格。

2. 英语写作的教学方法研究

随着人们对写作有越来越多的认识和理解，许多学者归纳出了一系列写作教学模式。最早、最传统的教学法是结果教学法，结果教学法关注的是学生写作的最终结果，该方法认为语篇是由句子构成的，考验学生遣词造句的语言能力（Nunan, 2001）。然而结果教学法存在一些不足，为了探索出更好的写作教学方法，人们尝试从成果教学法的不足中总结经验，于是在 20 世纪 60 年代出现了过程教学法。美国西北大学教授 Wallace Douglas 认为写作是一个过程，教师应该让学生掌握写作过程中的每一个步骤和方法（Judy，1981）。

20 世纪 80 年代后期出现了体裁写作法，该方法认为教师应在写作过程中为学生提供写作模式，让学生在写作过程中进行分析和模仿。20 世纪 90 年代末，研究者开始探索一种新的英语写作教学方法，一些学者试图将过程法与体裁法相结合，而另一些学者则试图将结果写作法的优势融入过程写作方法，将过程法融入体裁法，并将各自优势结合起来。Badger 和 White（2000）综合了结果教学法、过程教学法和体裁教学法的各自优势，提出了过程体裁教学法，使三种教学法的优势在过程体裁教学法中都得以体现。Demet（2011）运用体裁教学法进行教学，研究发现，该教学法可以使学生对写作技巧有更好的理解，从而学生能将写作技巧熟练运用于写作中，提高了学生英语写作的兴趣。

（二）国内关于英语写作教学的研究

国内英语写作教学研究比国外滞后，同样侧重对英语写作概念的理解及教学方法的探讨两个方面。

1. 英语写作概念研究

陈子典（2004）认为，写作不仅仅是人与人之间用于表达情感、想法等信息的活动，也是人们丰富生活、提升自我的重要方式与工具。孙强（2005）表示英语写作是人们展示生活的一种形式，能够体现出综合能力，既是对精神内容的一种输出，也是有目的进行的一项活动。兰良平和韩刚（2014）认为，英语写作本质上是一个复杂的认知过程，即利用英语的句子、段落和话语来有效地选择、组织和表达意思或想法，以及使用书面语言表达想法的过程。写作作为四种语言技能之一，不仅是学生学习语言知识的一种方式，也是一种需要提高的交际能力。

2. 英语写作的教学方法研究

直到 20 世纪 90 年代，国内专家开始研究英语写作教学方法，包括实证研究和非实证研究，前者涉及数据收集与分析，后者涉及教学经验描述与教学反思。王初明（2000）提出了写长法，即以激励学生写长作文的方式去促进学生的外语学习。韩金龙（2001）表明运用过程体裁教学法会使教学有更好的效果，应该在写作教学中广泛应用。张吉生、周平（2002）和胡新颖（2003）通过对结果教学法和过程教学法进行对比，总结出了这两种方法对英语写作教学产生的不同效果。

李琦、折鸿雁（2003）探讨了体裁写作法，并提出了一些新的思路改进体裁写作法的弊端。周遂（2005）对图式理论及其在英语写作中的应用进行了说明，对于外语学习者由于图式差异而产生的写作问题，他从内容图式和形式图式两个角度对图式差异进行了分析，并归纳出了丰富学生写作图式的方法。黄坚、李梅（2012）在英语写作教学中应用了过程体裁法，研究表明该方法能够使学生对文章体裁的形式、特点等有更深的认识，从而提升写作水平。雷镒榛（2014）尝试在英语写作教学中应用过程教学法，研究显示过程教学法对增强学生写作兴趣以及提升学生写作能力都能起到很大作用。

曲秀艳、闫洪勇（2017）研究了互联网时代下大学英语写作教学模式的创新，从教学方法和培养学生写作能力等方面发展，探究新型的教育教学方法，有效地提高大学生的实践表达应用能力，用现代化的教学手段来丰富学生的学习内容，提升学生英语写作水平。崔艳秋（2019）将词块理论应用于高三英语写作教学研究，研究表明，将词块法贯穿于写作教学，既提高了学生的写作水平，又增强了写作的自信心和成就感。

四、理论基础

（一）整体教育

整体教育是指全面培养具有发展潜力的综合性人才。教师应更加注重学生的情感和认知发展。整体教育强调要尊重学生的综合人格。教师应该认识到人类的自主性，即人类作为独立个体的存在；认识到学生具有无限的学习能力和发展的可能性。整体教育强调在教育内容方面的整合。它包括知识与情感、人文与艺术、教育和常识教育，同时鼓励培养人文精神。从教育方法的角度来看，整体教育强调，教师必须为学生提供机会来满足他们潜在的能力。总之，整体教育是由全面的知识结构素质、情感培养、道德培养和生存技能组成的。

韩宝成（2018）指出，外语教育是一种文化教育，目标是通过外语教育使学生学文化、启心智、达至善。教师应整体培养学生的外国语言文化素养，使学生在外语能力、心智能力和人文素养等方面得到全面提升与发展。整体外语教育倡导整体目标观、整体内容观、整体学习观及整体教学观。整体目标观强调外语课程工具性和人文性的统一。整体内容观是指外语教学内容的选择和安排要立足全人教育，整体考量，即全面、正确看待语言的本质、功能和价值。整体学习观是指外语学习始于使用体验，它总是发生在一定的语境里，并且有一定的交际意图。整体教学观是指外语教学要坚持整体输入、整体互动和整体输出。

这与学科核心素养要培养学生在真实情境下问题解决的能力相一致，即要求学生在一定情境下，按照一定的目标，应用各种认知活动、技能等，经过一系列的思维操作，使问题得以解决的过程。教师在英语教学中关注对学生真实情境下问题解决能力的培养，有助于培养学生的核心素养，使其成为具有发展潜力的综合性人才，这符合整体教育理论的教育方法。在此研究中，按照高考英语写作考查方向，选择真实情境下，贴近学生、贴近生活的话题，解决学生在写作过程中的问题，以提高其在遇到此类作文题目时的写作表现。

（二）建构主义

建构主义学习理论是由著名心理学家皮亚杰在 20 世纪 80 年代提出的，之后迅速发展起来。建构主义学习理论的核心是认知主体不被动地接受知识，而是建构积极的知识。知识是学习者积极建构的产物，而不是直接传播的结果。知识建构发生在学习者的个人经验和积极的探索中，根据他们最初的知识和经验探索事物，在某些情况下与他人沟通。建构主义学习理论强调积极的建构、社会互动和情境性学习。

知识不是由教师传授的，而是由学习者在社会和文化的背景下，在他人的帮助下获得的，例如通过交流活动来实现意义构建的过程。因此，教师应该鼓励学生的主动性、创造力和批判性发展，而不是盲目地将知识传授给学生。该理论认为，教师应更加重视学生现有的学习经验，并指导他们在此基础上学习新的知识或解决问题。英语关键学科能力的概念与建构主义有许多相似之处。他们都认为教师不应该直接教学生识字的各个方面，而是把学生作为培养的中心。在教学过程中，教师不应该利用权威来抑制学生的创造力，他们应该帮助学生获得必要的和适应性的经验和知识，并指导学生以一种有意义的方式构建他们的关键能力。研究者在建构主义理论的基础上，指导学生在写作教学中积极地探索和学习，而不是枯燥地背诵。研究人员可以在课堂上为他们创造各种真实的问题情境，从而培养他们解决问题的能力。

（三）全面培养理论

18 世纪法国启蒙思想家、教育家卢梭认为自由是人的天性和最重要的权利，也是人所有能力中最崇高的能力。卢梭的自然教育理论孕育着全人教育理论，其根本目的是促进儿童与生俱来的天性不受约束地发展，成为自然的人。直至 18 世纪末 19 世纪初，德国逐渐兴起的新人文主义教育的主要代表人物洪堡提出基于培养"完人"的教育培养目标。20 世纪 60 年代兴起的建立在人本主义心理学基础之上的人本主义教育思潮，为全人类的发展注入了新的动力，也为人本主义的发展奠定了扎实的基础。此后，在 20 世纪 70 年代，一些激进学派的教育家继承并发展了人本主义学派的教育理想，以后现代主义、生态学、整体论、永恒主义哲学、批判理论为重要基础，提出教育并培养出以"人的整体发展"为宗旨的联结与转化学习理论。直至 70 年代末，这种理论被全人教育的倡导者隆·米勒（R. Miller）开始正式称之为"全人教育"。

全人教育以整体性、联结和存在三个概念为基础，形成了不同于传统教育思想的教育主张，于 1990 年全人教育学者签署的芝加哥宣言中，集中体现了上述主张。为了通过教育改革来建设一种新的文化，并且解决对于人类社会所发生的文化、社会、生态危机及美国现行的教育制度种种危机的担忧，芝加哥宣言提出十大教育改革原则。

总之，全人教育强调经验和个体之间的合作，强调人在整体发展的同时也强调个体的多样性，它并不是一种特殊的课程或教育方法，而是一整套教育思想。

全人教育认为传统的教育大多忽视"人"的发展，更关注智力方面。而真正的教育并不意味着我们无视智力的发展，相反，智力是每一个人非常重要的组成部分，但教育更应该关注青少年"存在状态"的发展，其表现为面对社会挑战的勇气、对生活深层的关注、善于享受生活、其敏锐性、社会责任感、完整性、达观等方面。把人作为一个人、一个有主体的人、一个有情感有智慧的人去看待，因此教育要将人培养成为自由的人、发展的人、完整的人。

（四）多元智能理论

1983 年，在《智力的结构：多元智力理论》一书中，美国心理学教授霍华德·加德纳（Howard Gardner）提出了一个全新的有关人类智力发展的理论，即多元智能理论。

加德纳在书中提出每个人至少具有八项智能，这些智能为后来多元智能理论的发展奠定了重要的基础。具体包括内省智能、自然观察智能、空间智能、身体运动智能、语言智能、音乐智能、数理逻辑智能及人际交往智能。多元智能理论随着人类的文化发展而发展，二十多年来，多数国家及地区已将多元智能理论作为教学改革的重要理论基础，对相关的教育教学实践产生了深刻的影响。

一些英语教师有时候看到学生回答不上问题，不善于语言表达，就认为学生不够灵活，从而忽视对学生其他智能的培养，认为没有发展学生潜能的必要性。多元智能教学法提倡在课堂教学中，要以学生为中心，英语教师要积极运用感性的方式帮助学生发挥其身体运动智能、语言智能、空间智能、音乐智能等，从而高效地掌握词汇。例如，在教授人教版《高中英语必修四》第四单元的"Body language"时，教师可以给学生一些提示词，让学生用身势语将单词表现出来，其他同学可以思考其背后的单词究竟是什么。因为在多元智能理论中，所有学生都具有特殊的智能组合，是聪明的个体，最大的区别在于聪明的方式。他们需要通过教师挖掘潜能，成长为独立、有创造性的个体。由于学校里实施的课程以及教学方法是有限的，导致某些同学的优势智能无法得到发展，所以教师在教学过程中，要善于发现学生身上的强项及弱项智能，并思考通过何种方式有助于学生更好地理解知识，与此同时，教师要多创造机会使学生的优势智能和弱势智能得到互补，以此提高学生的自我成就感以及对学习的兴趣。

我国高中英语课程应更关注学生习得英语知识与运用能力的发展，即"内化"与"外显"。重视学生英语学习的过程性和体验性，而非传统的以应试教育为主要目的的教学倾向，重视学生的考试成绩，片面追求升学率，教学内容设计和活动安排存在不同程度的碎片化现象和机械性特点，轻视基于真实社会情境的语言实践活动。龚亚夫认为，中小学的英语教学目标应该多元化，而不应单单局限于培养学生的语言运用能力，基于"全人培养"的视角去审视学习动机所属的领域，将语言学习与思维认知、个人素质培养等相结合。这样的目标将有助于学生的发展，并得以体现英语教育在育人及提升人的思维意识方面的价值。因此，从培养全人类的角度设计英语教学，将有助于培养学生的学科核心素养，发展学生的各项智力，促进学生全面而有个性地发展。

第二章 高中英语写作教学与核心素养

第一节 高中英语写作教学的概述

一、新课标对高中英语写作的要求

2003 年，中华人民共和国教育部印发的《普通高中课程方案和课程标准（实验稿）》，在十余年的时间里为我国高中英语课程改革提供了方向上的指引，也为提高我国基础教育的质量做出了巨大的贡献。然而，随着我国科技、经济的飞速发展以及社会生活各方面翻天覆地的变化，它们显然无法适应新时代我国高中英语教育的基本形势。高中师生认识到，写作是实现用英语进行思维和表达的基本途径之一，也是听、说、读、写这四种基本语言技能中最能够反映学生思维组织能力以及语言表达能力的一项。正因如此，写作成为高中英语教学中最重要的内容。其分数更是学生成绩拉开差距的重要因素。然而，在目前的英语教学中，写作却没有得到足够的重视，写作也成了高中英语教学中相当薄弱的一个环节。针对这一现状，作为国家意志在教育领域的直接体现的纲领性文件，新课标对写作提出了更高的要求。针对写作能力的考察在高考中所占的比例，也有持续增大的趋势，高中英语写作的重要性在新课标中被提到前所未有的高度。正因如此，越来越多的教师开始关注高中英语写作教学。

因为写作在高中阶段英语教学中具有十分重要的地位，新课标在高中英语写作教学中对师生提出了许多新要求。

在教师方面，新课标提出，教师应当根据课程内容要求，制订可行的教学计划，并注意对教学方式方法加以改进，加大对培养学生学习策略的重视，以帮助学生养成良好的学习习惯，并最终培养学生的自主学习能力。与此同时，新课标还要求教师，要充分发挥现代教育技术对教学的服务与支持功能，以不断深化信息技术同英语教学的融合，并最终达成提高学生学习效率的目标。最后，新课标还着重强调，教师要深刻领会新课标中提出的一系列新理念、新目标以及新要求，始终把发展学生的核心素养作为教学目标，落实立德树人的根本任务。

在对学生方面，从图 2-1 中我们不难看出，新课标对高中生的英语写作提出的要求包含了内容、结构、语言知识等方面。尽管伴随新要求，新课标也提出了一些有针对性的教学建议，然而，从目前高中英语写作教学现状来看，写作教学要达到新课标的新要求，高中师生仍然有很长的路要走。

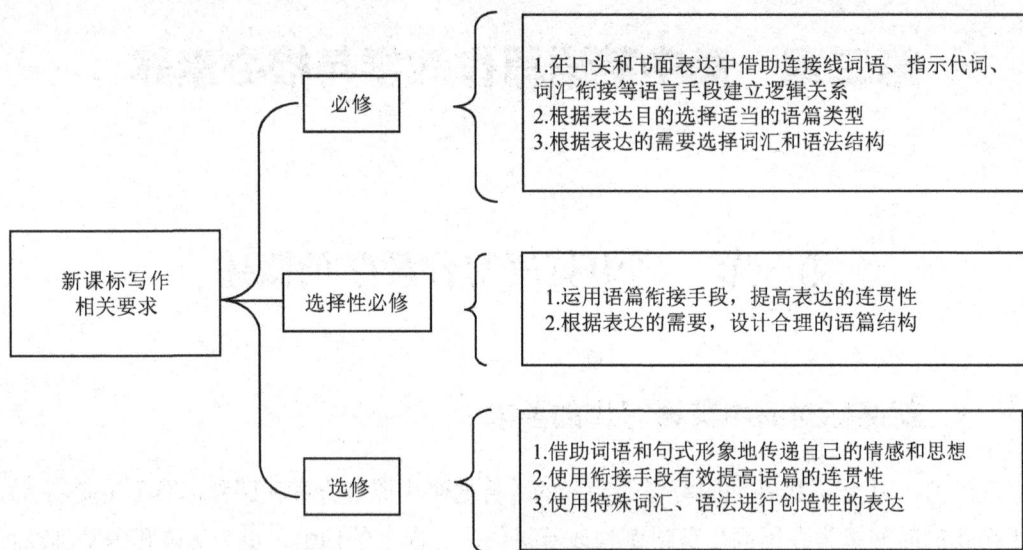

必修	1.在口头和书面表达中借助连接线词语、指示代词、词汇衔接等语言手段建立逻辑关系 2.根据表达目的选择适当的语篇类型 3.根据表达的需要选择词汇和语法结构
选择性必修	1.运用语篇衔接手段，提高表达的连贯性 2.根据表达的需要，设计合理的语篇结构
选修	1.借助词语和句式形象地传递自己的情感和思想 2.使用衔接手段有效提高语篇的连贯性 3.使用特殊词汇、语法进行创造性的表达

（新课标写作相关要求）

图 2-1 普通高中英语课程标准语言技能内容要求

二、高中英语写作学习与教学现状

随着经济全球化的发展，我国社会各行各业对英语人才的需求越来越大。较强的英语能力，也成了当今社会人才必须具备的素养之一。高中阶段正是打好英语学习基础的黄金阶段，这一阶段的英语学习对一个人的发展产生重大且深远的影响。然而，目前高中英语写作教学现状却不容乐观。

（一）高中生英语写作学习现状

新课标对高中英语写作提出了一系列的新要求，同时也为今后的高中英语写作教学指明了方向。然而，反观目前高中英语写作教学现状，要使写作教学符合新课标的新要求绝非易事。主要原因是，高中生在目前英语写作学习中仍存在不少困难。

首先，高中生英语写作中最为普遍的困难，就是词汇使用方面的困难。语言学家Mc Carthy 说过"无论一个人对语法的掌握有多好，无论他的语音有多么优美，如果他不能用足够的词汇来表达他的感情或是理解他人的观点和想法，那么他就无法用这门语言同他人交流"。词汇是构成语言的三大要素之一，学生在词汇掌握方面的熟练程度、准确程度以及词汇量，会直接决定他写作水平的高低。因此，词汇量不足，也就成为目前高中生英语写作学习中的一大障碍。高永辉也指出，写作教学中学生经常存在的困惑是，自己有一定的想法但是往往找不到合适的词汇对其加以表达。教师也经常在学生的文章中看到汉语拼音、汉英交叉的情况。他发现，词汇匮乏问题无论从出现的频率还是它本身的难度来看，都是高中生写作学习中的首要困难。李月棉和董丽在她们的研究中，也得出了相同的结论。

　　与高永辉不同，张芳认为在高中生英语写作学习中，最大的困难应该是语法困难。存在这一困难的原因是，尽管教师在课堂上会注重语法知识的讲解，但却相对忽略了对学生语法知识运用能力的培养。而语法知识是一种技能，反复练习才是掌握它的唯一途径。在目前写作教学中，学生虽然在课上听懂了语法知识，但却没有得到足够的练习运用这些知识的机会。再加上复习得不及时，最终导致学生写出的文章错误百出。卢金飞则认为，学生的语法错误多，主要是因为汉语中的谓语没有时态等变化，而英语中谓语的变化则相对较多，这就使在学生的文章中很容易出现这方面的错误。除词汇和语法方面的困难以外，高中生在复杂句式的使用上也存在较大的困难。通过翻阅文献，研究者发现，学生写作时在复杂句式使用方面的困难仅次于词汇和语法困难。具体表现就是句式使用的单一，文章中通篇都是简单句，且缺乏句式的变化。定语从句、被动语态等写作教学中的重点句型，学生几乎都不曾使用。如此一来，高中生在英语写作学习中的另一个困难就出现了，即文章内容空洞。这也是学生在写作中，最让教师头疼的问题。因为词汇、语法、复杂句式使用困难，学生往往通过使用低级单词、低级的语法知识和简单的句式来避免出错，这也使学生写出的文章毫无可读性，写作成绩的不理想也是可以预见的。因为存在词汇方面的困难，学生有时会用汉语拼音来代替自己想用的词汇。这其实就是一种母语干扰性错误。母语干扰性错误是由语言迁移引起的。主要是因为学生在用英语写作时，常常先用中文对作文进行构思，再将其翻译成英文。这样一来就很容易受汉语思维影响，把汉语中一些词汇或表达方式直接套用到英语中，并最终形成所谓的 Chinglish，即"中式英语"。（刘建良，2006）刘宽平和周业芳（2004）还指出，实际教学中，学生的学习环境也多是母语文化环境，学生学习的各种知识都被深深地打上了母语思维的烙印。这也使"中式英语"问题成为高中生英语写作学习的长期困难之一。

　　通过对这些困难进行梳理，笔者发现，以上困难其实可以被归纳成语言、内容、语篇这三个方面的困难。要提高学生的写作能力，就必须对这些困难加以解决。然而除这些困难以外，学生在写作学习中还有一个主要困难，那就是学生普遍缺乏对于英语写作学习的兴趣和信心。王德美（2019）在对安徽省一所高中的学生开展调查后发现，除了高中生英语写作学习习惯不佳的问题十分突出以外，参与调查的 500 名学生里仅有 17.14% 的学生表示对于写作学习有一定的兴趣，甚至有 20% 的学生明确表达了对于写作学习的抵触情绪。徐翠筠（2016）也认为，学生之所以会在写作学习中存在压力和一些困难，主要是因为学生普遍缺乏对于写作学习的信心，以及没有对于写作学习的兴趣。这样一来，写作学习对学生们来说仅仅是一项不得不完成的任务，平日里他们自然不会去主动开展英语写作的学习和练习。蔡红玉等人通过对某高校二、三、四年级的英语专业本科生进行调查发现，仅有少数学生在写作学习方面比较有信心。作为与高中阶段紧密衔接的学习阶段，高校学生在写作学习兴趣方面的表现也显示出，高中阶段学生英语写作学习兴趣的低下对学生未来的写作学习影响重大和深远。

　　综上所述，目前高中生英语写作学习的现状堪忧。学生普遍存在语言、内容、语篇、写作学习习惯养成、提高写作学习兴趣等方面的困难。实际教学中，教师要对症下药，有针对性地解决这些困难，只有这样高中英语写作教学才能走出困境。

（二）高中英语写作教学现状

目前，高中生在英语写作学习中仍存在较多困难。这些困难，一方面是由于学生自身的问题而导致的；另一方面，这些困难也显现出目前高中英语写作教学不佳的现状，并暴露出其中存在的一些问题。

在当前的写作教学过程中，教师普遍忽视了对学生的创造性以及批判思维的培养，新课标的许多新理念对这些教师来说也显得十分陌生。甚至有教师认为，将新课标的理念应用到教学中比较困难，索性就彻底放弃了对新课标的学习。（张雨娜，2019）这显示出一些教师的教学观念十分落后，而教学观念的落后也使得教师的写作教学方法十分呆板。（王平，2019）虽然新课标对高中英语写作有十分具体的要求，但是教师的理论水平和写作教学观念却没有明显的改观。这导致在英语写作教学中往往达不到预期的目标。

保守的教学观念，使得大多数教师虽然能认识到写作教学的重要性，但实际教学中却没有给予写作教学足够的重视，并导致高中英语写作教学存在各种问题。

首先，是教学策略和教学计划方面的问题。童丽群（2012）指出，在实际教学中，多数教师完全没有制订写作教学计划，也没有专门的写作课时安排，写作教学毫无"系统性"可言。而少数制订了写作教学计划的教师，其计划也多是"临时性"的，同样缺乏"连贯性"和"系统性"。在没有系统连贯的写作教学计划的情况下，这些教师简单地把写作教学分为两个阶段。第一个阶段是高一、高二年级的写作教学。在这一阶段，教师主要对学生进行语法、句法等方面知识的教学，不进行整体的写作教学。并认为只要把基础打好，高三时学生的写作能力提高就会是水到渠成的事情。这一阶段的写作教学中教师往往只带领学生做零星的写作训练，写作技巧方面的教学多是一笔带过。（张叙，2016）

更有甚者，部分教师在这一阶段几乎完全没有开展任何的写作教学。到了第二阶段，也就是高三年级，这些教师才逐步开展写作教学。而此时开展的写作教学也不过是对范文的讲解，可谓是临时抱佛脚。这种完全违背教学的做法，自然是无法提高学生的写作水平的。教师不愿意为写作教学安排足够的课时，这也使学生不愿意花费时间去练习写作，以提升自己的写作水平。而胡梅娴（2015）指出学生写作能力的提高，必然要有一个长期培养的过程，也必然是一个由浅入深的培养过程。短期的集训是无法提升学生的写作能力的。但在目前的高中英语写作中，许多教师仍没有意识到这一点，而是继续将这种观念延续下去。

其次，教师们的教学方法存在较为严重的问题。在英语教学中读、写是相互联系也相互影响的。阅读是理解、吸收，而写作则是理解、表达。阅读是写作的基础，只有充分地吸收才能有良好的表达。但许多教师却忽略了二者之间的联系和影响，在教学中片面地强调写作教学。写作课堂中，也毫无互动性可言，整堂写作课几乎是教师的"独角戏"。而缺乏参与性的课堂导致教学效果极不理想。此外，黄利萍（2016）还指出现阶段高中英语写作不及时、低效率的评改方式是阻碍写作教学质量提升的因素之一，对此，黄慧莲（2019）也有相同的看法。有关部门在一次针对 100 所高中开展的学生对教师教学水平评价的调查中得出，33% 的学生对教师教学水平不满意，在目前高中英语写作教学中的确存在较为严重的问题（陈冰冰，2009）。

综上所述，英语写作在高考中所占的比重较大，其分数的高低对于学生的成绩排名也有重大影响。但在目前高中英语写作教学中，也的确存在诸多问题。许多高中教师的写作教学观念和方法十分守旧和低效。这导致教师因为英语写作教学而深感疲惫，学生对于英语写作学习毫无兴趣。由此可见，目前高中师生对于高中英语写作教学改革的需求是十分迫切的。众所周知，在外语教学过程中，需求分析是一种极为有效的，为实施和改进下一步教学计划而开展的一种诊断过程。它的最终目的是形成决定、改进教学。因此，研究者将在高中英语写作教学中开展需求分析研究，以期为高中英语写作教学的改革提供一定的理论借鉴。

三、外语写作教学的理论基础

与外语阅读、口语教学理论研究相比，外语写作教学研究的历史比较短。20 世纪 50 年代前，这方面研究既陈旧又未形成科学的系统。20 世纪 70 年代新型和系统的研究起步以后，基本上汲取了第一语言写作研究的方法与成果，但外语写作与写作教学之研究缺乏本学科的个性与特色。直至 20 世纪 80 年代，第二语言写作的研究才初具规模。90 年代以来，信息技术与计算机网络迅速普及，在外语写作实际需求猛增的推动下，外语写作教学理论研究蓬勃发展，成果累累，观点新颖，十分引人注目，对当前外语写作教学实践起了有益的指导作用。

（一）外语写作教学模式

1. 文本分析阶段与控制性作文模式

学过英语的人大多学过 16 世纪英国哲学家培根（Francis Bacon, 1561—1626）著名的《论学习》(Of Studies) 一文。培根在该文中说：阅读使人充实，交谈使人敏捷，写作使人精确。虽然他的本意远非从语言学的角度对语言技能进行界定，但是，其字里行间已流露出审慎的写作是一个艰苦的思维过程。培根的这一看法已超越了他同时代的人，直至 20 世纪六七十年代以前，对语言学习中写作的探讨一般仅停留在文体评析上，很少论及作者的思维（对作家创作过程的分析是文学评论的一部分，不属于应用语言学范畴）。当然，培根这段话还谈不上是对思维过程的分析，但他关于写作的议论已涉及作者，客观上已跳出了文本的范围。然而，在几个世纪内，无论是对第一或第二语言写作与写作教学的认识都集中在分析写作成果（product）——如文章和学生作文的修辞与结构方面，写作教学的内容一般局限于对范文修辞和写作技能的讲解及对学生作文的分析。因此，在写作教学研究史上，这一时期被称为文本分析阶段。

文本分析阶段写作教学最突出的模式是控制性作文模式。20 世纪 40 年代中期，以行为主义心理学和结构主义语言学为基础的听说法，出于"口语第一性，书面语第二性"的基本观点，视写作为事后的想法（writing is after thought），是巩固口语手段的"写话"。因此，写作教学的目的与口语一样，是为了形成语言习惯。在书面练习中，重视句型操练和语言单位的单项练习，形式多为模仿（imitation）、替代（substitution）、词性与句型转换（transformation）与完成句子（sentence completion）等。在语篇层次上强调语言形式的正确性，通过对比分析（contrastive analysis），排除母语的干扰，练习多采用控制性作文的方式，这一模式因此而得名。

2. 对比修辞模式

20 世纪 60 年代中期出现了"对比修辞模式"，将控制性作文模式向前推进了一步。所谓对比修辞，是指第一与第二语言语篇的对比。这一理论认为，由于受到学习者第一语言的干扰，第二语言写作往往不能达到以该语言为本族语的人（native speaker）的期望。为改变这种情况，仅使用"听说法"提出的在单词和句子层次上的"对比分析"是不够的，必须将对比扩大到语篇的层次上，将两种语言在文章的逻辑结构、句子组织、语篇形式（discourse forms）安排、分段，如阐明（illustration）、举例说明（exemplifying）、比较（comparing）、对比（contrasting）、分类（classifying）、给出定义（defining）、因果分析（analyzing cause and effect）等方面的异同进行对比，使学生的写作从语言单位到整体结构都符合以第二语言为本族语的人写作之规则。虽然修辞对比理论仍然以分析写作文本为基础，但由于它注重的语篇结构已涉及逻辑等思维因素，开始走出了文本的范畴。因此，一些应用语言学家称它为"传统与当代结合的修辞写作模式"（current-traditional rhetoric model）（转引自钟启泉，2001），认为它是从传统向当代写作模式的过渡。

3. 写作成果教学模式

成果教学法是一种传统的教学法，教学的重点在于写作的最终成果上。首先，由教师分析范文，学生模仿范文写作，然后，教师批改作文，进行评述。该方法包括文章内容、组织结构、措辞、语法等。

该方法是以行为主义学习理论为基础的。这种理论将教学过程看作刺激—反应（stimulus-response）的过程。因此，整个教学过程中学生比较被动。

该方法的优点在于教师能帮助学生分析和练习运用多种文体，这样学生在写作前就对文章的组织有一个较为清楚的概念，落笔时不会感到无从着手。

然而，这种方法有以下不足之处：首先，教师在写作过程中无法进行监控，若学生在文章的组织和内容方面有不妥之处，教师无法及时发现并加以指导。其次，学生仅仅依靠现有的知识苦思冥想，缺乏从讲座、阅读材料和讨论等外来渠道获得知识，因而思路往往不开阔，文章内容显得贫乏。最后，教师批改作文和撰写评语工作量大，耗时多。近年来，英国和美国的一些语言研究工作者所做的调查研究结果表明，学生们对教师的评语和修改过的部分并不认真阅读，所以评述往往达不到预期效果。特别是教师批改作文时往往把重点放在纠正学生的语法错误上，而没有在启发学生思维、帮助学生充实文章内容和改进文章结构方面下功夫；即使在这些方面作了评论，也不过是评论其优劣，而不作具体指导，这样就很难从根本上提高学生的写作水平。正如 Cohen（2000）所指出的那样：有的学生感到从教师所给予的反馈评语中得不到他们所期望的那种帮助，有的学生则对教师的批改匆匆浏览一番，所以其效果不甚理想。

4. 写作过程模式

20 世纪 70 年代，第二语言写作研究中诞生了一个崭新的模式——研究写作过程模式。这一模式接受了第一语言写作研究成果，汲取了对比修辞模式中语篇分析的核心部分，结束了第二语言写作研究的文本分析阶段，将第二语言写作研究的重点从写作成果（product）转向写作过程（process）。该模式认为，在写作过程中，作者使用批判性思维（critical thinking）进行逻辑推理，选择语言单位与语篇形式表达思想，因此，写作是一个复杂（complex）、反复（recursive）的过程，但也是一个创造性地进行思维的过程，仅分析文本远不能揭示写作过程的本质。

早期的写作过程模式主要以心理语言学作为理论基础。但由于 20 世纪 70 年代以来，社会语言与应用语言发展很快，与写作相关的语篇分析（discourse analysis）、社会文化与外语教学的关系、交际教学法中有关语言功能的理论以及以学术学习为目的的英语教学（English for academic purpose，EAP）等领域都对第二语言写作研究产生了一定的影响，当前的写作过程模式较 20 世纪 70 年代有了很大的发展。在实际的第二语言写作教学中通常根据以下几个步骤来组织：

写前准备（pre-reading）：在这个过程中，学生根据所布置的作文题，运用自己现有的知识进行构思，并写出提纲，教师监控这一过程，必要时给予帮助。

写初稿（drafting）：学生将构思的结果草拟成文。

校订修改（editing）：修改工作通过两个阶段来实施。第一阶段，学生相互修改（peer-editing），教师一般在课前准备几个问题供学生思考，例如，文章引言是否起到了引导读者阅读下文的作用，段落中心大意是否明确，结束语是否起到总结文章要点的作用等。第二阶段，由教师进行批改，即指出文章存在的问题。至于大小写、标点符号等问题则放在后一步处理。在条件允许的情况下，教师也可进行个别辅导。

重写（rewriting）：学生根据教师和其他同学的意见对文章进行修改重写。

上述指导写作过程，有以下优点和缺点。

优点：其一，指导的重点放在写作过程上，这有利于学生了解自己的写作过程，并懂得写一篇文章必须经历的几个步骤，如做写前准备、起草、初稿、修改或重写等。这有助于他们写作能力的提高。其二，学生有足够的时间进行起草或重写。这样能充分发展他们的思维能力。学生根据教师和学生的意见修改或重写，这有助于他们发现自己写作中存在的问题。其三，课堂活动以学生为中心，学生就能学得很主动，而不是被动地在刺激后作出反应。其四，个别面对面的辅导和学生之间相互修改通常比教师以书面形式对作文写下评语给学生留下的印象更深，这样犯重复错误的机会较少。

缺点：其一，由于教师在学生写作之前没有进行足够的指导，学生写作之前没有范文可参照，导致他们对一般常规写作模式没有清楚的概念。有些教师往往要求学生在写初稿时想到什么写什么，结果在他们的第一稿中出现了严重的组织结构方面的问题。特别是在学术性写作中，这一问题尤为突出，因为学术性文章的文体，诸如政论文，数据描述、流程图解释、比较和对比等一般都有较固定的模式。其二，该教学法无法培养学生在短时间内写作文的技能。因此，对帮助学生参加 TOEFL、IELTS、GMAT 及 EPT 等考试没有实用的效果。因为这类考试都要求考生在规定时间内完成写作。其三，该教学法花费时间多，因此接受短期培训的学生没有足够时间对多种文体和题材进行写作练习。其四，个别辅导固然好，但若班级人数众多，实际上不可行。

5. 体裁教学模式

体裁教学模式是近年来随着体裁理论的发展而出现的一种新的教学方法。体裁理论认为交际的目的是体裁的决定因素，不同的语篇体裁（如求职信、科研论文、法律文书等）被用来达到不同的目的。所以，Swales 把体裁定义为"具有共同交际目的的一组交际事件"（Swales，1990：98）体裁教学法对写作的看法同成果教学法相似，认为写作与语言知识密切相关，只不过他认为写作随着社会语境（social context）的变化而变化，并由此产生了诸如推销信、科研论文、报告等与不同语境相适应的语篇体裁（Flowerdew，1993：305）。就写作过程而言，体裁教学法和成果教学法也有许多相同之处，Cope 和 Kalantzis 等澳大利亚体裁研究者设计的"轮式体裁教学模式"就体现了这一点。

Cope 和 Kalantzis（1993）把写作过程分为三个阶段：示范分析（modeling）、协商（joint negotiation of text）、独立写作（independent construction of text）。在示范阶段，老师通过范文介绍某一体裁，讲解其功能、体裁结构、语言特点等，以指导以后的写作。协商阶段是教师和学生的沟通过程，在这个过程中教师和学生一起创作一篇文章，包括观察、调查、讨论等，教师充当"抄写员"的角色，把学生的观察、调查、讨论的结果写成特定体裁的文章，使学生了解整个创作过程。在第三阶段，学生选择一个题目，独立创作一篇特定体裁的文章。这一教学过程被称为"轮式"，是因为这一过程不是线性的，教师可以根据学生的需要从其中任何一个阶段开始。

虽然体裁教学法的研究者并没有明确阐述他们的习得理论，但从其使用范文、分析语言特点等做法来看，他们把学习视为"模仿""理解""掌握规则"的有机结合。总之，体裁教学法认为写作的成功取决于语言知识和社会目的的密切结合，而写作过程主要由教师提供范文，然后进行分析和模仿。

（二）第一与第二语言写作教学的异同

1. 第一与第二语言写作的共同点

写作与口语同是语言表达思想情感的一种形式，但它们的特点不同。写作时使用的书面语正式、严谨，要求具有较强的逻辑性，不能像口语那样多次重复与停顿。同时，写作不像交谈那样，可时刻与表达对象进行面对面的交流、随时根据信息反馈调整谈话内容。

因此，写作比谈话需要花费更多的时间对内容进行思考，对语言进行推敲。

写作的另一特点是它不能自然习得。口语是生活在社会中的任何人都能掌握的，但很多人不能写作，甚至识字的人中也有不少人对写作感到无能为力。无论是第一或第二语言写作，都必须通过自觉学习与反复练习才能达到一定的水平。

尽管各民族的语言表达不同，他们的思维方式存在差异，文化与社会习俗各有特色，但任何写作都要求作者具有一定的思维能力和驾驭语言的能力，在写作过程中运用自己的能力创造性地思索、合乎逻辑地构思，从记忆中搜索各种概念与语言知识，使写作达到交际的目的。

以上是第一与第二语言写作的相同之处。

2. 第一与第二语言写作的区别

儿童在开始以本族语言阅读与写作时，已有相当的口语基础，并通过口语及第一语言环境提供的各种条件，掌握了第一语言的基本体系与词汇，虽然他们在学习写作时仍需努力，但从主观上看，学习过程比较顺理成章，客观上除了学校教师的指导外，周围还有家庭、媒体等环境的熏陶。例如无特殊困难，大多数人经过训练都能达到基本要求。

但第二语言写作开始时情况就很不相同：首先，学习者已基本形成了以第一语言进行思维的习惯与方式；其次，第二语言写作大多与口语学习同时开始，此时学习者已经掌握的不是以第二语言口语为基础的基本语言体系，而是第一语言体系。他们不仅不能如儿童那样从第一语言的环境与口语及其语言体系中获益，还不时受到第一语言体系与环境的影响。

从人类都能习得口语，但不经过学习不能掌握书面语的事实推论，口语与书面语似乎属于两个体系。实验表明，第二语言写作能力受到第一语言书面语能力的影响，也就是说，第一语言书面语能力强的人，相对地，第二语言写作能力也较强。同时，除了书面语体系能转移外，认知结构体系、文化习俗类型也会转移。从学生的作文与他们的问卷答案中可以看出，积极的语言认知体系的转移促进了第二语言写作；当发生负迁移时，便产生了语言错误、文章组织结构或文化差异等问题。

在运用第二语言写作时，学习者独自表达思想感情，错误与问题便暴露无遗，这会给作者带来心理上的压力。可见，第二语言写作有自身的特点，它们的模式不能简单地由第一语言写作的模式替代。

（三）写作教学与口语教学的关系

长期以来，第二语言写作教学深受听说法提出的"口语第一性，书面语第二性"理论的影响。即使在听说法的弊端时，也未认真分析该理论对外语教学的误导作用，致使不少人至今仍对它莫衷一是。

从语言发展史与儿童习得第一语言的自然过程来看，无疑口语在先，书面语在后。同时，口语是使用最频繁的交际工具，几乎人人都使用口语，但世界人口中却有五分之一的文盲无法使用书面语言。再者，无论口语或书面语，都是音与义结合。学习一种语言，必须掌握它的语音，而口语是学习语音最好的途径。从这些意义上来说，称口语为第一性未尝不可。然而，口语与书面语是两种不同的语言形式，它们互相影响、互相促进，但也各自具有相对独立性。一般来说，书面语既不从属于口语，也不是写下的口语，它有自己独特的体系与功能，何时使用口语与书面语应由交际需要决定。从第二语言学习的层面来看，听、说、读、写是四种相关联而又不同的技能。听说与读写不是简单的依存关系。在教学过程中，某种技能教学的先与后应取决于教学目标与学生的水平。在实际生活中，第二语言口语好的人，阅读与写作能力不一定强，培养阅读与写作能力也并非必须以口语为前提。

外语教学实践表明，先听说后读写的程序与方法对初学者的教学效果较好。这是因为学生一开始就接受音义结合的单词、句子与语篇，通过听觉感知了解信息，然后读写跟上，再通过视觉强化信息，与仅利用视觉的无声读写相比，加强了手段，提高了效益。但这一程序与方法并不是放诸四海而皆准，一般仅适用于外语教学的初级阶段。对难度较大的语言材料，听说法的这套程序较难奏效。此时，通过视觉的读与写又显示其优越性。因此，用儿童习得第一语言过程的"口语第一性，书面语第二性"来概括外语教学的普遍规律是不确切的。至于听说法认为写作仅仅为巩固听说的手段，片面地将写作课变成写话课的做法，则降低了写作技能训练的质量，削弱了写作在外语学习中的重要作用。不符合当代外语教学理论与实践的原则。

（四）写作教学与阅读教学的关系

在听、说与阅读三项技能中，写作与阅读的关系最为密切。传统的外语教学已将阅读与写作联系在一起。近年来，第一语言教学领域就写作与阅读的关系进行了十分热烈的讨论，促使第二语言教学重又讨论这一传统教学中的问题。

由于阅读与写作都使用书面语，阅读与写作能力之组成部分就必然会有些共同之处。以英语为例，它们都包括掌握单词拼写、自动认字与一定的词汇量、书面句法结构、语篇组织、社会文化准则等知识与能力。不少实验显示，学生的阅读与写作成绩密切相关，阅读量大与阅读能力强的学生，往往写作水平也较高。因此，阅读被认为是写作主要的语言输入，常与写作结合在一起。传统的英语阅读课通常是在学生阅读一篇范文后做写作练习，而写作课则常以阅读一篇材料作引导，读完后写摘要或小结。可是，由于不同的教师对阅读与写作关系的理解不同，处理两种课型的方式也不一样，而对它们的关系又缺乏理论上的探讨，致使有时阅读课与写作课几乎难以分辨，或干脆取名"读写课"。

1. 方向性（the directional approach）与非方向性（the non-directional approach）关系

有些学者认为，阅读与写作是单向的方向性关系，即一方影响另一方。持阅读影响写作观点的人认为，阅读是语言输入，写作是语言输出，没有输入就没有输出。因此，阅读的内容与方法直接影响了写作水平的提高。从阅读到写作不是简单地将输入的材料拿来就用，而是经过大脑的处理，产生了从阅读到写作的转移。另一派人不同意这一观点，他们认为是写作影响了阅读：写作是作者运用认知与语言知识创作的过程，它构建了处理书面语的框架，阅读之所以能接收信息，是因为它符合这一框架。同时，写作时集中思考词汇与句子意义，它所达到的深度超过了阅读。因而，阅读能力在很大程度上须依靠写作训练来培养，而写作活动必然能提高阅读理解的能力。

另一派学者属于非方向性派。他们认为，阅读与写作之间如同它们和听与说的关系一样。不存在方向性的关系，因为它们和听与说一样，是独立的语言技能，都受人脑总体的认知与语言机制的控制，服从于一个总体的认知与语言水平。这一派人反对离开人的认知机制讨论阅读与写作的关系。

2. 双向性（the bidirectional approach）关系

持"双向性关系"作的各种组成部分并非简单地对等或一方影响另一方，而是多方面互相影响、互相作用的关系。同时，无论阅读与写作，都有不同的发展阶段，在每一阶段阅读与写作习得和学习的内容都不同，它们的互相影响也可能超越阶段，如前一阶段阅读的知识可能影响后一阶段看法的学者认为，阅读与写作相互影响。他们分析了阅读与写作能力的构成，指出阅读与写写作等。

"双向性关系"的观点受到很多人的支持。一方面，作为同是书面语的语言技能，阅读与写作之间互不相干是不可能的。这与它们都受到人脑总体认知与语言机制的支配并不矛盾。因此，非方向性的观点站不住脚。另一方面，认为只有一方影响另一方的看法也不全面。从实际教学中与大部分试验的结果来看，阅读与写作是互相影响的。正如持阅读影响写作观点的人所指出的，阅读是一种语言的输入，大量的语言输入能为写作创造条件，这已被实验与实践所证明，写作能力的提高有助于阅读也是有目共睹的。因此，阅读与写作"双向性关系"比较令人信服。

第二节　高中英语写作教学学科素养的内容

一、语言能力

英语是众多学科中一门关于语言的学科，英语教学的基本任务就是使学生具备基础的语言能力。语言能力所涉及的范围较广，它不仅包括一些基本的语言知识，例如单词、句型等；它还包括学完这些语言知识，要合理利用这些知识与他人进行交流的能力，此外，能够用英语以说或写的形式对某事物表达自己的看法，也是语言能力的体现。

"课标 2017"中提到学习能力目标包括：能够对英语有着浓厚的兴趣；能够使用合理的学习策略进行英语学习；能根据学习内容制订学习计划；能够从多种渠道获得知识；能够较好地开展合作学习；能够调节学习中的负面情绪；能够对自己的学习效果进行反思；有明确的学习目标与决心；能够对所学内容灵活运用等。

学习能力是学生英语学习需要具备的一项重要能力，若将知识的来源和学习的动力都依赖于教师或父母，学生难以获得自我提升，也不利于其未来发展。因此，教师将培养学生学习能力作为高中英语写作教学目标之一，无论对学生写作学习还是今后发展都能起到重要作用。教师在英语写作教学中，可以从自主获取信息能力、写作模仿能力、知识运用能力等方面去培养学生的学习能力。为在高中英语写作教学中实现培养学生学习能力这一教学目标，可以将其具体细化。例如，学生要做到：其一，模仿优秀范文的写作形式进行写作；其二，将课堂所学的写作技巧学以致用；其三，学会从课外生活中获取写作素材，这些都属于学习能力层次的目标，体现了对学生学习能力的培养。由此可见，基于英语学科核心素养设计的教学目标，更能体现教学的针对性、全面性。教师在教学目标中有意落实英语核心素养，这不仅符合"课标2017"的要求，能使学生的英语学科核心素养得到发展，也能使教师自身的专业素养随之提升。

（一）语言能力的概念和内涵

语言能力是一个十分复杂的概念，自从乔姆斯基（Chomsky）提出"语言能力"概念以来，其内涵不断丰富和发展。巴克曼（Bachman）的语言能力概念是一个包括语言组织能力（organizational competence）和语用能力（pragmatic competence）的十分复杂的多层次的系统（刘润清，韩宝成，2010）。"课标2017"指出，"语言能力指在社会情境中，以听、说、读、看、写等方式理解和表达意义的能力，以及在学习和使用语言的过程中形成的语言意识和语感"。从上述定义及相关的研究资料可以看出，作为英语学科核心素养的语言能力，其内涵明显得以进一步丰富和拓展。

（二）英语学科核心素养之语言能力内涵解读

作为英语学科核心素养之一的语言能力强调学习者对语言的认知的重要意义。学习者对语言的认知"指的是对语言在大千世界中的位置、运作、作用和功能的认识、体验、感知和对语言本质的认识"（屈凌云，魏静静，2017）。对语言的认知在某种程度上决定着语言学习者内在的学习动机和热情，也决定着语言学习者语言能力发展目标的最终达成。"吴一安老师认为，对语言的认知是受教育者在接受教育的过程中应该发展的语言能力的重要组成部分。同时，他还认为，语言学习者若能认识到语言对国家教育及对国家、社会和个人发展的意义，意识到语言的无所不在、博大精深和触类旁通，意识到每一种语言都有自己独特的运作体系，他们就会获得学习语言的内在动力。"（屈凌云，魏静静，2017）程晓堂和赵思奇（2016）也认为，语言能力包含学习者关于英语学习的一些意识和认识，如对英语作为一种国际通用语言的重要性的认识，对学习英语的意义与价值的认识，对英语与文化、英语与思维之间的关系的认识。学习者对语言的认知属于学习者语言学习的非智力因素方面，这恰好是教学中因重视不够而影响学习效果的重要因素。学生只有真正意识到语言学习对自身和社会发展的重要意义，对语言学习产生浓厚、持续的兴趣和热情，他们的语言学习才会兼具内部动机和外部动机。可见，语言学习者对语言的认知是作为英语学科核心素养的语言能力的内涵所在和题中应有之义，是构成语言能力的重要因素，也是语言能力发展和提升的重要前提和基础。

作为英语学科核心素养的语言能力所含语言技能的内涵进一步拓展。"课标实验版"所规定语言学习的目标——综合语言运用能力所含的语言技能主要指听、说、读、写的技能。作为英语学科核心素养的语言能力所含的语言技能中除听、说、读、写之外，还新增加了对"看"的技能的要求。"课标2017"指出，"语言能力是指在社会情境中，以听、说、读、看、写等方式理解和表达意义、意图和情感态度的能力"。英语学科核心素养背景下的语言技能中之所以新增了"看"的技能，主要是"互联网＋"时代多媒体和信息技术突飞猛进发展的结果。如今多媒体和网络互联技术及智能移动终端的普及为学习者提供了海量的、应有尽有的多模态语言资源，通过读、听、看相结合理解和欣赏这些材料的综合技能就显得十分重要。比如，一部美国大片在国内和美国同步上映，可能是原版未译电影，"看"画面、场景及语言使用的具体语境会比"听"更有助于理解和领悟语言的情境意义和隐含意义。目前，一些有条件的学校所开设的视听课、影视欣赏课等事实上是对"看"的技能的训练与提升的课程的直接例证。在英语学科核心素养背景下，要培养和提高学生的语言能力，"看"的技能的培养应当引起教师的关注和重视。

作为英语学科核心素养的语言能力更加关注语言知识的深度学习和运用。作为英语学科核心素养的语言能力所含的语言知识不仅包括语音、词汇和语法，还包括语篇知识和语用知识，除了要掌握这些语言知识本身之外，还要特别注重语言知识在建构和表达意义过程中的作用，赋予语言知识以运用，而不强调对其死记硬背和机械记忆（张伊娜，2005）。根据"课标实验版"，综合语言运用能力目标下的语言能力涉及的语言知识主要指语音、词汇、语法、话题和功能，而"课标实验版"中语篇知识和语用知识代替了话题和功能。长期以来，受传统结构主义语言观和应试教育思想的影响，中学英语教学中语篇知识和语用知识并没有引起大多数教师足够的注意和重视；许多教师对语篇，尤其对语用知识了解不多。但是，随着交际教学法的兴起和跨文化交际能力在语言学习中日益受到重视，近年来，语篇知识和语用知识在语言学习和运用中的重要作用逐渐为语言学者和教师所认识和关注。"课标实验版"将语篇知识和语用知识纳入语言知识和语言能力的范畴，正顺应了这一发展趋势。

"课标2017"指出，语篇是表达意义的单位，包括口头语篇和书面语篇，是人们运用语言的常见形式。语篇知识就是关于语篇是如何构成、如何表达意义及人们在交流过程中如何使用语篇的知识。学习语篇知识是发展语言运用能力的基础。语篇知识有助于语言使用者有效理解听到或读到的语篇。语用知识是指在特定语境中准确理解他人和得体表达自己的知识。掌握一定的语用知识，有助于学习者根据交际目的、交际场合的正式程度、参与人的身份和角色等选择正式或非正式、直接或委婉、口头或书面语等形式，得体且恰当地与他人沟通、交流，达到交际的目的。"课标2017"要求的语言能力素养中将语篇知识和语用知识明确纳入，正是基于人们越来越清楚地意识到它们在建构和表达意义过程中的重要作用的认识。

作为英语学科核心素养的语言能力蕴含着文化意识、思维品质和学习能力等必备品格和关键能力。"课标2017"指出，"英语语言能力构成英语学科核心素养的基础要素。英语语言能力的提高蕴含文化意识、思维品质和学习能力的提升，有助于学生拓展国际视野和思维方式，开展跨文化交流"。语言能力、文化意识、思维品质和学习能力共同构成英语学科核心素养，是学生终身发展和全面发展所需的必备品格和关键能力在英语学科的重要体现。四大核心素养之间是相互联系、相互影响、不可分割的有机整体，其中语言能力构成英语学科核心素养的基础要素；文化意识体现英语学科核心素养的价值取向；思维品质体现英语学科核心素养的心智特征；学习能力是英语学科核心素养的发展条件。四大核心素养整合了知识与技能、过程与方法及情感态度价值观。

可见，在英语学科核心素养背景下，语言能力不仅是语言知识、技能的体现，还是文化意识、思维品质、学习能力等核心素养融合的综合能力；语言能力不只关注学生的成才，更加关注学生的成长、成人的价值；作为英语学科核心素养的语言能力本质上蕴含着文化意识、思维品质和学习能力等必备品格和关键能力。

二、文化素养

随着英语的广泛使用，人们对英语学习越来越重视，学习英语不仅能够提高自身文化素养，也有利于自己未来的发展。英语学习的内容不局限于一些英语知识与技能的学习，对英语国家的文化进行了解、认识，以此培育文化意识，也是英语学习的重要部分。文化意识是指了解、尊重不同国家的文化，并能够学习他国的优秀文化。在英语写作教学中培养学生文化意识，就是要在课堂上向学生讲解有关人文知识或所涉及的文化背景知识。

"课标2017"中提到文化意识目标包括：能够从学习内容或实际生活中挖掘到文化信息；尊重、理解各国之间的文化差异，具有跨文化意识；能够从各类文化中感受到文化的多样性；能够用英语对本国文化或其他文化进行简单介绍；能够从中外文化对比中，对中国文化有更深刻的理解，坚定文化自信；能够合理分析、比较中外文化的异同，有向外传播本国优秀文化的意识，能够在与不同国家或地区的人进行交谈时，注意到文化差异等。

（一）高中英语课程标准中文化品格素养的内涵及构成

文化品格这一概念来源于英语学科核心素养。在最新修订的《普通高中英语课程标准》中，将英语学科核心素养概括为"促进学生语言能力、思维品质、文化品格和学习能力共同发展的关键素养"。对于英语学科核心中的文化品格，主要是指文化立场与态度、文化认同感和文化鉴别能力。学科中蕴含的有助于学生文化品格素养形成即指学科教材中所反映的文化气质、风格以及对文化的选择与传递。文化品格即对中外文化的理解和对优秀文化的认同，是学生在全球化背景下表现出的知识素质、人文修养和行为取向。文化品格核心素养是对原有课程标准中文化意识的深化发展与升华。文化品格作为英语学科核心素养的一种价值体现，使学生在英语学习过程中能够对中外优秀文化进行正确的理解与认同，帮助学生树立正确的价值观与世界观，具备一定的跨文化交际和沟通的能力。综上，文化品格的概念可界定为：在全球化背景下，理解中外文化和认同优秀文化的时候，学生表现出的文化意识、人文修养和行为取向。

1.高中英语课程标准中所体现的文化品格素养的要义

（1）旨在关注人的全面发展

人在社会中的关键地位，促使人需更加全面地发展。在错综复杂的社会关系中，人的生存与发展也面临着挑战。只有具备关键能力与关键素养的人，方可在当下社会中得以生存。人的全面发展是素质教育的根本宗旨，也是各国制定核心素养的基本价值取向。而对于培养学生的全面发展，核心素养的落实势在必行。对学生产生直接影响的在校培养，当数课程的学习。相应地，为响应核心素养的积极引领，学科素养呼之欲出。高中阶段的课程标准主要体现其育人的功能，其中英语学科的学科素养包含语言能力、思维品质、学习能力以及文化品格四个方面，这也是一个学生的发展应具备的品格与能力。而文化品格素养作为其中之一的关键要素，也在学生全面发展过程中不可或缺。

语言作为沟通交流的主要媒介，千年文明皆由此传递，语言对文化的发展产生重要影响。对于中小学生而言，从其学习的初始阶段至终生，语言一直贯穿其中。同时，语言作为文化传播的主要媒介，也是学生在教育阶段需要学习掌握的一项重要技能。在我国，除了母语的学习以外，英语作为第二语言也被纳入考试考察范畴。除了培养学生的日常交流以外，还有意识地培养学生的文化意识，从狭义的文化角度来说，亦有助于丰富其文化的精神世界。探究英语课程内容中的文化素材，从多角度、多层面理解语言运用的价值内涵，从而实现学生的学业水平提升。当下教育阶段的教学行为不仅旨在提升学生的智力水平，更注重其情感因素与个性特征，促使学生潜能的最大提升。课程中所蕴含的文化知识，是学生丰富精神文化世界的最直接来源。而课程的学习又在学生的学校学习生活中占据大部分，因此对文化品格素养的剖解认知是实现学生全面发展的重要一步。

（2）旨在推动终身学习

终身学习不仅仅强调时间上的连续性，还特指学习内容的全面与深化。以往，作为学生主要是通过在校习得所需知识，往往只知其一不明其深层的含义，这样的学习结果储存时间或许仅限于当时。例如，在英语学科的学习中，从最开始的词、句、段落到后来的听、说、读、写，至现在新世纪强调的更为深层次能力的培养。这些都需依据学生原有的文化内容背景，在此基础上的发挥和完善。正如终身学习所强调的是贯穿人的一生，学校教育的结束并不意味着学习生涯的结束，人们还会继续在社会中受熏陶。社会即文化社会，在社会中的大多数学习便是人类自身文化内涵素养的提升。因此，终身学习被作为21世纪的生存概念，许多学者认为，倘若没有终身学习的能力就很难在21世纪生存。

（3）旨在尊重文化异同

国际理解从实践与理论层面来看，也可称作一种教育活动。国际理解也被视为一种素养，归类于核心素养中人与社会的维度，具体指理解与欣赏本国及世界各地的历史文化，并深切地体认世界为一整体的地球村、营造多元文化共存、和平安定的人类生活环境的一种世界观，其主要表现是个体对于国际动态、多元文化、人类共同命运等方面的关切和认知。20世纪后半叶，随着科技发展的进步以及经济模式的日趋全球化，国际的合作共赢是推动国际贸易发展与世界和平的主要途径。但每个国家民族都有各自的文化特性，都需要被理解尊重，国际理解的主要目的就是促进不同文化之间的相互交流与融合，增进人们之间的相互理解与尊重，这也是时代发展革新与可持续发展的必然趋势。对不同文化、种族、宗教、民族保持理解与尊重的态度，促进和谐的建立，这就需要开展国际理解教育。归根结底，国际理解就是文化的理解与认同。也就是说，文化的意识养成对于学生形成国际理解意义重大。在人们树立国际视野和全球意识的同时，具备国际理解能力，有助于人们尊重世界文化的多样性和差异性。在教育日趋国际化的今天，国际理解化的教育逐渐在世界各国的学校教育中担当重要角色。多样的文化呈现在不同的载体中，其中所包含的或广大或深远的品质要素，都是人类所渴望获得的。立足于文化品格素养的深邃，知晓世界文明的广大，乃是当今世界和谐发展的必备能力。文化有共性与个性之分，明确个性文化的价值意义，兼容共性文化的和谐动力，对当代人的文化素养要求颇高。在个性文化得以传承的基础上，秉承文化国际认同，养成国际理解素养，有助于学生更好地融入现代全球化社会。

文化品格素养与国际理解教育的相结合，在课程教材与课程标准中均有体现。从对英语教材阅读材料的整体分析中可发现，人教版高中英语教科书的编写是立足于世界的角度，着眼于世界文化的多样性与差异性的。文化内容不仅包含跨文化交际的信息，同时还在不改变真实的基础上丰富了其文化内涵。英语课程标准中也强调了这一点。尊重差异的前提是了解认知，需要对世界各地的不同文化有所见识。如不同国家、地区、民族的地理环境、文化传统、宗教信仰等方面的特征，尤其是自己所要交往的国家的文化。高中英语这一课程开发的目的便是使我国学生对英语国家的文化习俗有初步认识，以便实现进一步的国际交流。国际理解的基本理念是理解、平等、尊重和包容。这些行为的养成都需基于对文化的认知，个体都应秉承多元文化的意识。在文化意识的培养目标中，涉及层面较多，包含社会、观念等方面。在对待文化异同的问题上，强调对学生文化感知能力的培养，使学生形成世界意识与国际理解意识。

2.高中英语课程标准中所体现的文化品格素养的构成

高中英语文化品格素养分为知识文化、观念文化和交际文化三大主要方面。

（1）知识文化

课程的学习，对于学生而言最基本的是知识的获取。课程标准中对于学生文化品格素养的培养方面，首先强调的便是对于文化知识的掌握了解。知识文化作为高中英语文化品格素养构成的一个主要方面，是指学生在高中阶段对于英语课程的学习中掌握了解一个民族的政治、经济、教育、法律、艺术等语言相关的所有文化知识的总和。知识文化的掌握了解可使两个不同文化背景的人在交际时，不直接影响准确传递信息的语言和非语言文化因素，并且不以交际为目的，也不具备交际特征。

通常情况下，知识文化会以具体的物质形态或成果表现出来。例如，具有代表意义的时代性物质文化遗产、经久不衰的艺术品等。文化品格素养中对高中英语的知识文化方面的培养目标主要是，使学生对优秀的世界文化代表作品与主要成就有基本认知。本研究在对文本对象中文化内容的提取分析中发现，文本中所涉及的文化内容基本涵盖了自然地理、社会风俗、科学文化、文学艺术、饮食文化与人生价值观念等方面，其中符合知识文化中不影响信息传递不具备交际与观念融合的主要有自然地理与科学文化方面的知识构成，因此，将体现在文化品格素养中的知识文化品格素养，划分为历史地理与社会科学两个部分。其中，历史地理部分包含历史文化知识和地理文化知识，社会科学部分涵盖社会生活知识和科学知识。

（2）观念文化

来自不同文化背景的人们，在交流时产生的言语或思维上的碰撞是由不同的文化观念主导所造成的。高中英语课程的学习需要学生在掌握文化知识理解文化内涵的基础上，学会比较文化的异同，并汲取文化精华形成本土的文化自信，这便要求学生在非母语文化学习中需保持正确价值观。这种观念意义上的文化是指与人类世界观、价值观有关的一切文化因素，囊括价值观念、民族心理、审美情趣、思维方式、伦理道德、宗教信仰等。价值观主要是指关于价值的信念、倾向、态度等系统的观点。价值观念上的文化主要表现在：人与自然的关系、人类生活的时间焦点、人类活动的时间焦点、人类活动的形式、与他人的关系形式以及人类本性。英语的学习不仅是在语言知识方面提高学生的能力，更为关注的是学生可以与以英语为主要语言的国家的人民进行交流。此交流并非只是以实现知识文化无误为目的，而是在理解与尊重对方文化观念的基础上的正常交流。例如，我们在学习英语的最初阶段就学会了"How are you？""How old are you？"，可是当我们真正与外国友人交流时，却只能以"How are you？"来问候，而需避讳提及对方的年龄信息。这句式看似完全符合知识文化的语言语法要求，却不符合国外的文化观念。据此，笔者将体现在高中英语学科文化品格素养中的观念文化，主要划分为价值观念与艺术审美两个子部分。

（3）交际文化

语言学习的最终目的是学会交流。英语作为非母语，学生对这门语言的掌握是为实现跨文化交际奠定基础。社会语言学家Hymes首先提出了跨文化"交际能力"理论。在他提出的交际能力的范畴里，语言文化不仅仅是习得语言的语音、词法、句法、词汇、语义等知识，更重要的是要达到语用和交际文化的目的。Hymes的交际能力理论里，语言能力只是交际能力的一个组成部分，说一个人获得语言能力，并非代表一个人获得了交际能力。反之，一个具备交际能力的人，在语言知识的掌握上一定达到了一定程度。同时，交际文化作为文化品格素养的最终环节，在两个不同文化背景的人进行交际时直接影响信息传递，是可能引起偏差或误差的语言和非语言文化因素，具体涉及语义、社会意义及语言使用的文化规约，是与语用相关的文化，包括问候、致谢、称呼、习语、委婉语和禁忌语等。在跨文化交际中，一个人的文化品格素养直接决定其交际的能力，文化品格素养在交际文化这一方面也可具体理解为跨文化交际的意识与能力。

英语的学习不仅在语言知识方面提高学生的能力，更为关注的是学生可以与以英语为主要语言的国家人民进行交流。因此，高中文化品格素养的三个方面是依次递进、互为发展的。文化知识的获得为文化观念认同奠定基本知识基础，具备了正确的文化观念是进行文化交流的有力保障。1980 年，Canale 和 Swain 的交际能力理论模式可以体现交际能力的有："语法""社会语言"与"策略"。1995 年，Celce-Murcia 在 Canale 和 Swain 的交际能力理论模式的基础上，再结合交际语言测试情景提出了新的交际能力模式：语篇能力、社会文化能力、语言能力、行为能力和策略能力，这些都需要在了解语言的基础上，依据不同文化背景的风俗人情方可实现。综上，为促成跨文化交际的顺利达成，笔者将体现在文化品格素养中的交际文化品格素养，主要归纳为传统风俗、风土人情和语言文化三个部分。

（二）文化品格素养导向的高中英语阅读教学旨在达到文化理解

文化教育与语言学习密不可分，校园文化即文化"语言"。在学校的语言学习中，越发体现着文化教学。而在高中阶段的英语学习主要是通过阅读教学为主要传播方式，阅读同样是文化教学与教育的重要实现形式。自 20 世纪 50 年代，我国优秀的语言教学与文化研究者罗常培出版了《语言与文化》一书，他在书中详尽论述了文化与教学的关系，自此，文化教学在我国逐渐被传颂，至 20 世纪 80 年代兴起。在文化教学兴起后，有学者提出文化教学的主要目标是培养文化意识，达到文化理解。英语课程的早期学习都在异国文化熏陶下进行的，高中阶段的英语课程以文化教学为主要手段，利于学生语言知识的掌握与在情境中的运用。1992 年《九年义务教育全日制初级中学英语教学大纲（试用）》和 1993 年《全日制高级中学英语教学大纲》的初审稿中分别增设了文化内涵丰富的"日常交际用语"，而这一导向使越来越多的中小学教师认识到语言与文化的紧密联系，因此在英语课程的学科教材中增设英语国家的地理、历史和社会习俗等文化知识，旨在增强学生的跨文化交际能力和文化意识。直到 2001 年《普通高中英语课程标准（实验）》首次把文化意识作为独立的内容纳入课程标准，要求在教学中培养学生的跨文化意识，并把它作为语言运用能力的一个重要组成部分。（刘月兰，2011）2003 年的"课标实验版"中则第一次把"文化意识"列为五大教学目标之一，提出了全面提高学生的文化知识和理解能力。这便是文化品格素养的初始发展阶段。

高中英语课程标准中将文化意识与语言技能、语言知识、情感态度以及学习策略一起作为课程标准，且在总体目标中提出："文化意识是得体运用语言的保证。"只有了解英语国家的风俗习惯、生活方式、道德标准等多方面内容，了解英语运用的文化背景，学生才得以学以致用。文化意识是在与非母语文化的接触过程中而形成的潜意识，既包括行为上的交流，也包含思想上的文化理解。文化理解是指中西方文化及其差异的理解过程或理解力。国内有学者将文化理解划分为两个方面：一方面是对具体内容的文化现象理解，了解现象背后的历史及其意义；另一方面把文化看作是客观存在的产物，因此需以理性的态度看待文化。在高中英语教学阶段，注重对文化意识的培养，使学生在英语学习中养成文化品格素养，实现与来自不同文化背景人的交流的文化理解。

（三）文化品格素养导向的高中英语阅读教学旨在形成文化自信

改革开放以来，我国在经济、政治、文化等各个方面均取得了骄人的成就，这些更是得益于我国优秀的传统文化基础。文化是文化社会，人是社会中的人，社会的进步发展，也是文化的进步发展，这便需要社会人具备较好的文化品格素养。近年来，随着政治多极化与经济全球化的深入发展，全球文化交流频繁，无论是外国人员前来中国学习，还是我国人员前往其他国家继续深造，这一系列的活动行为都将导致文化交融的产生，世界各国正逐步发展成为一个整体。现代社会的国际性凸显且交融日益密切，对人们自身的文化品格素养的要求日渐增强。面临如此艰难困境，高中英语学习中的文化品格素养在帮助我国学生走向世界的道路上又增添了几分昂首的底气。

虽然我国有丰富的文化底蕴，但是在日渐严峻的国际竞争中尚处于劣势，对优秀的文化资源并没有合理掌握利用。这映射着我国国民文化素养还有待提高。若想抵御西方文化霸权、维护国家文化安全，需从我们自身的内在素养出发，使我国优秀的传统文化根深蒂固，由内向外地散发出一种文化自信，才有助于本民族文化的竞争发展。对于民族的发展，国家在新一代的身上寄予厚望。新一代中广大学生群体，文化与民族意识多形成于在校的学习过程中。文化意识的觉醒是推动社会进步、民族交流融合的关键动力。同时，文化品格素养的养成不仅能够保证中国优秀传统文化的继承发扬，还可对中国优秀传统文化进行创造性转化和创新性发展。文化主体对文化自身认同、尊重与信赖，本身就是文化素养的一种体现，这些所谓的认同、尊重与信赖就构筑了文化主体的一种文化自信。文化自信归根结底也是一种价值自信，在当今发展迅速的社会中是对文化强大生命力的肯定。具备文化品格素养的文化主体，既肩负着发扬继承优秀传统文化的重要使命，更是在保持本真的基础上创新发展，这样才会使自己的民族在世界发展中立于不败之地。相较于其他学科，英语学科的学习是学生与外界接触的桥梁，因此高中英语的阅读教学侧重文化品格素养在英语学科中的培养，有助于学生在母语以外的知识文化学习中树立自信，在传统的基础上实现创新发展。

（四）文化品格素养导向的高中英语阅读教学旨在实现文化提升

文化交际有本土文化之间的交际，也有介于不同文化之间的交际。英语的学习，是在立足本民族文化的基础上实现不同文化之间的"跨文化交际"。"跨文化交际"（intercultural communication），是指本族语者与非本族语者之间的交际，就是不同文化背景的人之间所发生的相互作用，使来自不同文化背景情况下的人们在相互交际过程中不断解决信息的失落、误解和冲突等一系列问题。英语作为语言的一种而被纳入我国课程，目的是使英语学习者在感受文化学习的基础上逐渐增进文化知识、形成品格、提升文化素养，可以实现跨文化交际。语言作为一种社会现象，随着人类社会文化的产生而产生，发展而发展，是人类所特有的。"语言是文化的载体，又是文化的结晶，是反映文化的一面镜子。语言既是文化的表现形式，又是文化的组成部分；而文化，它制约着语言形式，又不断地将自己的精髓输入语言中，成为语言的文化内涵，成为语言表现的基本内容。"（李润新，1994）"语言具有一切社会现象都具有的特点，是言语交流的一种方式，这种交流是有目的的。且只能在交流双方广泛理解了人类的非言语的暗示、动机、社会文化等互相关联的因素之后才能有效进行，因而语言是实用性的、社会的。这就强调了语言不仅是交流的一种工具，而且是文化的载体。"（何建平，2005）任何语言都根植于特定的文化背景中，它们各自代表了在源远流长的历史长河中形成的独特的表达方式，英语亦然。对于中国学生而言，英语作为第二语言被学生所学习掌握，其最直接也是最终的目的是交际。"文化即交际，交际即文化。"（Edward Hall）语言是跨文化交际的工具，文化是跨文化交际的核心。然而，跨文化交际的关键不仅仅在于掌握一门语言，更重要的是参透文化中的价值内涵。美国的社会语言学家海姆斯（Hymes）于1966年提出的交际理论中指出，一个人在交际的过程中必然要考虑语境、社会规范以及文化背景。倘若一个人只会说出没有语法错误的句子而忽略了真实的文化语言环境，那么这个人就会变得没有内涵而被视为缺乏素养的机械人。因此，跨文化交际中，具备文化品格素养会提升整个文化氛围。

跨文化交际的形成势必要以跨文化的品格素养为前提。语言文化不单单是局限于基础语言的字、词、句以及语义等知识中，更为重要的是其后绵绵不绝的精神源泉——文化。文化品格素养的价值意义就在于，丰富人的文化素养内涵，使其时刻保持一种清醒的认识。跨文化交际能力的养成仅仅依赖于语言能力的习得是不够的，更为关键的是语言学习者内在的文化品格素养的观念驱使。高中文化品格素养的文化交际价值意义，主要体现在其特有的校园文化环境中。"语言是人类文化的载体和重要组成部分，每种语言都能表达出使用者所在民族的世界观、思维方式、社会特性以及文化、历史等，都是人类珍贵的无形遗产。"（周海中，张玉霞，2013）汉威（Robert G.Hanvey）于1976年提出了对"人类所具有的各自制造其独特文化的基本能力，对不同社会的人们的不同观念和行为予以理解和承认"的"跨文化意识"概念，并将"跨文化意识"做了阶段划分，在第四阶段，学习者将在习得的基础上实现文化提升，形成良好的文化意识，获得文化归属感。这便是文化品格素养在跨文化交际中，给学习者带来的价值意义。

三、思维素养

思维品质是学生成长和发展过程中的重要品质之一，它不仅包括对事物的思考、判断，也包括理性表达等多方面，每一方面都对学生产生重要影响。由于中英两种语言在思维方式上存在一定差异，学生在英语学习过程中能够体会到不同思维方式带来的不同感受，从而学会以多种思维、不同角度看待问题、分析问题（王一丁，冷泽兵，2018）。

"课标2017"中提到思维品质目标包括：能够通过比较、分析，发现事物之间的关联与差异；能够对某一问题或现象，发表自己的见解；能够对一系列信息进行归纳、总结；

能够推断出信息之间的逻辑关系；能够从不同角度对信息进行分析、判断等。为了使学生的思维品质得到更好的发展，教师应将其作为写作教学的目标之一。教师在英语写作教学中应注重训练学生的思维，培养学生从英语思维的角度去思考和写作，使学生能客观、理性地看待问题，并针对问题提出自己的看法，使写作风格具有独特性，有意识地在写作教学中促进学生思维能力的提高。

（一）高中英语学科思维品质的内涵

在通用层面，思维品质即是一种大脑智慧的品质，不同的人有不同的思维品质。表现为对事物的理解、抽象概括以及逻辑分析的能力。人们在进行思维活动的时候会因为性别、年龄、生活阅历、知识基础、经济背景等差异的影响产生不同的思维特点，体现出不同的思维品质。在学科层面，主要表现为学科特有的理解问题和分析问题的思维方式。（刘容，2017）那么，高中英语学科思维品质是什么？

1. 英语学习中使用的思维能力

众所周知，不同的语言体系会形成不同的思维方式。由于受传统文化的影响，使用汉语的人们通常习惯于含蓄而又婉转的表达方式；而使用英语的人们更倾向于直白而又客观的表达方式。还有句法、词法、语法上也是不同的，因此，不同的语言与不同的表达方式就需要不同的思维方式。

高中英语学科思维品质是基于普通高中英语学科的能力，是英语学习能力的提升，要通过英语学科教育发展的重要品格和能力，这就要求在高中英语教学的语言环境中，利用所学目标语言进行思维的逻辑分析判断，自主地认知分析和合理的想象预测的能力。具体体现在理解英文概念、语法、语言特征，用英语进行理解和表达的过程上。同时，英语是交际性语言，除了语法规则外，还要使用者运用思维进行观察、判断、分析，从而实现有效的交流和沟通。英语学科思维品质是和语言能力相辅相成、相互影响、相互作用的，语言技巧能够促进思维品质的提升，思维品质又能为语言技巧保驾护航。所以，英语学科思维品质就是用英语进行思维的能力，表现在英语环境下思维的逻辑性、批判性、创造性等方面的特点和水平（陈琳，2016）。

例如，在英语语言环境中思考、理解、分析、判断，借助英语了解认识新事物，根据所学英语正确表达句子，通过英语对文章进行深入理解等。在这些思维过程中，都需要使用英语学科思维品质，在不断思考的过程中也有利于学生逐步从英语学习者成为独立思考或是有自己独特思维方式的英语使用者。

2. 英语学习者思考的水平

思维品质的特征主要体现在逻辑性、批判性、创新性等方面，也就是高中阶段英语学习过程中学习者思考在逻辑性、批判性、创新性等方面的水平。思维品质体现英语学科核心素养的心智特征。学生的分析问题能力和解决问题能力都是思维品质的体现。

思维品质的发展能够使他们从跨文化视角观察和认识世界，对事物做出正确的价值判断。

首先，高中英语学科思维品质具有逻辑性特点。英语学习者思考的水平要求能够通过英语认知事物、抓到细节和特点；通过英语掌握文章结构、思路，甚至总结句子结构和语法规律等逻辑性的思维活动。这体现了英语学习者在分析问题和解决问题方面的思考水平。

其次，高中英语学科思维品质具有批判性特点。英语学习者通过英语学习参与解释、应用，以及具备分析问题和解决问题的能力，体现了能够运用一定的综合分析判断的高阶思维水平。通过跨文化的视角观察和认识世界，客观分析判断，体现英语学习者全面看待问题的思考水平。

最后，高中英语学科思维品质具有创新性特点。创新性的思维体现在学生思考问题、解决问题时有自己的新思路，不墨守成规。在英语学习中能够灵活运用"已知"去解决"未知"就是创新性思维的体现。英语学科思维品质要求英语学习者能够在掌握基本英语知识的基础上，进行发散思维和联想，迁移运用，包括语法概念的运用、字词的理解、句子结构的分析以及文章内涵等，从不同角度、不同层面去理解，体现思维灵活、开阔的思考水平。

3. 英语学习者必备的素养

思维品质以其特有的要求和广泛的影响力在高中英语学科核心素养的四大要素中起着不可替代的作用。其实日常高中英语学科学习中，思维活动无处不在。听、说、读、写都体现了一定的思维品质，也都需要思维品质的支撑，在核心素养的四大要素中，思维品质和其他要素的影响也是相互作用、相辅相成。

作为核心素养的思维品质，不同于通俗意义的思维品质，而是与英语学科紧密联系的思维品质。课程标准对于思维品质的要求不仅在于对语言和文化等基础信息的理解，还需要对客观事物的关联性和差异性进行分析和归纳，并从已知信息中推断它们之间的逻辑关系和相互联结的概念。

课堂教学过程中学生能够积极参与，在教师的问题引导下将课文的主题、框架、逻辑等信息进行有效处理；这些培养思维品质的课堂活动，展示了学生模仿并建构新的概念框架，进而正确运用英语语言表达自己的感受；课后还能利用所学开展课外活动并形成总结。整个课堂从教学设计到实施再到达成的效果都对英语学科思维品质有较高的要求。

思维品质是当前教育的短板，大多数教师仍然停留在"应试"教育模式，重知识技能，轻情感态度思维。社会需要全面发展的人才，所以不仅仅是语言知识技能，更要注重情感态度和思维。要通过英语语言学科教育提升思维品质，教师需要在英语学科教学中注重培养学生思维的逻辑性、批判性、创造性等能力。以思维品质为教学方向，开展促进学生思维品质发展的教学活动。

新课程标准中高中英语思维品质的培养目标可以理解为：能够区分特定的语言和文化；能概括信息的能力；能分析推断逻辑关系；能够对不同的思想观点进行判断：能将自己的观点创造性地表达，具有多元思维的意识和能力。

（二）高中英语学科思维品质的外延

根据"课标 2017"对思维品质的三个学业水平的要求，英语学科思维大致划分为观察与比较、分析与判断、归纳与建构和批判与创新四个不同的层次。这与布鲁姆提出的记忆、理解、应用、分析、评价、创新是相符合的。

1. 观察与比较的能力

观察是获取信息的最直接感知活动，也是人类最早使用的能力，被认为是最直观的认知活动。教师在教学中引导学生学会观察、有方法、有目的、更高效地获得有价值的信息。例如，在阅读教学活动中，教师引导学生根据文章结构、主题句或标题配图等信息，能够观察出文章的主旨信息。因此，观察活动也是课堂教学活动的重要环节。比较则是在仔细观察基础上，对两种事物之间找出共同点和不同点的方法。在呈现问题和现象后，教师不必急于给出解释，可以鼓励学生自主探究问题。例如，在阅读教学中教师可以给学生呈现同一语篇的不同表达，甚至是不同的语言，让学生进行分析比较，从句子结构、词语用法等方面体会文化的差异。

2. 分析与判断的能力

分析是对研究对象的整体进行拆解、分类、分层来进行深入考察的认知活动。新课标提倡主题语境教学，通过语境话题来引导教学活动。例如，在阅读教学中，教师对文本进行深入分析，能够引导学生从结构、层次、思路等不同方面深入解读文本内涵。特别是在段落之间的关系、内容之间的地位等，对文本分析也体现了思维的逻辑性。判断是根据已知信息通过逻辑的因果关系进行推理的思维活动。在英语阅读教学中，教师培养学生的推理判断能力十分重要，能够使学生更好地理解文章写作意图等深层含义。

3. 归纳与建构的能力

归纳是对事物特征的整体概括或者提炼和总结的能力。例如，教师告诉学生原理，然后举例说明是从一般到个别的演绎。如果教师先给出语言内容，让学生来归纳和总结规律和语法，就能锻炼学生的归纳能力。在阅读教学中，教师引导学生对段落大意进行总结，对写作意图和文章主旨进行归纳，对语法概念进行提炼等，都是归纳的思维活动。建构一般指的是概念上的建构，从感性认识到理性认识，抓住事物的特征，加以提炼，迁移形成新的概念建构。由于英语学科的特点，在语言表达习惯、语法概念等方面存在一些问题，教师需要在日常教学中指导学生不断总结归纳特征和规律，从而建构新的语言概念，打破思维定式，实现语言的灵活运用。

4. 批判与创新的能力

批判性思维与创新性思维在思维品质中都属于高阶思维。在布鲁姆的六层次中也属于较高层次的要求。批判性思维是个体建立在对事物客观了解的基础上的个人感受。批判性思维包括四个特征：探索、深思、鉴赏、建构。心理学家指出，语言学习本身就是需要创新的，学习新的语言就从不断地尝试、假设、验证到逐渐接近目标语言的过程。在英语教学中，教师应多鼓励学生创造性地使用语言，在阅读教学中能够迁移创新才有利于创新思维能力的发展。

（三）高中英语学科思维品质的特征

在英语学科中，对学生的思维品质进行培养和发展，绝非一日之功，要通过课堂活动和教师的日常引导，使学生在对课文进行语言和文化学习的同时提升分析、理解、概括甚至创新的能力。包括对语言的理解、形式的辨析、语篇结构的解读、意图的推断等，要能够理解作者的观点、态度、情感等内心活动，还要学会观察、比较、分析、运用、归纳、判断、创新等思维方式。与此同时，思维品质的提升也有利于增强学生的语言意识，提高综合能力。但是高中英语思维品质因其特有的存在时间和对象，在高中阶段有其阶段性和个体差异性特征。

1.阶段性特征

在高中阶段不同的时间段体现了英语学科思维品质的发展特征。高中三年，从基础知识到拓展延伸，学习的内容不断扩展，对能力的要求也不断提升。

首先是巩固基础阶段，高中生通过中考进入高中，面对新的环境和学习，各方面都需要时间适应。心智发展各方面都处在较为保守的阶段。一般是高中第一年，需要巩固低阶的思维品质，例如识记、认知等。由于语言能力还较弱，这一阶段的英语学科思维品质的创造性、批判性和逻辑性发展趋势还不明显。大部分学生还处于低阶思维，需要巩固基础。根据认知主义的观点，学习者内部的认知过程是通过外界客观事物内化为自己的认知结构的过程。这一阶段的教师在培养学生英语学科思维品质的时候往往感觉较为吃力，没有语言的支撑，举步维艰。

其次是形成习惯阶段。在逐渐熟悉了高中生活环境、学习环境后，对学习内容也有了一定的认知和发展。这一阶段的高中生具有一定的语言能力和学习能力，故而开始逐步形成高阶思维习惯，表现在对语言知识点的关注逐渐减弱，对逻辑、概况方面的关注越来越多。一般是在高中第二年，这一阶段的学生随着学习能力的增强，思维能力也在逐步提升，可以说是承上启下的关键时间段。所以各方面成长明显，变化较大。特别是抽象思维、批判思维较前一阶段有了明显提升。教师在对这一阶段的英语学科思维品质培养中也可以看到学生的思维习惯、思维模式都在逐步发展和形成，开始有了高阶思维品质的初步特征。

最后是发展提升阶段。这一阶段的英语学科思维品质在原有学习能力和语言能力的基础上有了质的飞跃。能够运用所学知识去探索新的事物，不再局限于具体事物；能够运用概念和假设开展抽象逻辑的思维活动；在事情的规划上体现出有计划、有策略的逻辑思维活动；创造性思维逐步增长，思维的灵活性和敏捷性都明显增强。这一阶段一般是进入了高中的第三年，临近高考复习备考，学生的基础知识已经具备，在强化的训练和测试中思维品质得到了飞跃的发展。

2.差异性特征

当然，不同的人，其思维品质也是不同的，故而思维品质的发展也是不同步的。所以我们要明白思维品质在不同个体间存在差异。总的来说，高中阶段的英语学科思维品质呈现上升的趋势，一是由于个体的生理特征在这一阶段成长明显；二是学科思维品质相互影响、相互作用。在新的学习生活环境中，高中生对事物的认知以及处理问题的思维方式与能力表现都在不断变化。但是高中阶段的英语学科思维品质整体呈现了上升的趋势。个体思维品质发展的优势主要表现为：逻辑性思维发展趋向全面、批判性思维发展日益成熟、创造性思维发展愈加开阔。尽管呈现发展的趋势，但是仍然存在不足之处。在不同的学业水平能力的学生中，有的思维品质发展得较好，但还存在一些不足，主要表现在：

（1）思维广度

英语对于我国中学生而言是第二语言，通常涉及英语国家的风土人情、社会体系、政治文化等不同的文化背景，考虑问题的时候也会有不同的角度和方式。有些学生能够全面联系地看问题，但是有些学生在理解问题的时候比较片面，没有把一些相关要素考虑在内。

（2）思维深度

对事物的认识需要有深度才能透过现象看本质，揭示事物的内在联系和规律。一些中学生在现有的教育体制等因素影响下，看问题大多停留在表象，不看本质。例如，有些学生对一些词语的形式相似或意义相近相混淆，或者对语法概念没有准确把握，缺乏深入分析和思考，不能抓住规律性的本质。

（3）思维逻辑性

逻辑思维是思维能力中的高阶思维品质。中学生在分析问题的时候，虽然有了一定的知识基础，但是还不能完全厘清条理，把握逻辑规则。从相同的要素推理得出的却是错误的结论，不合理的情况也是存在的。在现阶段英语阅读测试中，学生需要理解整篇文章的主要内容，整体框架思路，甚至每一段的主旨大意，要厘清段落之间、句子之间的逻辑关系才能把握文章的主题结构。高中低年级学段的学生对这类题的得分率不高，许多学生在得到正确答案后仍不能理解。在对文章前后文逻辑关系的把握上仍较薄弱。

（4）思维创造性

在现有的知识结构中，学习的内容是丰富的，所以需要运用思维的变通性进行迁移和创新。例如，我们政治课上都学过事物的矛盾特殊性和普遍性知识点，在进行写作题目需要对"中学生使用手机"的问题提出建议时，可以利用发散性思维，从事物都有矛盾的一面来思考，讨论事情既有利处，也有弊端，那么分析问题就更全面。但是很多学生缺乏迁移创新的思维能力，在看到《2020年普通高等学校招生全国统一考试（全国卷2）》作文题的时候，要求写一篇短文介绍一次采摘活动，内容包括：农场情况、采摘过程、个人感受。这个题目给人耳目一新的感觉，没有过分关注时事热点，而是选取了一个贴近生活实际的语境，但是很多学生要么没有采摘的实际经历，要么早已遗忘，对农场情况不太好写。其实文章可以通过知识迁移创新完成思路的搭建。

例如，我们在语文课上了解过农家的故事、在地理课堂分析过我国农业的现状、在政治课堂讨论过我国农业和经济发展规律等，而在生物课中关于植物生长过程和种植内容也涉及过采摘。所以，如果能够产生联想加上发挥适当的想象力在脑海中构思成文不是很难。很多学生纠结于自己没有真实经历，没有打开思路，花了大量时间思考，导致完成质量不高，分数不理想。这也许和我国长期的应试教育对学生的教育影响有关，学生过于注重书本知识，应付一个又一个考试，严重忽视了知识的迁移创新能力的培养。现阶段教师也缺乏对创造性思维的培养，在分数保险的情况下，一味地追求正确、标准的答案，限制了学生的想象空间和发散思维方式。

第三章　高中英语教学中的写作教学方法

第一节　学生英语语言能力的培养

对学生的语言能力进行培养，有利于学生在英语写作时熟练地对已掌握的英语知识进行运用。因此，高中英语教师在探究写作教学方式时，要想办法培养高中生的语言能力，可以从平日的阅读教学入手，在课上教导学生多阅读一些英语经典读物，并在阅读后运用英语将心中所想表达出来，这样学生就可以通过大量的阅读与写作，自然而然地提高自己的语言能力。当然，教师也可以引导学生对课上及课下看到的一些经典语句与范文进行背诵，并为学生分析重点句子，这样学生背诵起来就会比较轻松。在大量的背诵中学生会对英语产生一定的语感，在写作时就可以熟练地运用所掌握的英语技巧。

一、高中英语课堂中语言能力培养问题

从现状来看，当前英语课堂教学中语言能力核心素养的培养暴露出以下几个问题。

（一）教师对语言知识认识不足

语言知识不仅包括词汇、语法、语音相关知识，还包括语篇知识和语用知识。当前的英语课堂教学活动中，英语教师对于语篇知识和语用知识的认识不足，忽视这两类知识的培养。比如学习人教版《高中英语必修二》第一单元"A factor an opinion"一文时，教师如果只带领学生进行粗线条的阅读，便失去这篇文章最大的价值。因为这篇文章不仅告诉学生什么是观点什么是事实，同时也展现给学生比较异同点的文章框架结构。教师对语言知识认识不足，不仅体现在语用知识和语篇知识上，还体现为对词汇等常见语言知识的认识不全面。例如教师在新授课上 leading-in 环节不是带领学生对这堂课的相关主题展开思考，而是让学生先去扫清单词和词组障碍，这种看起来未雨绸缪的办法，其实加大了学生记单词的难度。就单词而言，每个单元有重点单词和非重点单词，教师对非重点单词的忽视也影响了学生对非重点单词的掌握。例如人教版《高中英语必修一》第一单元"Anne's best friend"一文中，crazy about 不是重点词汇，学生很自然地将它当作原始意思来理解，对它似懂非懂，然而它在课文中真正的意思却被忽略了。

（二）学生语言知识的浅获取

一堂课的评价标准不是学生课后练习做对了几道题，背会了几个单词，语法是否理

解，而是通过一堂课的学习，学生遗忘掉具体的认识过程和任务，还剩下多少东西在头脑中。人们在掌握知识时，如果没有理解意义，那么，在知识被淡忘以后，它很难留下印迹；如果人们在学习知识时理解了它对生命的意义，即使知识已经被遗忘，这种意义定可永远地融合在生命中。

学生对于英语学科的理解仅停留在学科的工具性只是作为一门语言去使用，英语学科的育人价值就会被遗忘。高中英语教师若只强调学生死记硬背，对教学活动生搬硬套，那么，不仅学生会对学科产生厌倦，英语学科也会失去它真正的育人价值。

（三）输出环节的生搬硬套

根据语言能力的定义，输出环节主要在于说和写。比如在人教版《高中英语必修二》第三单元"I want to go to Shanghai"教学中，在 pre-speaking 环节，教师带领学生去扫清对话中的障碍，认识单词、句型、对话中的大致内容；在 while-speaking 环节，教师给出固定句型，比如"I am going to..."Are you going to..."等固定句型，让学生去模仿造句。教学活动是角色扮演。这样乍看起来学生确实学会了如何向别人表达自己想去什么地方，学会了一些口语表达技巧，细看之下却是华而不实。又如在人教版《高中英语必修四》第三单元"The story of Atlanta"一文的课堂教学中，post-reading 环节是让学生用自己的语言去复述课文，教师在这一环节之前，没有给出这篇文章的思维导图或是文章框架去引导学生概括这篇文章，教师对于学生的概括能力的意识不足，导致学生只能靠死记硬背句子尽量完整地复述整篇文章。教师对于学生表达技能技巧的忽视导致学生语言的学习只进难出。

二、高中英语课堂教学中语言能力培养

基于上述对于课堂教学中语言能力培养的问题分析，笔者将教学任务区分为语言输入能力的培养和语言输出能力的培养，来进一步探讨语言能力素养的培养策略。

（一）基于 Krashen 的输入假说有效培养学生的语言输入能力

1985 年，美国语言学家 Krashen 提出了"输入假说模式"，该模式成为外语习得领域最有影响力的理论之一。他认为语言习得基于"可理解的语言输入"，并提出著名的"i+1"公式，"i"表示学习者当前语言水平，"1"意味着略高于现有语言水平的语言空间，只有在语言习得者接触到稍高于其现有语言水平的输入时，才能产生习得。Krashen 认为，发展语言能力最明智的做法是增加可理解输入。

有效地输入应具备几个条件：其一，可理解性。可理解性输入的语言是语言习得的必要条件，学习者可以理解输入的语言材料。其二，有趣且相关。要想输入的语言材料有助于语言习得，就需加工其内容使其丰富有趣，引起习得者的兴趣。其三，非语法程序安排。语言学习的重要性是应有足够的可理解的输入，按照语法安排教学是不必要的。其四，有足够的输入量。广泛地阅读和运用可以帮助学生学好或掌握新的语言知识点。教

师应尽可能多地为学生提供有效的语言输入，引导学生积极交流，为学生使用语言奠定基础。

1. 教师要正确认识语言知识

教师对语言知识的教学要把握好以下几点。一是语言知识既包括词汇、语法、语音等常见的语言知识，同时也包括语篇知识和语用知识。二是教师在教育教学活动中要掌握方法，不能孤立看待每个知识，知识是相互交融、相互促进的。三是教师要深刻体会理解"i+1"理论，增加可理解性输入。比如说，阅读中的词汇教学既不是读前阶段脱离文本孤立地讲解生词的音、形、义，也不是阅读后的词汇深度拓展教学，而是在阅读教学过程中适时适度地学习重点词汇和非重点词汇。关键词汇不一定是生词，它可能是学生之前学习过的词汇，只是放在现有的语境下产生了不同的含义，这时候教师需要用到语用知识，所以这些知识是杂糅在一起的，并不是孤立的。例如，Fashion（《牛津英语》，S2A，Unit3）一课中有一个关键词 extravagant，意指"奢侈的"，本义是"过度的，过分的"。在阅读过程中，教师除教会学生该词的发音、一词多义之外，还应对它进一步分析，如 extravagant 与 expensive 在使用上的区别，extravagant 与个人社会经济地位、支付能力之间的关系等。这样的词汇深度学习，有助于学生深入理解和客观评价作者的时尚观。

2. 给予学生足够的思维空间，避免语言知识的浅获取

兴趣是最好的老师，反过来说，让学生学好一门学科，就要让学生产生浓厚的兴趣。从学生学习的角度来讲，最重要的是理解和体验知识的意义。教师不应本末倒置地要求学生死记硬背所学的具体知识和内容，而应鼓励他们透过具体的知识和内容去把握、洞察、挖掘其蕴含的思维方式、认识方法和价值观。教师在教育教学过程中，要给学生思考的空间和时间，让学生通过思考去获取具有生命意义的语言知识，在这个过程中教师的引导是必不可少的。正如 Krashen 所言，教师提供的文本要有可理解性，有趣且相关。比如教师上阅读课时，如果阅读时间不充分，学生就不能完全掌握文本信息，更谈不上对文本的整体性理解。同样，如果阅读的活动设计不能给予学生足够的思维空间，帮助学生对文本进行阐述、分析、评价、总结，其实质就是假阅读和浅阅读，这种阅读活动无法提高学生的阅读理解能力，更谈不上形成语言能力。

表格是阅读教学活动设计中常用的方法。但在表格设计中需要注意的是，要求学生填入的信息不能过于密集、琐碎，不能让学生在无须理解甚至无须读完文本的情况下，就轻易地从文中找到信息并一字不改地填入空格中。可行的做法是，教师仅给出少量的关键词，学生根据这些关键词对文本进行选择性略读或详读，而后填入较多的信息。这些信息不仅限于单词、短语，还包括句子，并且填入信息的时候还要考虑语法是否正确、归纳是否完整。这样的表格设计给学生留有足够的思维发展的空间，学生完成表格的过程是一个培养阅读技巧、发展语言技能和思维能力的过程。

（二）基于 Swain 的输出假说有效培养学生的语言输出能力

Swain 发现，仅仅依靠可理解输入并不能使二语习得者成功习得语言，还要依赖于语

言输出。他认为，"除了必要的可理解性输入外，语言学习者必须有机会使用他们正在学习的语言，这样才有可能达到流利、类似母语者的水平"，从而提出了"输出假说"。"输出假说"包括四个功能：其一，流利性功能。大量的语言输出可以提高语言的流畅度，即实现"熟能生巧"的语言。其二，引发注意功能。语言输出使习得者注意到自身的语言问题，进而不断对自己已有语言知识进行巩固并激起自己学习新的语言知识的欲望。其三，假设验证功能。"二语习得者可以将语言输出看成是检验他们对目标语使用假设的途径"。其四，元语言功能。"学习者通过使用目的语来思索目的语本身，以此来控制和消化目的语。"输出可以促使学习者在使用语言过程中不断内化语言知识，并成为自己认知活动的一部分。

语言能力中的表达技能体现在说和写两大块，教师需要帮助学生通过说和写进行大量的技能操练，在练习的过程中不断地发现问题，解决问题，提高技能，如此循环往复，达到一个较高的水平。比如说在口语课上交流想去什么地方，教师可以告诉学生，大可不必去模仿教材，可以使用"I want to..."语句加说明特征句参与讨论，语句可以更换，语句说明选择，特征句说明原因。当然语言输出不仅在口语课上，每个类型的课都会有输入和输出的过程。比如说，在阅读课上，高中英语类的教材大多是叙事文和说明文。就叙述类文本而言，时间、地点、人物、情节等是阅读活动中必须关注的要素。例如，"The Phantom of the Opera"是一篇记叙文，里面包含 The Phantom, Christine, Raou 三个人物。教师要求学生在阅读文本之后，借助三角概念图，就能清晰地理解并复述出三个人物之间的相互关系及发生的故事。教师借助三角概念图，帮助学生去培养概括能力。这种概括能力虽不能体现在具体的知识上，却是学生可以带走的东西。

第二节　学生英语文化素养的培养

在高中英语教材中，很多课文中涉及的内容都有一定的文化背景，例如"The United Kingdom"一课中的学习内容，英语教师可以在课上为学生多讲解一些课文中所涉及的文化背景，让学生在学习优秀文化知识的同时提高自身的文化素养。高中英语教师在写作教学中，可以在课前为学生准备一些关于教学中的文化素材，并向学生渗透这些文化知识。例如在写作教学中涉及旅游内容时，教师可以为学生准备一些国内著名景点的素材，将相关的知识点讲给学生听，如长城、九寨沟等。这种写作教学方式不仅可以锻炼学生的写作能力，还能让学生在日常英语学习中对学习内容的文化背景进行关注。

一、高中英语教学中融入中国文化的现状

（一）关于教材方面中国文化教学的现状

对于高中生来说，英语教材是学生认知文化的主要来源。纵观当前各个版本的高中英

语教材可以清晰地发现：教材多以西方节日、生活习俗为主，反观中国文化的介绍却非常少。首先，中西方文化主题分布不均。有的文化主题（社会习俗、生活方式、国家地理等）在教材中反复出现，而有的文化主题（社会与政治体制等）几乎难寻踪迹。教材不能均衡呈现相关文化主题的内容，不利于文化知识系统性的学习。其次，文化内容缺乏深入性。教材中的文化知识很多都过度使用图片、单词、句子等形式，教师很可能会忽略对相关文化知识的介绍。缺少语篇、问题、视频等呈现方式，很难实现文化教学的深度。另外，中西方文化对比不足。教材中涉及的文化知识大多数是单独呈现的，中西方文化对比在教材中的占比不多。在教学中，文化知识对于学生来说是零碎分散的，教师无法对两种文化进行对比和引导。

（二）关于教师方面中国文化教学的现状

目前高中英语教师已经认识到中国文化教学的重要性，并付诸实践。然而，很多英语教师出于高考应试目的，教学中的中国文化底蕴没有得到体现。

首先，教师在英语课堂中理解和表达中国文化的能力有待加强。教师对自己用英语理解和表达中国文化的能力评价不高，具体原因是教师缺乏主动积累相关英语表达的意识以及教师自身的中国文化知识储备不足，导致用英语表达中国文化成为一个难题。

其次，教师对新课标中中国文化的相关要求缺乏了解。很多高中教师对《新课标》中有关中国文化的要求并没有完全掌握。哪些属于学生应该了解的中国文化知识，哪些属于学生能够用英语介绍和传播的中国文化知识，教师并不了解，从而导致教师在开展中国文化教学时不知教学重点。

最后，教师授课课时量紧张，应试压力大。高中英语课文篇幅较长，知识点多，教师在课时紧张、任务重的情况下更重视语言知识。由于中国文化在教材中涉及较少，在考试中也较为少见，教师可能会放弃中国文化的讲解。

（三）关于学生方面中国文化教学的现状

长期受应试教育学习环境的影响，高中生认为各科目的学习最终都是为了参加高考，更加注重与考试相关的听、说、读写的能力训练，由此造成了我国高中生文化知识背景缺乏的现状。一方面，学生对中国文化的重视程度有限。高中阶段的学生面临着较大的高考压力，从而导致在英语学习中更关注课本内容，缺乏对中国文化的重视；另一方面，学生掌握的中国文化知识有限。学生不知如何用英语表达，虽然学生本身对中国文化很感兴趣，但迫于语言能力不足而不愿用英语表达。

二、高中英语教学中融入中国文化的策略

（一）关于教材方面融入中国文化教学的策略

英语教材是教师教学过程中制定教学内容、完成教学目标的决定性因素。因此，在英语教学中，选择正确的英语教材能够有效地促进学生的语言学习效率。

教师在教学过程中把握好教学内容的选材与呈现及内容设计方面的完善，使教材在尊重传统的同时，更具时代性的使用价值，从而指导教师教学促进学生文化品格素养的形成。

1. 教师对高中英语文本内容的加工选择

为了在高中英语教学中促进学生文化品格素养的育成，教师在与此相关的内容选材与加工中，主要立足于交融性的处理原则，融合母语文化与国际文化，并丰富文化对比的相关内容。因此，在高中英语教学中指向文化品格素养培养的教材选材完善方式可从以下三个方面进行：

（1）向母语文化靠拢，在英语阅读学习中提升民族文化觉悟

在融合母语文化方面，教材本身已是定式，然而教师可以在教学过程中对阅读教材进行精细加工，提高母语文化的比例，使学生在英语阅读学习中提升民族文化觉悟。在前文通过对人教版必修五本教材中阅读的内容板块文化内容成分分析中可得出：人教版必修教材中目标语言文化的比例几乎是母语文化的两倍，这不平衡的文化成分导致教材中文化品格素养的培养偏差。有效地进行中国文化融合，强化英语学科中母语文化的占比，不仅符合学习语言规则及时代发展的要求，也能满足学生学习的需要。

以交融性为取向的内容选择，不仅体现在不同语言文化中，还应在母语文化的选材中有所优化和调整。适当增加本土文化的比例，关注母语文化中的传统文化和现代文化，这两种不同时代的文化分配应该是平等的且相互交融的。在高中英语阅读教材中增加母语文化的比例并不是简单的文化叠加，它在保证本土文化数量与尊重教材主要教学目标的基础上，还发挥其平衡母语文化和其他文化的作用。

（2）不拘泥于课本教材，在课外阅读中进行文化扩充

在强调以交融性为取向地促进文化品格素养培养的英语阅读教材内容选材的同时，为了使阅读教材更好地指导作用于英语教学，教师对英语阅读教材内容文本的调整离不开优质的选材来源。尽管我们承认母语文化在高中英语阅读学习中的重要作用，但如果说母语文化的尊重了解是英语学科学习的前提，那么目标语文化的认识与选择便是其学习的主体，教师在高中英语教学过程中对待除教材以外的阅读材料选择应多借鉴英语国家直接的媒体材料。因为真正的文化交融需借助目的语国家文化知识的全面学习，学习英语国家的大众传媒知识，这样方可扩大学生的文化知识面。

无论是教材的主语篇阅读材料还是课前课后的补充学习材料的选择，应取材英语国家的著名电视台。这些来自目的语国家的大众传媒，为学生和教师提供了学习语言知识和文化知识的有效途径，以便关注国际发展，培养世界意识，这也是21世纪世界公民认识世界实现自我成长的关键途径。文化交融的深入发展，还需对各自的文化习俗有进一步的认识与了解。人们在英语国家的生活方式、行为和与人打交道的方式与本土文化习俗有相同或不同的特点，但阅读材料的内容中缺乏这种对比文化，并未在教材的选材上表现出其文化的交融性。

当来自不同文化背景的人聚在一起时，就会出现跨文化交流。跨文化交际的目的是使不同文化背景的人完成跨文化交流。重要的是，只有当人们理解和对比不同文化的异同和尊重文化差异时，才能减少跨文化交流中不必要的误解和尴尬，甚至避免文化冲击。例如，当中国人在朋友家吃饭时，用餐结束时间通常是客人告别的时间；然而，在西方国家，人们用餐结束后仍然会一起聊天，直到天黑，当客人拒绝补充咖啡时，这意味着他将在 15 分钟后离开。这些不同国家的肢体语言，如面部表情、手势和其他行为，可以表达他们的内心想法。非言语交际中存在的差异是文化差异的体现。生活习惯的差异性被纳入教材文化内容的同时，与当地风俗习惯有关的文化类型编写亦对学生文化品格素养的完善起着推动作用。

事实上，国内外的风俗非常丰富。欧洲国家在数字和颜色上有一些共同的禁忌。英国人始终遵守规则，法国人总是给他人留下爱国主义的印象，德国人在效率方面享有盛誉。在中国，毫无疑问，人们每天都可以用筷子吃饭，但是筷子的起源可以追溯到商周时期，这么简单的两件事巧妙地体现了物理学中的杠杆原理。通过学习不同国家的文化知识，学生可以提高避免文化差异造成误解的能力。最后，在教师的这种课内外兼顾的语言文化阅读材料交融过程中，文化品格素养逐渐健全发展，从而促进跨文化交流的成功。

（3）尊重学生兴趣与能力水平，在阅读选择中贴近学生实际

关于阅读材料的选择，仅反映国家的文化背景体现差异性还远远不够。教材中文化阅读材料应该跟上时代的步伐并迎合高中生的兴趣，培养学生的跨文化交际能力。教材的内容应选择一些真实的英文材料，如英文诗歌、文学、电影独白等，还应增加跨文化交际文章，如谚语和典故、民间谚语和与人打交道的方式。

总之，教材的内容选材需要贴近学生的学习和日常生活。可以在教材中设计更多交际实践，其交际环境与学生密切相关。对于学生来说，他们在课堂上或课后一遍又一遍地练习，这更有利于学生在语言交流中学习表达的意义和用法，而不是在没有背景的情况下背诵单词或短语。也就是说，单一地取材于目的语国家或母语国家的文化阅读材料是不可能达到培养学生文化品格素养的学习目的的，使不同语言国家的文化相互交融，并在实际情境中给予呈现，才是文化品格素养在教材中的适切反映。

2.教师对高中英语文本内容的引导呈现

既然在阅读材料的选材中奠定了英语教学的基础，接下来教师该思考的就是如何将这些阅读材料呈现给学生。学习或翻阅过高中英语人教版阅读教材便可发现，教材中的学习材料多以文字的形式呈现。而文化是抽象的，文字不能完全实现文化意义的描述。为完善教材中的文化品格素养，教材需以直观性为侧重呈现给教材使用者清晰的文化内容。"呈现"即状态、景色和颜色等的显示与表现出来。"呈现"主要包括呈现是一种固定的状态，所要呈现的内容应该是不容易被发现和看见的，呈现的方式是丰富多彩的等要素。由此可见，从宏观视角来说，文化具有显性层面和隐性层面。文化内容呈现就是将文化内容中的表层信息和不易被发掘的深层信息，用一定的方式展现出来。从研究英语学科教科书的视

角来看，即教科书编写者通过文字、图片、话题设置等多种编排方式，将高中英语教科书中的思维、服饰、美食、音乐、历史、地理、宗教、艺术、价值观念、生活方式、非语言交际、节日等文化内容显示出来。

现阶段所使用的有关英语的阅读教材，多依靠话题，兼以图片与文字相结合的呈现形式。但还存在几个问题：首先，话题间的相关性不高，例如《高中英语（必修一）》的第三单元中的"Travel Journal"，在"Warming-up"部分是关于几种运输方式及其他关于中国人生活方式的讨论，但"Reading"部分却是围绕湄公河旅行的语篇。其次，无论是图片还是文字的功能都过于局限。图片主要集中于"Warming-up"部分，文字主要体现于"Reading"后的几个主题环节，教材的呈现未能将文字和图片有趣结合。最后，教材缺少表格呈现。语言的学习也是文化的汲取，中国学生在学习英语过程中，难免会有文化认知与观念上的冲突。若辅以表格的呈现，不仅内容上更加简洁明了，亦可加深学生对文化差异的认知。然而，教材关于此类别的内容呈现不是集中于几百字的文字叙述，就是以开放式的"Using Language"写作讨论而结束，并未真正地关注学生是否有所了解。综上，对于阅读教材呈现中反映出的问题，教师可发挥主观能动性，在教学目标的宏观引导下或采用图片影像的方式对阅读材料进行合理的重组与扩充。

为了更好地解决单元主题间呈现出逻辑性、相关性的问题，每个单元的"Warming-up"与"Pre-reading"部分可结合与"Reading"主题相贴合的文化和其他材料，尽力突出完整的层次结构，及时呈现英语表达在民族性、思想信念、价值取向、礼仪习俗中的特点、思维方式和家庭模式。将单元里的六个主题板块，按照由浅入深的、不同层次的文化体现在教科书中，不同层次的文化需求可以增强读者对不同文化的理解，加深读者对不同层次文化背景的理解。它可以有效避免读者因缺乏背景知识和文化意识而产生语言沟通错误，也可以提高读者的读写能力。

3. 教师对高中英语文本内容的主题设计

教师在进行教学备课之前，就已经形成"此单元究竟该围绕何种主题来开展"的思路。教材编写者的编写意图，是将单元各板块视为一个整体。但在实际教材内容中，往往存在板块间相关度不高的情形，文化品格素养因素在教材中的板块内容呈现并不全面。针对这种情形，需在尊重教材编排的基础上，联系学生实际重组单元内容。厘清教材中文化内容的重点难点，划分每节课文化学习内容的层次。也就是说，本节课要教什么、学什么以及需要学到什么程度，都要在尊重教材编排与课标的基础上，了解学生学习起点，坚持以递进性为导向，精确选择文化内容并设计。

人教版教材中的必修模块，每单元由这六个板块分别对照着听、说、读、写的语言学习要求，且较注重语言知识能力方面的培养。"Warming-up""Pre-reading""Reading"以及"Comprehending"这四部分主要围绕着单元主题从主题导入、主题学习及主题认识考查对主语篇阅读的任务安排。"Learning about Language"及"Using Language"这两个部分主要是对单元主题呈现的语言知识点、语法知识的巩固训练。无论哪一部分，都对语言知识的掌握尤为关注。然而，新课标中对课程培养目标的界定，不仅仅局限于语言能力的培养，也强调对文化品格素养的重视。在知网中检索出来的板块设计，主要集中于教学设计一类。

教材中的板块排列设计是对教师教学设计最直观的启示指导。板块设计的理念依据应来源于教育部的课程标准，落实文化意识培养，是高中英语教科书中文化内容的设计基准。且单元内部的板块设计应遵循系统性、科学性原则。不同板块之间的内容安排互相关联却又不能相互替代，层次的过渡具有系统逻辑性，这样便于教师合理地安排教学内容规划利于学生接受的教学顺序。另外，需要指出的是，单元板块选取的科学性。什么样的知识最有价值？科学的知识最能体现。板块选取的科学性是忠于课程目标，忠于学生主体的有意义选择。有了合适的板块设计理念，板块的内容取向应体现英语学科文化品格素养的育人功能。育人功能就是教人认知的功能，教师通过借助人教版高中英语教材中的文化内容，教育学生如何学习，并在学习过程中辅助学生获得社会文化知识，汲取传统文化精髓，从而提高学生文化内涵。最后，基于文化品格素养的教材板块设计需对板块主题加以调整。

在板块教学设计中，有一种很流行的教学模式，即"板块三串式"课堂教学设计。板块三串式课堂教学设计主要包括问题串板块设计、活动串板块设计和目标达成反馈串板块设计三个部分。对应人教版教材中的现有板块，"Warming-up""Pre-reading"此部分可归属于问题串的板块设计，"Reading""Comprehending"对应活动串板块设计，"Learning about Language"及"Using Language"是对单元内语言知识习得的检验，可纳入目标达成反馈串的板块设计中。不可否认的是，教材中原先的六个板块主题反映了学生主体在阅读中主题对其思维能力的循序渐进引导。然而当其以"问题""活动""反馈"对整单元的内容进行概括时，每一主题下的内容安排却又显得过于单一。例如，"反馈"板块主题下的目标是对缺少语言知识能力以外的文化意识的考察。对教材单元内的板块主题进行调整，采取"问题""活动"与"反馈"的递进顺序，可丰富学生主体的知识获得与掌握，有利于课程目标下文化品格素养目标的达成。

（二）关于教学机制融入中国文化教学的策略

文化品格的抽象与宽泛并不影响其教授性，对于文化品格的教授，其关键在于"通过学习者对获取的信息加以思考，为不同的文化信念寻找合理性解释，从而增补、丰富自己的知识信念"。（程晓堂，2016）核心素养、科学文化素养是新时期的培养目标，也是教学创新改进的突破口。

1. 教学中文化互生的教学模式建构

在一定的教育思想、理论指导下，于某种环境中展开的教学进程活动的稳定结构形式，称为教学模式。教学活动进程的简称就是通常所说的教学过程，教师、学生、教材三个要素构成了传统的教学过程。现代教学过程中，教学媒体也被纳入。这四个要素在教学过程中既不是彼此孤立的，也非互不相关地简单组合在一起，而是彼此相互联系、相互作用形成一个有机的整体。本身意义上，教学模式便是一个互为联系的整体。既然是有机的整体就必定具有稳定的结构形式，由教学过程中的四个要素所形成的稳定的结构形式，就称为教学模式。文化品格素养在教学过程中的培养侧重所指向的并非知识文化、观念文化或交际文化的某一方面，也不是单一的语言文化介绍，而是在整个教学过程中将不同文化元素相互融合，创建文化互生的教学模式。

文化互生的教学模式构建，是指在整个英语阅读课堂教学模式中以多元文化共同发展相互促进为宗旨，将教师、学生、教材与教学媒介有机地整合在一起，开发出有利于文化品格素养培养的教学模式。自20世纪90年代以来，建构主义理论盛行于世。建构主义学习理论下的教学模式可概括为："以学生为中心，在整个教学过程中由教师起组织者、指导者、帮助者和促进者的作用，利用情境、协作、会话等学习环境要素充分发挥学生的主动性、积极性和首创精神，最终达到使学生有效地实现对当前所学知识的意义建构的目的。"（何克抗，1997）因其倡导的学生中心说与新课标中所关注的学生主体有异曲同工之处且强调各因素主观能动性的发挥，基于文化品格素养的文化互生教学模式创新可以以建构主义教学模式为参照，以文化互生为理念启动教材文化品格素养教学模式创新改良，使主体在形成对文化的认识、辨别与吸收能力的基础上，实现多元文化相互促进与发展，培养其文化品格素养。这种以文化互生为目标的教学模式中，教师、学生、教材及教学媒体需做以下创新调整：教师作为整个教学活动的统筹者，应时刻秉持促进学生主体的跨文化意识发展的基础上，找寻文化之间的发展共性，在英语学科的教学过程中适当加入文化对比、文化评价与文化讨论等教学活动，采取以学生为主体的合作交流与实践教学相结合的教学策略，辅助学生厘清不同文化之间的异同，从而取其精华、去其糟粕，为达到文化互生而教，教学模式下的文化互生目标达成亦离不开学生主体的自主学习活动。学生在教学过程中扮演的是知识的"主动建构者"角色，学生主体上需明确学习的意识是实现多元文化的共生发展。

如此，学生方可进行正确的主动知识建构，在融合所学文化知识的基础上，为实现文化互生倾其所能，为文化品格素养的提高而学；教材与媒体同样作为教学工具，在教学过程中缺一不可。值得关注的是，教材作为学生主动学习的意义对象，其内容是否贴合课程标准、是否具有时代性还有待更新。而媒体，既可以发挥以往教学活动中辅助教师传授知识的作用，又为学生主体提供在文化学习过程中所需的具体情境。文化互生教学模式的创建，如何更生动有效地将教师、学生、教材联系在一起，形成一个整体，需借助于教学媒体的使用。同时，教学媒体的投入，可直观呈现给学习者多元文化间的异同，在对比分析中实现文化互生的教学模式创建。总之，无论教师、学生、教材与媒体在教学模式下扮演着何种角色，内系何种联系，都应在追随国家课程标准的步伐中以实现文化品格素养的培养发展为目标，与时俱进，至情至理，达到文化互生。

2.教学中文化境遇创生的教学方法

选择教育观念和教学实践的需要促使教学方法的产生，教学方法的产生本身就是一种创造。好的教学方法得益于好的教学思想理论的引导，适切于学生主体文化品格素养培养的教学方法，其背后的教学思想理论自然与文化品格素养的思想精髓相得益彰。我们一直所强调的英语阅读教材中的"文化品格素养"，主要是意识层面，少数蕴含在阅读教材中促进学生文化品格素养培养会以知识文化、观念文化以及交际文化内容呈现出来。但这仅能被学生吸收少部分，对于英语阅读教材中文化品格素养的提炼与学生文化品格素养的培养，仅有阅读教材内容直观呈现还远远不够，适切的教学方法选择将会大大推动文化品格素养的开发与培养。

3. 教学中文化意义产生导向的教学设计

教学模式与教学方法都针对英语阅读教材中文化品格素养的开发与培养，这使人教版英语阅读教材在教学宏观层面迎合了文化品格素养。但具体到每一单元主题的文化品格素养教学设计中，无论采取何种教学设计都离不开以文化意义的产生为导向。教学设计的研究，无论是国内还是国外都未曾间断停歇。找寻与人教版高中英语教材文化品格素养相契合的教学设计，需梳理国内外有关教学设计的研究。单独以教学设计为意图的理论研究中，斯金纳、加涅和乔纳森的统筹教学设计观念将建构主义下学生为主体的教学设计理念贯穿整个教学；教学背景的分析在教学设计中必不可少，一方面是对教学内容的分析，另一方面是对学生情况进行分析。教学背景分析可以与教学目标相结合，依据教学目标对教学内容与学生实际情况进行具体分析。

（三）关于教学评价融入中国文化教学的启示

无论是对阅读教材的完善，还是在教学方面的创新，其研究的人教版高中英语阅读课程对学生文化品格素养的培养是否真正起作用，还需进一步评价检验，这就需要借助英语阅读课程的学业评价机制。

1. 基于文化品格素养培养的教学学业评价的标准制订

学生评价是依据一定的标准，采用相关技术方法，以学生为主要评价对象的价值判断。学业评价是学生评价的重要组成部分，对于学业评价的标准选取，将是对学生进行学业评价的关键之一。学业评价是课程实施过程的一部分，来源于课程评价，这就意味着，学校在制订课程标准时，应充分考虑学生对于评价的需求，关注学生发展是学业评价标准的核心取向。学校所制订的相关学业评价标准是学生普遍可达到的水平，并积极使绝大多数学生通过努力就能达到。那么以文化品格素养为核心价值的学业评价标准，需在遵循学业评价的宏观理念下，追求适切于英语学科中文化品格素养的学业评价标准。

文化品格素养为核心价值的学业评价标准需坚持以人为本为前提，这实质上是指一切活动都要以人的需要和发展为出发点和归宿，以指向学生的全面发展既是课程标准的基本诉求，也是学生关键能力与必备品格形成的重要条件。在以学生为本的学业评价标准下，遵循一定的评价原则，既指评价过程中所遵循的基本要求，也是保证学业评价有效性的重要依据。学业评价在学生发展过程中发挥着重要作用，文化品格素养在英语学科学习教学的复杂多样性要求学业评价应遵循以下原则：

（1）发展性原则

课程标准理念的驱使，使得文化品格素养为核心价值的学业评价需以学生的全面发展为最终目的。因此，在对学生进行文化品格素养的学业评价过程中，应坚持发展的眼光。在对评价的实施方案与具体内容制订时，学生的全面发展不容忽视。

（2）融合性原则

以往的学业评价大多关注学生的测试结果，多以终结性评价的成果反馈到学生的学业成就上，从而严重忽略了学生在文化实践环节中的具体表现。这就要求以文化品格素养为核心价值的学业评价应注重学生的全面和谐发展，将评价落实到每一具体环节中，使整个文化品格素养为理念的教学体系相融合，并综合应用各种手段和方法，促进学生文化品格素养的全面提高。

（3）灵敏性原则

学生作为学业评价的主体，不可否认的是个体间存在差异性。在当今倡导学生的个性化和差异化发展的同时，学业评价的过程也应根据学生基础、思维、身心特点等的不同，发挥主观灵敏性，制定出适合不同学生群体的评价内容和标准，因人施评。

（4）总结性原则

评价的最终目的是对结果的总结，以此为依据对教学进行改良，否则评价就失去了意义。在评价的最终阶段给予总结性概括与建议，学生一方面可以了解自身的优点，另一方面更清楚地认识到自己的不足，并通过这种方式获取到改进的方法。在以文化品格素养为核心价值的学业评价过程中，必须始终坚持以学生为主体，将发展性、融合性、灵敏性与总结性原则贯彻落实到学业评价标准中，培养学生的文化品格素养，以实现学生的全面发展为最终目标。

2. 基于跨文化要素的教学评价内容选择

学业评价按照不同的教育目标和具体的培养目标，可分为不同的种类，对英语阅读教材促进学生文化品格素养的研究中所指的学业评价，主要是关于高中生在英语阅读课程学习中所形成的文化品格素养的学业评价。明确的评价目标对评价内容的选择来源指出了一条较清晰的道路。学生文化品格素养的学业评价内容选择，对于评价内容的针对性提出了较高的要求。针对学生文化品格素养的学业评价内容选择，应在阅读教材基本知识内容的范围内，融合不同语言知识、观念与交际相关的文化知识，坚持以跨文化比较为重要方面的评价内容选择。

阅读教材作为教师向学生传递人类文化的工具，承载着人类文化的结构化载体，传递着课程理念，选择和表达课程内容的工具，同时还是学生认识自我、认识世界不可或缺的中介，并在课程与教学中，具有承上启下的功能和作用，对教育教学质量产生直接影响。因此，学生阅读教学的学业评价内容主要依据来源就是阅读教材。学生在校学习的课程主要来源于教材，基于课程标准编写的教材，不仅促进学生的学业进步，更是检验学生学业水平的重要来源。那么，关于学生文化品格素养的学业评价内容就是在融合教材文化知识的基础上，提炼出真正可体现文化品格素养的评价内容。

英语阅读课程的学习是为培养学生的跨文化交流能力做准备的，英语阅读教材的编写者在领会并掌握本学科的基本思想和学科内容的基础上，贯彻学科素养的基本理念对课程标准的再创造和再组织。故而，教师对于该学科文化品格素养的学业评价内容选择时，应以跨文化交流能力的实现为导向，在评价内容的选择中注重跨文化比较，兼顾不同语言文化知识的考查，以此来衡量学生的学业成就。

学生评价作为教育评价的核心内容之一，是学校教育中最基本的评价，但同时也是学校教育评价的重点和难点。这类评价在对学生个体学习进展和变化评价的基础上，将学生的知识学习、动作技能和情感等方面发展评价也纳入其中。基于此类评价的丰富性与本研究下学业评价目标的具体化程度，同时为了保证学生学习的全面性，依据阅读教学内容编写的课程辅助材料、课堂行为表现及学习态度也是学生学业评价内容的主要来源，教师应在学生的阅读学业评价中或以 question、discussion 和 writing 的形式对学生这方面的掌握加以考查。关注跨文化比较为重要内容的学生学业评价，旨在将不同语言文化相互融合，考查学生文化品格素养的全面性。机械的语言学习在一味地灌输学生知识的同时，会导致学生无法参透何为文化品格素养。而英语阅读教材编写过程与课程标准理念都折射出，英语阅读课程的学习是为了促进学生跨文化交流能力的提高。因此，为考查学生文化品格素养的学业评价，其评价内容的选择应与课程标准相契合，在不违背阅读教材编写理念的前提下，教师以跨文化比较为重要内容的阅读教学评价。

3. 基于多元文化价值核心的教学评价方式运用

学生学业评价主要是以学生为评价对象的教育评价。以人为主体，关注学生在认知、情感与技能等方面的全面发展。界定高中英语这一学科中的评价标准与内容，还需明确以学生为主体的学业评价方式的选择，方可保证整个评价过程的有效实施。有关学业的评价方式多以奖惩性的形式体现在实际教学中，然而文化具有多样性，在多元文化知识的作用下，对学生文化品格素养的学业评价方式采取多元化评价方式有利于文化品格素养的学习成就考查。多元化评价方式的良好运用，需要明确两个具体问题，一是多元化评价方式下教师、学生与学校作为评价参与主体的具体作用；二是此处所讨论的多元化评价具体是何种形式。

首先，在关于多元化评价方式运用于学生文化品格素养的考查中，对各评价主体提出了何种要求。在教师主体方面，传统的学业评价中，教师无可置疑地成为唯一的评价者，学生只是被动的评价对象，很少实质性地参与评价过程。教师作为被学生、家长及社会评价的对象，同时也是学生学业评价的主体。这样，评价者与评价对象之间的关系就变成了一种自上而下的"单向性评价"关系，整个评价过程只能体现教师的价值取向和认识水平，忽视了学生知识、能力、素质的多样性和发展性。学生的学业评价所参考的信息数据，主要来源于学生在各门学科教学和自学影响下认知行为的变化信息和证据。这里的"学科教学"，主要指学科的任课教师。因此，教师也应当被纳入评价的主体。对于学生主体而言，学生是教师教学工作的直接对象，是教学的直接感受者，其作为学业评价的主体是一种必然。在新课程改革的理念下，课程主要关注的是如何把课程落实到学生身上，促进学生的全面发展。当代的课程价值取向中，无论从价值观念的哪个角度来看，都必须将发展的落脚点归于学生。因此，学业评价必须对学生这一发展主体有一个清楚、完整的认识，以便更好地凸显学生的主体价值。学校作为教育行政管理的统筹方，虽未直接参与教学，但其制定的标准依据、划分的内容范围以及提供的教学条件，都表明学校在学校范围内的每个活动中起着支配调控的作用。将高中英语文化品格素养的评价结果反馈给学校，在学校的统一支配下，制订下一阶段的学习工作计划，明确重难点，提高学习与教学效率，为英语学科中文化品格素养的进一步学习提供指导。

多元化既强调评价主体的多元化，又看重评价方式的多样性。那么多元化的评价方式究竟该如何运用到文化品格素养的学业成就考查当中？需综合运用"奖惩性评价"与"发展性评价"这两种评价方式。科学的学业评价应该为学生提供进步的空间和动力，允许学生存在不足和缺陷。在学生整个学习生涯中，对其学业影响最直接的便是以"奖惩性"为代表的学业评价方式。而此后，随着素质教育的推进，以奖惩为辅助工具的发展性评价在学校的教育评价中普及。奖惩性评价最初用于对教师的评价，关注学生学习结果的评价，它以奖励和惩处为主要手段，以社会认可的一定评价标准对教师的工作表现分类划等，进而做出相应的晋级、加薪、减薪、降级或解聘等决定。这种针对教师又关注学生学习结果的评价方式，同样适用于学生的学业评价。针对学生在英语课程文化品格素养习得情况的评价中，仅靠分数或成绩是无法获得任何学习成果的。但事实上，有一些证据表明，当没有分数或分数的反馈时，学生也会在思维中将分数的评价看作是真正的评价目的，从而获得最大的学习价值。依据学习结果、分数或课下与课堂表现，对学生进行奖惩性评价，可在一定程度上刺激学生的学习动机，使学生产生自主学习意识。对于英语课本上未呈现的文化背景知识，学生尚不会产生较强的自主学习意识，这就会造成学习的遗漏。

第三节　学生英语思维素养的培养

在写作教学中培养学生思维素养可以使其积极思索，多发挥自己的想象力。一般来讲，高中生的英语写作是根据题目来进行内容的延伸，可以说写作的范围极广，这就需要学生具有一定的思维。英语教师可以指导学生了解英语中的语言表达形式与英语思维和汉语之间的差异，学生可以根据自己掌握的知识，从不同角度去思考写作题目，教师可以通过对学生进行课堂提问来锻炼他们的思维能力。

一、高中英语学科思维品质培养的课标要求

现阶段，根据"课标 2017"思维品质是高中英语学科核心素养的重要方面。思维品质的提出，是"课标 2017"一个重要的内容。在课程目标的解读中，"课标 2017"解读思维品质的目标：能分析语言和文化的具体现象，建构概念的逻辑关系，评判各种思想观点，创造性表达观点和多元思维以及创新意识。我们可以将思维品质概括为：思维在逻辑性、批判性、创新性等方面表现出来的能力和水平。

（一）逻辑性方面的要求

"课标 2017"在思维品质的逻辑性方面要求能够辨析具体现象、梳理信息。在高中英语学业质量水平❶中对该质量的相关描述有获取主要事实信息、观点和文化背景；通过读与看能借助语篇中的资源理解意义；能够区分语篇中的事实细节，以及能基于所读的内容进行分析、比较和概括。在质量水平二中关于思维逻辑性方面的要求也有所提高，包括能够识别语篇内容和要点支撑论据的关系；能根据定义和线索，理解概念信息；能够识别语篇中信息布局和承接关系如因果关系以及内容信息的顺序如时间顺序等，还有能够有条理和层次地描述经历、阐述观点、发展过程等。在更高的质量水平三中要求能够根据语篇中的事实进行逻辑推理。

（二）批判性方面的要求

"课标 2017"同样在三个水平层次中对思维的批判性有不同的要求。在相对熟悉的环境中既能够达到学业质量水平一的要求，又能够根据交际场合和交际对象的身份，恰当表达意图和情感态度，能够识别传递意义或选择主要词汇和正确语法；在比较复杂的语境中，能够描述经历、表达情感，有目的地理解语篇中语言使用的意图以及反映的情感态度；在更加广泛的语境中，根据社会交往的场合，恰当表达情感，能够辨别出语篇中的观点和态度，还能够针对所看的电影、演讲等节目进行评论以及表达观点，分析评价语篇中的审美元素。特别是对事实、观点、态度、经历进行评论这一要求更能体现思维的批判性。可以看出，在学业质量水平三中对思维批判性的要求较一和二要高出很多，这说明这对学生的语言能力要求更高。

（三）创新性方面的要求

"课标 2017"在思维创新方面的不同层次要求主要是指学业质量水平三的要求，例如能够在不同场合根据需求选择恰当的表达，能够识别语篇中使用的修辞手法并理解意义；能够根据需要创建不同形式的语篇，最重要的是创造性地表达意义，即所学—所用。在语篇的理解上，需要更深入，在交流过程中，更灵活，包括根据插画或者转移话题，归纳、提炼和总结主要内容等能力的要求都是对思维品质中创新性方面的要求。不仅局限于语篇细节内容的把握，甚至要求学生将所学迁移创新地运用到语言表达中。

---

❶ "课标 2017"第 46 页，高中英语学科质量设置三个水平，这三个水平与必修课程、选择性必修课程和选修课程中的提高类课程有关联.

可以看出，从必修课程的要求到选修课程的要求逐步提高。因此，选修课程的开设更注重分析语篇结构，探究文化背景，体会语言魅力，从而发展他们的思维品质。在教学建议中，"课标2017"建议教师在指导教学活动中要更多地让学生参与。通过对主题语境的深入分析等不同的教学手段和策略，指导学生理解并运用所学的语言进行思考、表达和交流，达成英语学科核心素养提升的目标。因此，为了落实培养学生英语学科核心素养的目标，教师要探索更有效的调查访谈（见附录）以及更科学的课堂教学策略。

二、高中英语学科思维品质培养的实践特征

随着我国素质教育改革的进一步推进，高中英语学科教学的方式也在不断变革。思维品质作为英语学科的重要组成部分，对学生核心素养的养成和其他各学科能力的提升有重要意义。特别是在学生学习习惯、个人发展上产生深远的影响。高中阶段学生主要的任务是学习，学校是思维品质成长的关键环境。高中课堂就成了培养学生思维品质的主要阵地。在英语学科教学中，阅读教学又是英语学科的重要课型，那么以阅读教学为例就可探究高中英语学科思维品质培养的特征。通过实践探究得出以下几点特征：

（一）培养环境相对固定

高中英语学科思维品质的培养首先是基于学生在普通高中完成学业学习的前提下。所以，高中英语学科思维品质的培养就局限于普通高中的教学环境。现阶段，我国普通高中大多数还是以固定的教学班级为主要组织形式，极少数学校实行了"走班制"教学或者流动班级的组织形式。那么在相对固定的教学班级中，对于学生的学科思维能力的培养环境就相对固定。对于学生而言，较容易接受这样简单的环境，或者在熟悉的环境中较容易接受教师对其进行思维品质的培养教育和指导。对于高中英语学科而言，主要培养环境就是在教室里，主要培养途径就是通过课堂教学特别是阅读课堂教学。教师会利用每一堂课、每一次作业、每一次访谈跟踪学生的学习能力和心理发展，有针对性地改进教学策略和给予学生学习指导。这些对学科思维品质培养的路径基本上是在校园环境中实践的，即使利用了不同的教室例如阶梯教室、多媒体教室、录播教室甚至是舞台、操场等，也都是在校园已知现有的环境。对于学生而言，都是较为熟悉和固定的场所。教师只能在现有的有限的环境中挖掘提升学生英语学科思维品质如创造性思维、逻辑性思维、批判性思维能力的元素。

在这一点上与核心素养的其他方面类似，但是思维品质的培养更注重科学性，所以与语言能力、学习能力的培养相比更为困难。语言能力、学习能力可以通过课后学习、辅导、记忆、检测等简单的小活动，但是只有在教师指导的相对固定的教学环境中才能做到深入科学的思维品质培养。所以在这一特点上，思维品质的培养表现得最为突出。

近年来，许多高中英语教师在探索思维品质培养的新的教学方式过程中有许多新的发现。例如利用信息技术在校园内开展英语课外活动，如"英文趣配音大赛""英文游记PPT制作展示""英文美食V-log制作大赛"，以及英文歌曲比赛、英语演讲比赛等，跳

出原有的教室，拓展更多的空间。还有因为疫情因素影响，许多学生学习的场所从学校变成了家里，教师利用网课等形式指导学生学习英语语言、语法等课程内容也是一种新的尝试和探索。这些新的途径打破了原有的高中英语学科思维品质培养环境相对固定的实践特征。据此，我们可以大胆猜测，今后还会出现更新的更优的学科培养途径，但是在现有大环境下，高中英语学科思维品质的培养环境相对是单一固定的。

（二）培养周期较长

学生从初中进入高中，完成高中学业到高考结束需要三年时间。思维品质作为一个人的心智特征不是一朝一夕就能改变的。特别是英语学科的思维品质，这既与思维品质的特征有关，也与高中英语学科特点有关。思维品质具有广阔性、灵活性、敏捷性、批判性、创新性、逻辑性等特征，不是具体的某一种如计算、背诵这样显而易见的能力。就高中英语学科而言，需要体现在对语言的灵活运用、理解、概况、分析、推理、判断和迁移等方面。

教师通常需要用几个课时甚至几个单元来完成针对英语学科的思维品质的某个特征的体现。现阶段，我国的大多数普通高中很少有英语的语言环境，所以需要教师利用课堂、课后甚至课外的活动时间来营造英语学习氛围，培养英语学科思维。例如，新人教版高中英语必修一从第一单元到必修三的第一单元的阅读理解课文都是选取了文章结构脉络清晰特点的文章。有总—分—总的结构，还要让学生寻找每一段落的主题句，大多数出现在段落的首或尾。因此，教师在指导学生阅读理解的时候能够培养学生快速提炼关键信息、快速总结概况大意的能力，这有利于学生概括性思维品质的提升。另外，在高中英语重要语法定语从句的教学中，由于语言表达与中文习惯完全不同，这需要教师从认识定义、句型分析、结构讲解、例题讲解一直到考试检测等环节的辅助和学习，以及每日课堂上反复复习，在阅读文章中的重点解析等环节才能达成学生熟练掌握的目标。少则数周，多则一两年。而语言能力、学习能力也许就在一堂课达成具体的教学目标。虽然也有需要一定时间才能达成的语言目标和能力目标，但是相对于思维品质目标来说培养周期是较短的。

同时，高中的课业负担较重，面临高考升学的压力，培养思维品质又不是一时之功效，所以提高课堂效率尤为重要。现有的高效课堂学说就是教师追求的提高效率完成课堂容量的策略。研究表明，现有的高中英语学科培养思维品质的方式在阅读教学实践中体现在问题引导、任务情境、作业延伸三个方面。首先，提问是高效地辅助阅读课堂的方式，教师通过提出问题，能够帮助学生梳理文本、厘清思路甚至是提炼主题，综合分析等。其次是任务和情境。阅读课堂必须设置适合的阅读任务，才能指导学生有效阅读。例如，需要培养学生的批判性思维能力。教师会设置对比分析的问题，还可以开展针对性阅读任务和小组讨论的阅读任务活动，以及创设类似的情境模拟等，让学生在阅读过程中有目标。最后是作业的延伸。课后作业是巩固能力、培养创造性思维的重要环节。要利用好英语阅读课后巩固环节，可以基于小组合作学习等形式。大多数教师在学生完成阅读学习之后，会针对阅读文本内容有针对性地设计拓展学习活动。让学生在理解内容的基础上开展创造性思维活动，达到培养迁移创新意识的目的。因此，高中英语学科思维品质的培养周期由学科特点和思维品质特点决定，不是短期的具体能力，而是长期的综合素养的培养。

（三）培养者易改变

普通高中是我国高级中等教育的主体，是高级中等教育的基本组成部分，是我国九年义务教育结束以后更高等的教育机构，上承初中，下启大学，学制一般为三年。现阶段，我国高中教学课程主要为学科课程，由各专业的教师担任教学任务，各行政教学班配备至少一名班主任以及副班主任。那么对于高中阶段的教师也就是学科思维品质的培养者而言，培养对象就是自己的学生。但是由于各种因素如教师岗位调动、毕业班需求、轮岗支教、产假病假、脱产学习等诸多原因造成学科思维品质的培养者发生改变，那么学生原有的学习习惯和思维习惯就需要相应地发生改变，才能应对不同的培养者带来的不同的培养策略。特别是许多高中要求有经验的老教师常年"驻扎"高三毕业班，而许多年轻教师只能教授高一、高二的班级，那么学生到了高三就会有大批的教师更换。对于适应能力较弱的学生，就会造成学习方法调试不及时等许多问题。但是对于适应能力较强的学生，就可以学习更多新的理念和方法，得到不同的教学策略的指导也有利于学生思维开阔性和创新性的培养。这一点对思维品质的培养影响最大。学生的语言能力、学习能力、文化意识在短期内是可以得到收获的，但是思维品质需要系统而科学的指导。

针对培养者改变的情况，目前有的学校已经开始了对学生的长期培养，目标具体涉及学科能力、思维能力、人格素养、职业规划等，如果建立了完整的发展体系和规划，就不会因为某个教师的改变而出现较大波动，进而影响学生思维品质的长期形成。

同时，我们也要清楚地看到，高中阶段的英语学科思维品质培养既有学科思维品质的特征，也有升学考试等社会性特征，还会因地域的差异而有所改变。例如，在发达的一线城市，能够得到更多的语言氛围和熏陶，也就有更多的锻炼机会得到英语学科的提升，从而有更多的时间和空间关注思维品质；也有部分教师认为在高考考查中没有突出体现思维品质，就没有关注英语学科思维品质培养的重要意义，教学中都会把语言能力和学习能力摆在首位。总之，通过问卷调查、访谈和实践探究，我们可以得出高中英语学科思维品质的培养在实践中主要有培养环境相对固定、培养周期较长、培养者易改变等主要特征。这些特征要求学生要不断提升自身的适应能力、接受能力，要求教师要创新培养策略、提高课堂效率、重视思维品质、建立生涯规划目标体系等辅助学科思维品质的形成。

三、高中英语学科思维品质的培养

（一）通过阅读来激发学生的写作思维

写作在一定程度上能够体现出学生的知识储备量，只有真正做到有话可说，才能够在写作过程中展现出滔滔不绝之势。因此，教师在高中英语写作教学过程中，可以不断丰富学生的阅读内容，这样不但能够增加学生的英语知识储备量，还能够提升其阅读能力。学生在阅读过程中可以进行思维的拓展，这从某层面来讲，也是加强学生思维训练的一种方法。而且在阅读中学生所学到的修辞手法以及好的句式都能够应用到自己的文章中，这非常有利于提高学生的写作能力。当然，让学生展开阅读，并不意味着学生只读不写，本身阅读就是学生思维运转的过程，在此过程中，学生会结合文章内容做出具体分析，为了提高学生的分析能力，教师要引导学生多做练习，这样才能够达到良好的思维训练效果。

（二）教学过程中凸显出学生的主体地位

传统的英语教学中，教师经常忽视学生的课堂主体地位。新课改的推行，对高中英语教学提出更高的要求，教师除了在教学中要转变教学理念，还要注重对自身教学模式的革新，这样才能够结合教学内容来培养学生的思维意识和思维能力。对于多数高中生来讲，写作教学都是比较枯燥的，因此，学生很难提升其学习的积极性，加上教师在教学中比较重视理论知识的传递，没有为学生营造一个良好的教学氛围，学生就更加容易对有关的教学内容产生抵触心理。为了激发学生的学习兴趣，迎合当代社会发展的需求，教师在写作教学中可以适当加入一些影视作品，将英语知识以视频的形式呈现给学生，相信一定能够促进学生思维能力的提升，与此同时，教师可以将一些手势和动作融入教学中，这样不仅能帮助学生理解有关知识，还能够使其了解相关内容中的背景知识，这有助于学生将其运用到写作中，对学生思维能力的提升有积极的作用。

（三）展开问题引导学习

在英语阅读课堂实践中，教师应当尊重学生的主体地位，为学生提供足够的时间去阅读、思考。从认知、记忆的基础引导学生进入分类、概括的第三维智力活动。以问题的方式引导教学环节开展，有利于培养学生独立思考、自主探究的学习能力。同时，问题的推进改进了传统的"一言堂"教学模式。课堂教学环节中教师应尽可能地设计一系列循序渐进、系统性和连贯性的问题，有助于学生梳理文本内容，抓住关键信息，积累语言知识，丰富文化意识，培养思维品质，发挥学生的主体能动性等，更解决了课堂上学生思考时间不足的问题。

例如，新人教版《高中英语必修一》第五单元"The Chinese Writing System"阅读课文："Connecting The Past And The Present"在文章第一段第二三行"There are many reasons why this has been possible, but one of the main factors has been the Chinese writing system.",其中两个词 reasons（原因）和 factors（事实），在这里可以引导学生思考，为什么句中第二次表明原因的时候用了 factors 而不是 reasons，除了避免词的重复，作者还有什么别的意图？通过词典释义 factor means "one of several things that cause or influence something", reason means "an explanation of the cause of some phenomenon"，由此可知，"factors"更多强调"cause or influence"，而"reasons"强调"explain some phenomenon"。句

中用"main factors"更能体现 Chinese writing system 的影响力。

在本文最后一段最后一句话中出现了上文没有提到的内容"through this amazing language.",此处教师可以引导学生思考"this amazing language"具体指什么？通读文章不难发现指的是"Chinese writing system"，继而追问"为什么此处作者要用 amazing language？你认为 Chinese writing system 令人 amazing 的地方在哪儿？"学生的思维活动就是在教师的层层追问中不断提升的。

例如，新人教版《高中英语必修一》第一单元阅读课文，如果只是单纯地停留在语言的翻译和词汇的用法就失去了借用文本提升分析的能力。这几个句子谓语每段的段首，属于主题句，根据"三义三向"文本分析法中的"语境义"来分析，用以具体说明作者遇到的挑战是什么。当学生遇到第二段第一句的 had to 的时候，可以问学生 had to 是否可以用 must 替换。Had to，意为"不得不"，有种不得已的感觉，must 则表示主观上"必须"，用 had to 能体现出作者初步入新高中时要对新课程做出正确选择时的压迫感。如果在教学中只关注语音点本身的理解：中文意义、用法、搭配、句型这些内容，就会缺失对语言高层次用法的发现。针对语言的提问不能仅仅停留在字和词的意义，而是从单词的意义逐步上升到对句子的理解，进而需要通过结合上下文的语言环境和作者意图来分析字和词的用意的提问。这样层层递进的问题才能够锻炼学生对信息的分析和判断、推理和概括的综合思维能力。阅读的提问反映了教师的设计思路，层层推进提问的设计又能促使学生作为阅读主体参与课堂的活动，保持大脑活跃性，提高课堂积极性的同时发展了学生思维的批判性。

例如，新人教版《高中英语必修二》第二单元阅读课文，在对段落大意和每段主题句理解后，如果教师基于关键句的理解提问：Q1:What does the word "drop" mean here？Q2:What do you think the word "recovered" mean in this sentence？ Q3:What was "removed from the endangered species list"？ 以上几个问题看似关注字词，实则是在词的基础上引出深入的思考。三个关键词是文章的脉络，通过教师的提问引起学生的关注，进而得到分析和概括的结果。这样的问题设计意图即将学生作为学习的主体（学生既是问题的提出者，也是问题的回答者），培养学生分析、概括和整合信息的能力，并提升思维品质。教师则利用答案的信息链，从内容、语言和思维三个角度再次重现信息和架构篇章结构，并通过数据图帮助学生理解部分话题词汇，如 drop，recover，remove 等，为后续的写作输出搭建语言和内容支架，提升了思维品质中的抓住关键概念和细节，分析、推断并整合信息的能力。

在课后的访谈中，学生还表达了以下观点："我认为教师的提问在课堂中运用，让我可以在思考中接纳知识，我成为学习的主人，老师不会立刻给出答案，让我们更多地思考感觉能够提升课堂注意力""老师的问题层层推进，我可以感觉到从理解到分析的逐步推进，对我别的学科的分析理解能力也有很大的帮助"。

同时，问题引导的思维品质培养策略在高中英语阅读教学中也很好地解决了高中英语阅读课堂给学生思考的时间不足的问题，使学生由被动变为主动，引导学生进行思考活动，在教师层层递进的问题的引导下，形成递进式的、系统的思维框架，进而达成培养英语学科思维品质的目标。

（四）合理预测策略

依据新课标中解读思维品质的目标提到了创造性思维能力的重要性，教育学中认为的创造性思维特征就是思维与想象的有机统一、发散思维和集中思维相结合，以及分析思维与直觉思维的统一。

在英语阅读教学中，教师引导学生对篇章结构和内容进行预测，并给出推断理由，这有助于培养学生的创造性思维、批判性思维和逆向思维能力。特别是超前性、综合性等特点，它综合发挥了思维中的抽象思维、灵感思维以及审美思维的作用。

《"三义三向"文本分析法：英语教学在思考》一书中也强调：在教学思路方面，要以学生为基点，以兴趣为杠杆，撬动并推进外语教学。在课堂教学中，以把握文本的表层结构为前提，以激趣、养思为目标，在有限的英语课堂时间中培养出学生愿学、爱学、会学的长期兴趣。因此，在教学活动中，教师应最大限度地激发学生兴趣，从而引发学生的思考，培养学生的品德情操和思辨能力。为达成这一教学目标，除了传统的欣赏图片、观看视频、学生分享相关旅游经历以外，还可以从逆向思维入手，教师可设置多个情景让学生思考讨论、畅所欲言。这也是评判性阅读的思维层次，在阅读的基础上，提出合理的、符合逻辑的推测性问题，指导学生基于信息进行讨论或辩论，形成自己的观点或推测，能够培养学生的创造性思维能力。

例如，在对人教版《高中英语必修三》第三单元"The million pound bank note"进行阅读教学的时候，虽然是戏剧，我们也可以通过阅读第一幕后，让学生通过已知信息来合理地预测接下来要发生的故事情节，既生动又有趣。类似这些创造性思维的教学活动，使文本知识更贴近生活，拓展了文本的文化思辨空间。

例如，新人教版《高中英语必修二》第二单元"Wild life protection"阅读课文"A dying the clouds"，是关于藏羚羊保护的内容。因为文本内容有小标题，阅读前，可以通过"针对标题设计问题"和"基于话题预测内容"两个思维层面的活动，引导学生进入主题思维模式。通览全文后，在学生预测的基础上，教师鼓励学生概括段落大意，并提炼关键词。在该教学设计中，文本的核心主线交由学生自主研读，教师则可以用思维导图的形式呈现学生课堂生成，并补充学生可能遗漏的信息，以确保信息链完整。最后，引导学生积极探究"造成藏羚羊危机的其他因素"，调动学生已有经验，帮助学生建构和完善新的知识结构，深化对该主题的理解和认识。特别是对英语学科思维的创造性有深远的意义。

标题是一篇文章浓缩的精华，能够体现文章主旨要义的提炼和总结。一般来说，标题能够让学生快速而准确地抓住文章的主要内容，帮助学生梳理思路。教师可以通过让学生通过标题来推测文章和主题，从而培养学生的思维能力。

合理预测对于学生而言是有趣的思维活动，需要在教师对已有知识的总结，并帮助学生构建完整信息链的基础上进行。学生根据获取的信息，在教师的引导下进行合理预测，既需要逻辑思维能力的基础，又需要创造性思维能力的支撑，在思维的"质"和"量"上有很大的要求。可见，阅读课堂中的合理预测策略是高中英语学科思维品质培养的有效途径。

第四章　高中英语应用文写作模式实践

第一节　应用文的定义和分类

一、高中应用文写作教学的概念界定

在实施应用文写作教学之前，对高中应用文写作教学的概念应有一个明确的界定，弄清什么是应用文，了解高中应用文、高中应用文写作的概念和高中应用文写作教学的概念。

（一）常见应用文的定义

通过查阅与应用文有关的众多资料，我们可以发现在这些资料中对于应用文概念的阐述各不相同，没有一个统一的标准，学术界没有对应用文的概念作严格的界定，因为所持定义的标准不一样，所以，不同学者和书籍中所概括和归纳的应用文的概念也不尽相同。下面简要地列举几种应用文的定义。

应用文是人们在生活、学习、工作和公务活动中经常使用的且有惯用格式的一种文体。它使用的范围十分广泛，无论是办理公事，还是处理私事，都经常使用。这是从使用范围对应用文概念进行表述，但是较为笼统。

从应用文对象、范围、效用和体式几个方面对应用文进行全面概括：应用文是国家机关、企事业单位、社会团体以及人民群众在日常工作、生产和生活中办理公务以及个人事务所使用的具有直接实用价值和某种惯用体式的一种交际工具。

还有从广义和狭义两方面来界定应用文的：广义的应用文是指文学作品之外的一切实用文；狭义的应用文是专指个人、社会组织、团体、机关之间的公私往来，用约定俗成或特殊规定的方式传递信息以资信守的文字形式。

（二）高中应用文的概念

高中应用文的概念应该是：满足高中生日常的学习和生活需要，在高中生的学习和生活中起重要作用，并且有较高使用频率的一类文体，这类文体有直接的应用价值和固定的格式。

（三）高中应用文写作的概念

应用文写作是为了实行管理、传递信息等社会效用，运用书面语言和图表符号进行的

写作活动。高中生进行的写作活动，按照活动的功能可以分为两大类：一类是高中生的文学写作，这是他们高中三年的学习中主要进行的写作活动。高中生的文学写作是为了抒发自己的主观感情，反映自身所处的社会生活，从而进行的文学艺术创作，高中生主要进行的文学写作是散文、小说、诗歌等；另一类就是应用文写作。高中应用文写作是为了方便高中生处理学习和生活中的各类事务而进行的写作。高中生通过应用文写作能够直接和有效地表达自己的思维，能够与他人进行情感的交流和信息的传播，能够有助于高中生解决实际生活中的一些问题。高中应用文的写作满足了学生在高中阶段的实际需求，服务于高中生的学习和生活。

（四）高中应用文写作教学的概念

根据高中应用文的概念和高中应用文写作的概念，我们可以得出：高中应用文写作教学指的是高中生在教师的指导下选取应用文的材料、构思应用文写作的内容及格式规范、提高自身应用文写作能力的教学和训练活动。

二、应用文的特点与分类

（一）应用文的特点

1. 实用

文章的写作都有明确的目的，都是为达到一定的目的而写的。比如，文学作品的写作目的是反映社会生活，表现人们的思想感情。说明文的写作目的是说明某个事理或事物。议论文的写作目的是明确或澄清某些问题。应用文的写作目的与它们都不同，应用文是为了处理工作中和生活中的实际问题而写的，比如写一篇请示，是为了向上级请求批准办理某一事项；写一份财务报告，目的是向上级报告财务收支状况；写一篇民事诉状，是为了解决已经发生的民事纠纷；写一篇广告，是为了向公众宣传某种商品或服务。从这个意义上说，应用文具有直接的功用性和广泛的实用性。

2. 规范

文学作品只有体裁上的区别，而在同一体裁中可以千姿百态、争奇斗艳。在文学创作中，我们反对格式雷同，走程式化道路。但是，应用文恰恰在格式上具有程式化、规范化的特点。规范是指应用文的内容结构和文本格式有规律可循。应用文的内容结构一般都是约定俗成的，如写计划，一般先写目的，然后写具体任务、目标、措施、时间、步骤；写消息，一般采用倒金字塔结构形式，即把最重要的内容写在前面；写调查报告，一般先介绍调查的目的、调查的对象、调查的时间和地点、调查的方式，然后就调查的问题分项阐述。应用文的文本格式有两种情况，一种是已固化并被指定的规范格式，如公文格式、司法文书格式、合同格式等。另一种是惯用格式，虽没有严格的规定，但格式比较稳定一致，比如一些会议文书、财务文书和事务文书等。

3. 真实

文学创作可以虚构，文学作品中的人不等于现实生活中的原型，故事中的情节也并非要照搬生活。比如，小说就是塑造典型环境中的典型人物，而这种来源于生活的艺术形象更集中、更典型地反映了生活的本质。但是，应用文的性质决定了真实性是它的另一个显著特征，作为解决实际问题的应用文体，它必须如实地反映客观现实，必须准确无误。

真实是指应用文的内容，应用文无论处理公务或私务，都要以诚信、诚实为基础，实事求是，遵守道德，讲求信誉，决不能弄虚作假，虚构编造。比如写会议纪要，不能无中生有，张冠李戴。写调查报告，不能闭门造车，凭想当然来写。写广告不能虚实相间，真假混淆。写新闻，一定要真实地反映时间、地点、人物和事件。

4.时限

时限是指应用文的时间限制，应用文的性质和写作目的决定了应用文的时效性，应用文的各个文种都有时间限制，都是针对一定时间内要解决的问题，没有时限就失去了效用，所以，要及时发文，按时办理，这是应用文与其他文章的重要区别。

（二）应用文的分类

有学者将应用文分为三类：通用文书如公文、机关和日常事务文书；专业文书财经、法律和传播文书等；特殊文书如简历、求职信、毕业论文、申论等。（王淑梅，2014）也有学者认为，英语应用文写作的类型是多种多样的。常见的类型集中在各种信件、通知、招聘人员、招聘稿件、电子邮件、简历、便函等，其中信件所占比例最大。在教育部颁布的"课标2017"中，日记、私人信件、简历、宣传册、问卷、正式书信、提议、建议、工作计划和议事日程等语篇均被归为应用文体。

鉴于"课标2017"对应用文的分类是基于高中生应该掌握的语篇类型而提出的，而本研究的对象又恰好是高中生，故采用"课标2017"的分类标准，即：应用文包括日记、私人信件、简历、宣传册、问卷、正式书信、提议、建议、工作计划和议事日程等。

三、高中阶段学习应用文写作的意义

（一）个人发展的需要

在我国，高考是人一生中最重要的考试之一，因为它不仅决定学生的人生方向，甚至在一定程度上还会改变学生的命运。如此一来，高考结束后学生就会面对两种人生选择：一种是步入大学继续深造，另一种是直接进入社会选择就业。步入大学深造的学生，有可能会因为专业限制，再也没有机会接触语文课程以及应用文写作教学的训练。而那些高中毕业便选择就业的学生就更不会再接触语文课程，尤其是应用文写作的专业训练。但是无论哪一种学生在步入社会后，他在生活和工作中，都会频繁地遇到自荐书、证明、工作总结、请柬、信函等应用文写作的情况。

除此之外，当今世界日新月异，社会经济、科学高速发展，信息资源日渐丰富，信息的传递和交流更是受到空前重视。在适应这种趋势的过程中，必须做好信息记录，而信息记录工作无疑就是"应用文"的写作。因为应用文不仅是处理政务、传达信息、组织策划等工作的工具，同样是人们在生活、工作、交流中不可或缺的手段。应用文的写作，在十几年前也许只是对大学生提出的要求，但是，现如今信息爆炸，时时刻刻都有新的信息、知识摆在人们面前，作为高中生，如果能主动适应社会发展潮流，写出观点突出、逻辑严谨、结构完整、实用高效的应用文，将会对他们在信息量庞大杂乱的社会中筛选信息、学习知识有不可估量的积极作用。因此，学习应用文写作应该是当今高中生必须掌握的一项基本技能。

（二）社会发展的需要

任何国家、政党、部门或组织等，要想顺利运行并持续发展、壮大，就必须使用应用文，因为应用文有诸多功能和作用。

首先，"应用文"有教育的功能。党、政府、企业等向相关部门和人群发布方针、政策，并指导开展各项工作时需要使用应用文，如果这些应用文是法规性文件，就会对人们的行为有教育的作用。

其次，应用文有交流沟通的功能。它不仅是各级组织单位上下左右交流沟通的渠道，也是人与人日常生活工作中沟通交流的桥梁，是应用文使各个"机体"有序、顺利运行。

再次，应用文有依据、凭证的作用。例如，下属部门上报的总结、报告等是上级决策的依据，同样上级部门的决定、决议、条例等应用文也是下属部门解决问题、展开工作的重要依据。从个人方面讲，人与人在日常生活中所需要写的借条、请假条、申请书等也都是凭借。

最后，应用文有管理指导的功能。政府、企事业单位、社会组织在领导、管理、指导下级单位时，应用文通常是将管理外化的工具以及方针、政策的书面表现形式。如此看来，文学性文章是肥鱼熊掌，应用性文章是家常小菜，后者虽然平凡，却不可或缺。而人是社会这个大组织的细胞，社会要想有序发展、繁荣稳定，就必须要求人们学习应用文和写作应用文。这样人们才能准确地、大量地摄取信息和知识，人与人之间、组织与组织间才能顺利交流沟通，最终国家才能昌盛，社会才会和谐。

第二节　应用文写作的要点

一、关于格式规范

写作时不同文体决定不同语体的选择。文体规定了文章的结构布局和选材叙述，而语体则界定了人们在不同交际领域进行语言表达时的功能范畴。一篇好的文章既需要文体来支撑框架，也需要语体来完善表达。文体即文章的体裁，是文本构成的固定模式。杜福磊基于文章的社会功能和写作目的，将现代文体首先分为文学类文体和实用类文体两大类，实用类文体又分为新闻性文章、理论性文章和应用性文章三种类别。应用性文体具有实用性的特征，在写作时需要明确写作目的和具体实在的写作内容，语言表达简练准确，结构程式相对稳定。应用性文体有固定的写作格式和内容选材。

语体，是在语言长期运用中产生的一种体系，即运用民族共同语的功能变体，是适应不同交际领域的需要所形成的语言运用特点的体系，语体具有全民性、体系性和层次性的特点。应用语体作为汉语语体的分支，具有时效性、准确性、简要性、程式性的特点，是一种直接地与现实生活、工作要求紧密联系的语体。通常来说，文体与语体有相对应的关系，例如，文艺语体是适应文艺创作的需要而形成的带有艺术特性的语言体式，大致分为散言体、韵文体和白体三个下位语体，其中散言体多用于小说、散文、随笔等文体的写作；科技语体是一种适应科学技术领域交际需要而形成的民族语言的功能变体，适用于科技专著、科学考察报告、科普读物等文体的写作；而应用语体则适用于各种类型应用文的写作。

（一）书信的文体规范

中国古代最早出现文体的概念在《诗经》中，将所收录的文本作品分为"风、雅、颂"三类，从魏晋时期到明代，人们对文体的分类逐渐复杂化，如刘勰的《文心雕龙》有文体论二十篇，每篇分论包括一种或两三种文体，刘勰将文体分为五十多种不同类型，对主要文体都做到"原始以表末，释名以章义，选文以定篇，敷理以举统"，把用语言写成文字的东西都包含在文体范围内。自清代起，对于文体的分类又逐渐简化，到了现代，学者们对于文体的分类也存在不同意见，前文提到应用性文体是现代汉语文体中的一员，其中应用性文体又可以划分出行政公文类、工作事务文书各类、行业专用文书各类、日常应用文书各类等具体的文体。书信属于日常应用文书的一种特殊形式，因此书信的文体规范符合应用文的文体要求。

书信分为一般书信和专用书信，一般书信多指用于个人之间沟通联系的私信，专用书信是在特定场合使用的信件，也称公务信件，如申请书、求职信等。一般书信通常不需要标题，而专用书信需要标题，除此之外，不同类型的书信具有统一的文体规范。总的来说，书信的文体规范包含固定格式、写作对象、主题确立、结构安排等。

1.固定格式

格式方面，书信基本包含称谓、问候语、正文、祝颂语、署名、日期六个部分，署名和日期可以统称为落款。称谓在信纸的第一行顶格书写，称谓后面使用冒号；另起一行写问候语，问候语前空两格，一般单独成行，有时也可以跟随正文内容出现在正文的第一句，特殊情况下问候语也可省略，但其余五个部分缺一不可；正文部分每段的段首空两格，转行后顶格书写，段落之间不空行，要根据写作内容进行分段，不分段或分段过多都是不规范的写法；落款包含署名和日期，全部另起一行写在信纸的右下方，署名和日期各自单独成行，署名在先，日期在后。

2.写作对象

书信作为互通信息、交流感情的一种重要书面形式，通常是双方之间的沟通对话，因此在书信写作时，除第一人称的叙述外，与第二人称的对话必不可少。寄信人在进行书信写作前首先要弄清楚写作的对象是谁，明确对方的身份高低，与自己的关系亲疏等问题。书信的写作对象具有特殊性，可能是个人，也可能是企业、组织或单位这类非个人性团体，因此在写作时首先要明确写作对象，进而才能根据写作对象的身份不同确定称谓、正文以及祝颂等部分的写作内容。

3. 主题确立

书信作为应用文的一种，具有较强的实用性，不同主题的书信写作会影响正文部分的内容和功能安排。例如招聘和求职的主题不同，写作重点也不相同，招聘书的重点在于所需人才的各方面条件、公司的福利待遇等，而求职信侧重于介绍自身情况，虽然招聘与求职都与找工作有关，但主题不同，不能错将求职的主题写成招聘的，主题不明确会造成信件内容的偏题。

4. 结构安排

书信写作通常带有较强的目的性，不同类型的书信写作目的不尽相同，如申请书是向领导或上级组织表达愿望和请求的书信，一般在正文写作时会包含理由说明、介绍情况、提出请求三个部分；给亲人的信是私人之间交流情感的书信，一般包含近期的问候、自身情况介绍或回答上一封信的疑问、对家人的祝愿等内容；求职信是求职者根据自身情况向目标求职单位自荐求职的专用书信，一般包括求职主张、求职条件和求职诚意三部分。在不同类型的书信写作时，根据其目的和作用的不同，要具体地安排文章结构。若结构安排不合理，可能造成写作内容缺乏针对性、结构不清晰，篇幅冗长等问题。

（二）书信的语体规范

独立的语体研究关注点更多在于某一言语成品在具体运用时所表现的变异形态，根据不同语境归纳语体运用的个别典型，呈现出来的语体风格变化较多。而寄身于文体学中的语体研究则以写作为研究对象，探索特定文体的共同语言特征，排除个体在运用语言时的差异，寻找同一文体具备共同的语体特征规律。

文体中的语体研究更具备典型性和普遍性，强调在特定文体内语体使用的稳定特质。文体中的语体研究受文体规范的制约，所形成的语体符合具体文体创作的一般规律，所呈现出的语体风格规范化、概括化。本文所探讨的书信语体写作以及留学生书信类语体都以文体中的语体为出发点，结合函电体，着眼研究书信这一特殊文体下的普遍性语体写作规范。书信分为一般书信和专用书信，函电体这一语体在不同种类的书信中的运用既有相同之处，也有差异。

1. 言语成品程式性

无论是一般书信还是专用书信，各部分的言语成品都有其固定的程式用语，如开头称谓多为"修饰语＋称谓＋提称语"的形式以示对收信人的尊重和礼貌，祝颂部分也有固定的用语搭配，这些程式用语不可省略，也不能随意搭配，要根据写作对象以及写作目的选择恰当的程式用语。特殊的程式用语是函电体区别于其他语体的一大重要特征，对于书信写作有一定的约束力，程式性的特点能够增强应用语体的正式性。

2.语言表达书面性

语言表达书面性分为用词书面化和句子表达书面化两方面，这类特点在不同类型的书信写作中的体现有所不同。

一般书信是指私信，多为私人之间的交流工具，不对外公开，"一封写给父母的信"属于私信，亲人之间关系亲昵，因此在写作时尽量避免过于书面化的表达形式，言语成品倾向口语化，用词可以以口语化词语为主，抒情描写并重，且多使用口语化的短句，内容直截了当，简洁明快。专用书信是指在特定场合使用的公开类信件，这类信件一般有较强的目的性和针对性。

虽说不同书信的语体对于书面化的考量不同，但区别多在于正文的叙述部分，如称谓、问候语和祝颂语等特殊部分，一般书信和专用书信在用词上还是都应以书面表达为主，表示对收信人的尊重、友好。总的来说，书信写作时，基本的语体选择要倾向于书面化。

3.语气选择准确性

语气有广义语气和狭义语气之分，本文取语气的广义范畴，语气又称情态语气，是说话人对该命题的主观态度或情感。当书信包含写信人的主观意识时，对于遣词造句所流露出的语气风格就会产生差异。

根据行文方向，应用文可以分为上行文、平行文、下行文三类，不同行文方向的文章语气风格不同，如上行文指下级向上级机关或组织的发文，其语气风格应该恭敬谦逊；平行文指没有隶属关系的同级人员之间的行文，语气风格应该委婉平等；下行文是上级向下级下发的行文，其语气风格应该庄重严肃。书信写作同样具有行文方向的差异，如求职信是个人向用人单位发出的求职请求，由于发件人和收件人双方地位存在差异，这类信件也属于书信类应用文中的上行文，在写作时注意语体运用的恰当，用词准确，语气应恭敬礼貌，谦卑诚恳，以表达对收信人的尊敬之情，不可粗鲁无礼，骄傲自夸；写给父母的信作为私信虽说不是严格意义上的上行文，但面对长辈时，语气也要符合上行文的敬重友爱。

语气风格是书信写作语体规范中的重要组成部分，书信作为应用文的分支，在语气运用时不能像记叙文写作一般随意，首先要体现语气的正式性和庄重性，还要根据行文方向的不同选择更加准确的语气风格，做到用词得体，语气恰当。

二、关于语言能力

英语应用文写作能力是应用语言的产出性技能，是第二语言学习中难度较大的环节。学生在经过数年英语学习后，其听力、阅读、口语水平会有一定提升，但书面产出能力仍处于较低水平，加上多数高校并未开设专门的应用文写作课程，导致学生缺乏应用文写作规范意识，不知道如何在英语环境下通过使用应用文，实现商务沟通、管理沟通、学术沟通。

（一）概要语言与径直思维

思维和语言紧密相连，相互依存。一方面，思维是人类大脑对客观现实的反映，是语言得以形成和发展的基础；另一方面，语言是思维的载体，它能够反映出人类思维方式的特点。做好英语应用文写作教学，要从认识中西思维差异说起。

1. 中西思维差异

英语应用文是在英语环境中，由于交际和工作的需要而产生的文种，具有准确、简练、清晰等特点，而西式的径直思维在对实际问题的解决方面，比传统的中式螺旋式思维更具优势。西式径直思维也叫直线型思维，是一种思考问题时先主后次，先概括后细节，先抽象后具体的思维模式。一般来说，西方人习惯使用直线型思维模式，而中国人习惯于螺旋形思维模式。

学生受汉语思维的影响，常见的中式写作思路一般先展开系列铺垫，再切入主题。例如在信函写作中，螺旋式思维的写作如下："I am Wang Lin. I have graduated from Chongqing University. I want to apply for the position of marketing assistant." 而标准的商务英语信函要求直切写作目的的表达："I am writing to apply for the position of marketing assistant." 这里不是表达用词数量的差异，而是汉语对英语应用文写作所带来的思维定式。很多学生在学习多年英语后，仍采用第一种表达，缺乏径直思维习惯。针对该问题，应用文写作教学第一步在于做好主题句训练。

2. 主题句提炼

《美国大学英语写作》是英语写作教学的经典教材，李涛在《英语短文主题句文体特征研究——以高职高专院校旅游英语教学改革为例》研究中，对其20篇短文的60个主题句进行过分析，发现几乎所有的主题句都用一个简短的陈述句（declarative sentence）来概括主题段落的中心思想，即便使用复合句，其语义结构并简洁易懂，从句的语法结构并不复杂。而英语应用文写作也有类似规律，be动词作谓语的陈述句，结构清晰的宾语从句，被大量采用："This is to notify that ..." "This is to certify that..." "This study is mainly about..." "This report will summarize ..."。

在英语应用文写作教学中，要通过概要写作训练，强化学生语言概述能力，使其领会到主题句在英文写作中的"灵魂"作用，帮助其养成径直思维习惯。首先，为学生提供大量的细节信息材料，这包含阐释类细节、事例类细节、数据类型细节、引用类细节、对比类细节等，然后让其准确判断各类细节信息的表达功能，要求写出针对该类细节的总结性主题句。虽然这看似和应用文写作没有直接的关联，但英语写作的基础思维——径直思维方式在训练中养成。这一点，从学生在报告的写作中，使用段落主题句"The findings are as follow." "The recommendations are as follow." "We decided to make an announcement as follows." "It is here by agreed as follows." 可以佐证。

（二）逻辑语言与结构化思维

英语应用文的任何一个语篇，都是一个完整的统一体，具有逻辑严谨、脉络清晰、结构分明的特点，每一篇应用文都是成功的范文，其逻辑语言与结构化思维，值得揣摩和学习。

1. 显性衔接词

英语是一种重逻辑的语言，表达逻辑关系多用显性衔接词，徐春燕在《茶典籍翻译对培养英语逻辑思维的意义》中指出"显性衔接如同路标，指引语篇到达预知目的"，而汉语则通常以语义暗示、情境暗示等为逻辑依据。例如在留学申请信中，为陈述个人竞争优势，获得读者赏识，可大量使用，"firstly""meanwhile""especially""furthermore""finally"等逻辑衔接词。笔者在写作示范训练中，对应用文范文的语篇衔接特点做了深入分析，通过去掉衔接词、选填衔接词、衔接词改错等手段使学生了解英语逻辑语言的特点。

2. 结构化思维

结构性思维指人们在认识世界的过程中，从结构的角度出发，利用整体与部分的关系，有序地思考，从而更清晰地表达，更有效地解决问题的思维方式，是一种能使思考像搭积木一样有序省力的思维模式，又称结构化思维。结构性思维有四大原则：结论先行、上下对应、分类清楚及排序逻辑。金字塔结构是结构化思维的标准结构，在金字塔结构中，思维可分为纵向、横向两个维度，其相互支撑关联，形成牢固的思维结构。在横向中，多个构成要素因一个共同的逻辑，被并列组织在一起；在纵向中，任何一个层次都是对其下一个层次的总结。

教学中，思维可通过运用 Smart Art 图形、思维导图等手段清晰、直观地呈现出来。

商务信函是英语应用文中使用频率较高的文种，属于交际型应用文，可根据内容分为诉求类、邀请类、感谢类、道歉类、证明类等。篇章结构有一些共性，即由上至下，全篇由标题、题头、主体、结语、落款组成，但主体架构略有差异，诉求类是诉求—原因—期待；邀请类是邀请—活动要素—期待；感谢类是致谢—原因—再次致谢；道歉类是致歉—原因—再次致歉。报告、摘要是研究型应用文，主要针对现实问题或科研问题开展研究，通过收集分析数据，得出结论，并提供可行性方案。

教师可通过流程图、金字塔图、层次结构图等展示结构性思维，也可根据需要自行设计各式各样的图表。这些载体使结构性思维成为看得见的思维，使应用文写作思路立体化。结构化思维教学有别于传统的授课模式，即教师分析范文，学生记忆知识点，相反，教师要带领学生阅读分析范文，引导学生绘出结构思维图，鼓励学生发现式、探索式学习。在教学中，笔者按结构化思维教学设计，把思维教学设定为应用文教学中的重点任务，采用仿写结构、完善结构、重组结构等手段，帮助学生发现习作的思维缺陷，使其养成良好的语言思维习惯。

（三）角色语言与创新思维

多数学者对应用文写作有刻板印象，认为无非是对范文的不断学习和模仿，应用文写作实际是"戴上镣铐的舞蹈"，也有"随心所欲而不逾矩"的创新。应用文的规矩以及创作空间都视特定情境而定。

1. 情境虚拟

应用文写作中，写作主体定位是一种虚拟的角色定位。进入写作过程时，首先要确定写作主体的角色身份，然后采用相应的、得体的语言表达方式。事实上，社会交往活动中，需要各种不同的角色关系。在商业活动中，是买方与卖方；在合同关系中，是合作双方的权责关系；在调查活动中，可能是新闻记者或者公司内部管理人员，形形色色，变幻不定。不同的角色采取不同的行为方式，使用不同的语言表达，以期获得相应的、理想的效果。

应用文类文件多，包括通知、公告、信函、备忘录、合同协议、会议纪要、会议日程、报告、摘要9类，每一个文件中，都可以虚拟无数个情境，输出各种角色语言。普通商务信函中的写作对象是"Dear sir""Dear Madam"，落款采用变换的角色人名，证明信中则用"To whom it may concern"，落款还需要附上发证明信的单位名称。备忘录的写作对象可以是"manager"或者"all the staff members"，落款人一般是写信人。会议纪要的写作对象是单位全体成员，而落款人一般是记录人，摘要不需要出现称呼语，但作者一般以客观的第三人称视角出现，用"author"自称。

2. 创新思维

应用文写作在规定情境，使用角色语言后，也划定创新"舞台"。创新要求写作主体在写作中突破思维定式，不断以新颖方式和多维角度的转化来寻求获得新成果。它是人类思维的高级形态，其主要表现是求异、创新。美国心理学家吉尔福特认为，创新思维具有多端性、变通性和独特性三大特征，但其核心本质是创造。

《关于深化教育体制机制改革的意见》中提出"培养创新能力，激发学生好奇心、想象力和创新思维，养成创新人格，鼓励学生勇于探索、大胆尝试、创新创造"。为了激发学生创新潜能，在应用文教学中，可以大量使用情境教学的方法，运用投影、图画、视频、文字、音乐等模拟写作中的情境，给学生真实情感激励，让学生置身其中，发挥想象力。

例如给学生设定一个投诉情境，人物角色是魏某父母，他们向百度公司发出投诉信，投诉其因竞价排名政策，误导魏某相信错误医疗信息，导致延误病情，最终失救。学生从视频故事、图片消息、语音消息中感受到父母的悲愤，领悟到企业的社会良知和责任感重于一切，他们用冷静有力的文字向百度公司致信，"We are writing to complain about the search engine that killed our son who was only 22 years old when he passed away. What has happened was a heavy blow to us. It should be strongly condemned that the policy of bidding ranking is widely applied in searching for medical information." "kill" "pass away" "a heavy blow" "strongly condemn" 都是在唤起共情后激发的创造性表达。

三、关于教学方法

（一）高中英语应用文写作情境教学

英语应用文写作情境教学是指教师在进行应用文写作教学时，应从教学实际需要入手，有意识地创设带有感情色彩的、形象逼真的场景，让学生身临其境，在情境中体验、观察、思索、想象，然后进行英语写作训练的一种写作教学形式。将情境教学运用在英语应用文写作教学当中主要是希望能够改善学生对学习应用文写作的消极态度，帮助学生正确理解英语应用文写作的重要性，调动学生对学习写作的积极性，丰富学生的社会性情感。英语作为外来语种，在现实生活中不具有真实的语言环境。而应用文写作虽与我们日常生活息息相关，然而以往写作教学中更偏重写作知识的讲解，忽略了应用文写作赖以生存的社会情境，所以希望教师在英语应用文写作教学中，充分利用情境教学这一方式，同时结合学生的真实生活，创建出更加生动具体的教学情境，使英语写作学习走向生活，激发学生的情感，使学生更加主动地进行英语写作学习。

也就是说，在英语应用文写作情境教学中，高中英语教师需充分了解高中生的学习心理状态，以教材为基础，创建符合高中生心理特征且贴近现实生活的真实情境，有机地将学生的认知活动与情感联系起来，以此促使学生的形象思维及逻辑思维和谐发展。

（二）英语写作情境教学的特点

英语写作情境教学的特征是在与成果法、体裁法等其他英语写作教学方法的比较中显现出来的。一般的英语写作教学或重语法词汇的运用、或重技能训练、或重写作过程的指导等，而英语写作情境教学则侧重写作情境的创设。笔者综合归纳了张梅（2014）、梁严军（2014）对英语写作情境教学特征的观点，总结出以下几个特征：

1. 情境多样性

写作情境的设置是该教学方式的核心所在，所以英语写作情境的最主要特征就是凸显情境。"情"，简单地说就是师生的情感态度、兴趣爱好、特长优势等。而"境"是可以让人通过多种感官感受到的，指的是具体、生动的事物和形象。

2. 主体互动性

英语写作情境教学是重视教学主体间的交流沟通，鼓励学生个体积极参与到学习过程中，从而提高学生的英语写作能力，主体互动性可以划分成以下三部分：

（1）学生之间的互动

教师运用情境教学授课时要以学生为主体设置一个"学习场"，通过与自己搭档协作、小组合作以及班级活动等形式，使学生在这种"学习场"中充分发挥自己的认知特点，互相讨论、互帮互助。学生个体在互动中都要面对各种不同的观点、意见，要学会判断和分析，表达自己的见解，理解别人的想法，能相互接纳、欣赏、争辩、互助。在彼此互动中，学生可以从不一样的视角去看待分析问题，并最终找到行之有效的解决方法，这样可引起学生积极主动地学习写作，对学习写作产生兴趣。

（2）学生和教师之间的互动

在情境教学中，师生之间的互动交流是相辅相成的。学生在教师创设的情境中主动学习，体验写作的乐趣，积极地表达自己的思想观点，丰富自己的情感世界；而教师在英语应用文写作情境教学中有效地开展教学活动，要与学生进行平等、民主的交流，并且教师应真诚地给予学生反馈，表达自己的情感态度。这种双向交流可实现教学相长，取得"双赢"的效果。

（3）学生和写作情境之间的互动

从本质上来看，学生能够完成对知识意义的主动建构是通过学习情境的帮助，学生的学习活动是不能从特定的情境中孤立出来的。因此，教师在运用情境教学进行英语写作授课时，也应该让学生进入特定的写作情境中，与情境进行交流，加深情境对学生的影响，使学生自由发挥想象力，更加主动地参与到写作活动中。

3. 寓教于乐性

教师所创设的英语写作情境的最终目的还是辅助学生的学习，激发学生的学习兴趣，启发学生的思维，使他们乐于学习，从而调动学生积极参与，推动英语应用文写作教学活动的顺利进行。

（三）情境教学在英语应用文写作教学中的理念

随着时代的进步，教育理念也不断更新，当今教育需以学生为本，考虑学生的自觉能动性，促进学生自我全面发展，因此教育更应强调的是学，而不是教。教育模式应该培养学生主动学习、有意义学习和合作对话学习（邹青，2010：183）。新课程改革一直呼吁教学要以学生为中心，中学教师也要顺应这一改革要求，跟着新课程改革的方向走，改变之前教师占绝对主导地位的教学观念，鼓励学生自主学习，探索新的知识。

如何促进学生的身心和谐发展以及激发学生主动发展是进行情境教学的根本出发点。为了达成这一目标，情境教学通过优化环境，创设出可以促使学生活动的"情境"。要创设此种情境，则需要以人的活动和环境和谐统一作为基础。这种情境的创设力图将人的主动参与性以及主动发展作为核心，帮助学生对创设出的环境、氛围产生情感上和心理上的共鸣。在共鸣的基础上，有效地促进学生在现实环境和主体活动的交互作用下实现主动性和认知上发展。

由于情境的创设适宜学生生活需要作为支点，可以帮助学生全身心地投入。这样的投入使学生能够在情境中深入地体验、感悟，最终得到充分的发展（张清英，2005：16~17）。所以，在英语应用文写作中使用情境教学这一方法，具有一定现实意义，可以尝试作为一种常规的教学模式进行推广。与以往的成果写作教学设计相比，情境教学应用于高中英语应用文写作教学设计，更具新颖性、互动性、体验性；情境教学能够刺激学生对英语应用文写作产生兴趣，从而帮助学生更加积极主动地学习，使他们体会到学习是充满乐趣的。

（四）情境教学在英语应用文写作教学中的特点

应用文写作与人们的日常生活和工作学习息息相关，具有明确的实用目的。所以老师在进行情境设置时，应多考虑学生的认知特点，创设学生熟悉的、贴近生活的应用文写作情境，也可加工教材当中的生活情境素材，或者让学生自行设计，通过实物、动作语言、PPT、图片视频等多媒体来设置情境，这样能够使学生从书本写作训练中脱离出来，亲身体验更为生动直观的应用文写作情境，使学生能够更好地将自己的生活与写作内容结合起来，凸显写作乐趣，并且有利于学生从情境中调动自己的生活经验、已有的背景知识，让学生的写作思维充分展开，解决学生惧怕的无内容可写的问题。写作过程实际上就是交际过程，而基于建构主义理论基础的情境教学也提倡学习是一种社会互动过程。因此老师在创设情境背景下，可以在写前阶段和修改阶段安排小组讨论和合作学习使学生形成交流，学生在老师创设的背景中联系自己已有的背景知识，发挥自身的认知特点，接着在与同伴协作讨论中，达到对应用文写作话题的深入认识，提升思维能力、增强表达能力的目的，最后自然地将口头语言转为书面语言。

当然，应用文课堂写作互动不仅包括学生之间的互动协作，还有师生之间的交流互动，在英语应用文写作情境教学中教师要尝试放下高高在上的架子，与学生开展民主的交流，对学生的各种不同想法给予足够的尊重，并适当地鼓励和支持，对学生在应用文写作过程中的优点要及时肯定，从而调动并保护学生参与写作的积极性；此外，教师可通过情境设置，让学生体会与读者间进行交流，从而使学生有针对性修改写作中的不足之处。就像 Frederiksen（1981）说的："作者是否懂得如何向读者调整内容和表达方式能够影响写作的全部过程，学习写作就是让学生预示自己的思想可能产生的效果，而且运用这种知识指导自己的创造。"应用文写作课堂上师生之间互动以及生生之间的协作交流既活跃了课堂气氛，也激发了学生的写作兴趣和自主性。

第三节　应用文写作常用技巧

高考作为基础教育阶段的选拔性考试，在高中英语课程改革中发挥着特别重要的导向作用。在高考英语试题中写作题所占的比重越来越大，逐渐成了学生能得高分的一个关键点。俗话说："得作文者得高分。"英语写作一直是教与学的重点和难点。它不仅是培养学生思维能力和表达能力的有效途径，而且是衡量教学效果的标准之一。笔者以高考英语写作题中的应用文写作试题为例，分析其特点并探讨其对高中英语写作教学的一些启示。

一、对高考英语应用文写作试题特点的分析

应用文具有实用性的特点，并有固定的格式。北京市自 2014 年起，将英语高考书面表达题的第一部分设置为应用文写作，直至 2021 年高考英语试题中，书面表达题依然保留了应用文写作部分，分值也从之前的 15 分提升至 20 分。

（一）试题的命题特征

1. 写作语境的真实性特征

2014—2021 年，北京市英语高考应用文写作题具备真实性特征，写作试题的语境描

述如下。

2014 年：写作话题：你和 Chris 原计划 7 月一同去云南旅游，由于脚部受伤，你无法按原计划前往。写作要求：写一封信，表达你的歉意并建议将旅行推迟到 8 月。

2015 年：写作话题：告诉你的美国朋友 Jim 你打算参加龙舟训练营，希望他一起参加。写作要求：写一封邮件，内容包括：①介绍训练营的相关内容（例如，时间、地点、参加者等）；②说明你打算参加的原因；③询问对方的意向。

2016 年：写作话题：你的英国朋友 Jim 在给你的邮件中提到他对中国历史很感兴趣，并请你介绍一位你喜欢的中国历史人物。写作要求：回一封邮件，内容包括：①该人物是谁；②该人物的主要贡献；③该人物对你的影响。

2017 年：写作话题：你的英国朋友 Jim 所在的学校要组织学生来中国旅行，有两条线路可以选择："长江之行"或者"泰山之旅"。写作要求：写一封回信，对 Jim 提出你的建议（包含你的建议、建议的理由及你的祝愿）。

2018 年：写作话题：你的英国朋友 Jim 在给你的邮件中提到他对中国文化感兴趣，计划明年来北京上大学。他向你咨询相关信息。写作要求：回一封邮件，内容包括：①表示欢迎；②推荐他上哪所大学；③建议他做哪些准备工作。

2019 年：写作话题：你的英国好友 Jim 打算暑假期间来北京、天津和上海旅游，发来邮件询问相关信息。写作要求：回一封邮件，内容包括：①交通出行；②必备衣物。

2020 年：写作话题：你们学校英语戏剧俱乐部外籍指导教师 Jim 因疫情滞留英国。复学在即，作为俱乐部负责人，请他推荐一名外籍指导教师。写作要求：给 Jim 写一封邮件，内容包括：①条件及要求；②表示感谢并提醒注意防护。

2021 年：写作话题：你和英国好友 Jim 原定本周末一起外出，你因故不能赴约。写作要求：给 Jim 写一封邮件，内容包括：①表达歉意并说明原因；②提出建议并给出理由。

通过比较可以发现，应用文写作在体裁上虽然以书信和邮件为主，但不会局限在某种单一的信件形式，而是多种信件形式与语境的巧妙融合。例如 2021 年的应用文写作，需要考生熟悉道歉信及建议信中交际语言的特点，正确选用写作词汇和句型。教师在日常的写作训练中，可以提高学生写作的针对性和实效性。其次，题型设置开放度逐年增大，写作语境取材于日常生活中很可能发生的真实事件，这反映了考试命题者对外语教学规律的认识不断深化。2014—2021 年北京市高考的应用文写作的命题都具有语境真实的特征，实现了"所学即所考"的命题目标，体现了运用英语的必要性。

2. 写作话题的时代性特征

2014—2021 年，北京市英语高考应用文写作具备显著的时代性特征，写作话题对教学的指导意义如下：

2014 年：得体的沟通交流能力；树立学生的同理心与责任意识。

2015 年：加强中华文化的宣扬；树立学生的文化自信。

2016 年：传播弘扬中国文化；树立学生的文化自信。

2017 年：培养学生多元文化交流的意识和得体的交际能力；树立学生的文化自信。

2018 年：传播弘扬中华文化；树立学生的文化自信。

2019 年：文化多元的交流意识；得体的交际能力；加强中华文化的宣扬；树立学生的文化自信。

2020 年：跨文化沟通意识；得体的沟通能力。

2021 年：培养学生得体的交际能力；树立学生的同理心与责任意识。

应用文命题在保证语境真实的基础上还需要拓宽题材范围，紧跟时代步伐，关注时事热点，可以将传统文化、前沿科学技术应用作为命题的主题，引导学生树立文化自信和提高科学素养，为教师站在立德树人的高度上实施写作教学提供了一个思路。

3. 写作内容的开放性原则

首先，开放性的写作需要对一个问题进行多方面思考，这往往取决于学生的发散性思维能力。写作要点的叙述越简洁，留给学生表达思想的空间就越大。比如 2017 年的推荐信，包括语境描述、写作要点、写作要求，总计不到 100 字词。正是简洁的提示，减少了学生补充提示信息的细节，学生在考场上就会有充分的时间去思考写作内容背后所蕴含的思想和精神。其次，试题的开放性表现在两个方面，一方面在于主题的可选择性，另一方面在于主干内容的可发挥性。例如，主题的选择可以是"长江之行"，也可以是"泰山之旅"，选择"长江之行"的考生想到的理由是能够体验长江沿途代代相传下来的中国文化，选择"泰山之旅"的考生想到的理由是能够欣赏泰山美景以及登顶泰山的勇气与韧劲。学生在写作过程中，展现了不同的思维深度和广度。开放性的书面表达既能使考生最大限度地展示自己的写作特点，也能较真实地考察学生的英语综合运用能力。

（二）写作题的文体特征

书信与邮件作为北京高考应用文写作的主要体裁，在日常生活中交际性强，使用频率高。纵观高考试题的考查内容，我们可以发现，书信体的格式不是考查的主要方面，评分标准中对纯格式部分没有做重点要求，考查的内容仍然聚焦在书信的内容要点和语言质量上。书信的开头语和结束语，在不同类型的信件交流中，得体的交际表达依然至关重要。因此，学生在日常学习中很有必要积累和掌握不同类型信件的开头语和结束语的一些基本句型。开头语一般会交代写信的背景及写信的目的，见例 1 至例 6。

例 1：I am truly sorry for...（道歉信）

例 2：I am writing to give you some information about...（介绍信）

例 3：It gives me the greatest pleasure to invite you to...（邀请信）

例 4：1 would like to recommend you...（推荐信）

例 5：I'm writing to express my most sincere appreciation to you and your family.（感谢信）

例 6：I am writing to apply for...（申请信）

结束语一般要再次强调写信的目的，并表达祝愿和期待再次联系或者见面的意愿，见例 7 至例 12。

例 7：1 wish you can accept my apologies and understand my situation. Best wishes to you and your family.（道歉信）

例 8：I hope my introduction will be helpful. If youneed more information，don't hesitate to write to me.（介绍信）

例 9：I hope that you won't decline my invitation. Looking forward to seeing you soon.（邀请信）

例 10：I hope my suggestions are helpful for you.If there is more I can do to help，please let me know.（推荐信）

例 11：Again thank you for...please give my best regards to your mum and papa.（感谢信）

例 12：1 would be very grateful if you could offer me the opportunity. Looking forward to your early reply.（申请信）

二、对英语写作教学的启示

（一）注重词汇句式的积累，建立主题语料库

首先，词汇是学习英语的基础，更是写作的基石，主题词汇的积累决定了写作的成败。从近几年的高考英语写作测试命题中我们可以发现，当前的题目非常贴近学生的生活，因此教师需要关注社会时事热点，搜集和整理与高中生相关的社会热点话题的词汇。例如 2020 年的应用文写作中，写作话题涉及疫情，考生如能储备相关词汇"covid-19，epidemic，outbreak，wear a mask，avoid crowds，travel restrictions"等，那么在考场上就能应付自如，游刃有余。

其次，应用文是为了满足人们在生活、学习、工作中处理实际事务的需要，有实用性的特点，并有惯有的写作格式，因此教师引导学生掌握"开头语"和"结束语"的一些基本句型非常有必要。

上文的例 1 至例 12 都是不同功能信件的"开头语"和"结束语"，这些句式都能恰当地表达书信的目的，引导学生记忆、背诵这些句式并运用其进行恰当表达是教学中必须包含的内容。

（二）创设英语写作情境，让学生有话想说

新课程改革后，高考英语写作试题更加开放，重点考查学生的创新思维能力和英语的实际应用能力。因此，在日常教学中，教师需要适当增加体现交际功能的应用文教学。例如，教师在教学中可以充分借助多媒体，利用音频或视频为学生的英语写作创设情境，让学生有真正的感受和体验，从而激发学生的写作兴趣和创新能力；还可以提前设置话题，让学生通过日记、便条、通知、贺卡、板报等实际场景来展示自己的观点。

总之，在写作教学中，教师应该努力营造良好的英语学习和交流氛围，创设写作情境，让学生有话想说。

（三）重视作文修改过程，建立动态评价体系

写作过程中，教师及时到位的评价反馈和科学有效的干预，对于学生提高写作水平有不可小觑的作用。

首先，教师应该抛弃传统的"大包大揽"，意识到学生自身修改作文的重要性，因为修改本身就是提高写作质量的有效环节。通过反复修改，学生自身的语言知识能够得以巩固，写作技巧也会随之提高，所用词汇会更加恰当，语言会更加得体，谋篇布局也会更趋于合理化。这个过程一方面使学生内化了语言知识，另一方面使学生体会到写作的实质和乐趣，提高了自己的认知能力、交互能力和表达能力。因此，教师要给予学生充足的时间修改和内省。

其次，教师应该把教师评价、学生自评和学生互评进行有机结合，针对不同的写作内容和要求制定翔实的评价表格和修改建议供学生借鉴。学生可以根据老师提到的作文评分标准来批改自己和其他学生的作文，从而加深对高中英语作文评分标准的理解，也更清晰深刻地体会到写作的重点与难点。学生通过自评与小组互评反复修改之后的习作，必然是最成熟的成果，这样学生也从被动的受评者变为主动的参与者。

最后，书面表达是学生综合运用语言的能力体现，高考英语写作题越来越注重对考生思维能力、综合运用能力的考查，写作任务与考生的生活经历和社会现实密切相关。在日常教学中，教师应帮助学生夯实语言基础，并且采用有效的教学策略对学生的创新思维进行培养，充分提升学生的写作热情和信心，从而提高学生的写作能力，帮助他们在高考中取得好成绩。

第四节　应用文写作教学实践

在整个高中英语教学中，除了阅读理解的教学，最重要的就是英语写作教学。对于一些尖子生来说，写作往往是拉开与其他考生距离的关键。但是英语写作的教学也是十分困难的，因为高考作文的命题是千变万化的。作为高中英语老师，我们只能顺应变化的趋势，对学生进行专题式教学。如今英语在社会上的应用越来越多，所以应用文的写作也成了一种必然。高中英语老师要把应用文的写作教学作为突破口。在一种新的模式下，进行实践和研究，争取发散学生的写作思维，提高学生的写作能力。

一、抓住英语写作教学方法

之所以说英语写作的教学是困难的，是因为英语写作的方式和中文写作的方式是完全

不同的。对于高中学生来说，他们已经接受了多年的中文式写作教学，所以他们的写作思维更偏向于中文化。在高中英语写作中，很多学生会发现自己英语作文明明写得很好，也用了一些修辞手法，但是得分却非常低，而那些话语直白的作文得分却非常高。出现这种现象在英语老师看来是非常正常的，因为学生已经习惯用中文写作的思维来写英语作文，其实两者是完全不同的，特别是对于应用文的写作来说。

（一）发现问题

对于普通高中学生而言，写作一直是令他们头疼的一件事。考试卷上的作文经常是七拼八凑，错误百出，不能表达完整的信息。

整体而言，学生的写作问题主要表现在以下几个方面：

其一，缺乏对英语的兴趣，本身英语基础薄弱，听、说、读、写四项能力皆差。

其二，有畏难情绪，对自己没有信心，根本不敢动笔。

其三，头脑中关于英语的信息量储存得太少，没有可输出的内容。

其四，那些基本成型的作文错误太多，包括拼写和语法。

（二）思考问题

英语写作教学的目的就是提高学生的写作能力。这种能力主要表现在以下几个方面：

其一，对英语及英语写作有兴趣，主动扩大英语信息的积累。

其二，对自己的写作有基本的信心，不再害怕写作文。

其三，能在习作中运用所学知识，做到学以致用。

其四，写出的作文行文基本流畅，能够表达作者的意图，拼写及语法错误较少。

其五，书写美观。

（三）解决问题

1. 英语信息的积累（输入）

英语是一门语言，无论何种语言的学习，都必须先有输入，再有输出。其根本就是先模仿，再在模仿的基础上进行创新。就像婴儿学习母语，首先进行听的输入，才有咿呀学语的输出。同样，学生要想提高英语写作能力，首先积累写作所需的材料。而材料从何而来？毫无疑问，听和阅读是进行信息输入的两大基本途径。因此，上好阅读课和听力课至关重要。我们可以这样进行信息输入并积累：

（1）明确方向

对各个教学单元以及每节写作课进行教学内容及目标分析，确定每单元所学知识的主题，从而明确本单元写作内容的思路和框架。

（2）上好阅读课

阅读课是英语教学中基础而又重要的课型，为学生提供了英语学习的背景。阅读材料涉猎广泛，包括体育、影视、环保、农业等热门话题，既能引起学生的兴趣，又能扩大学生知识积累的范围。充分利用多媒体可以有效激发学生的学习兴趣。

（3）上好语法课

如果说主题是一篇文章的灵魂，那么语法结构或者说正确的表达方式就是支撑这个灵魂的支柱。语法课一定要掌握好度，避免过犹不及。学习语法的目的是保证每个句子的正确性，能够表达作者的意图，这是文章的基本意义所在。

（4）上好听力课

听的能力不是一蹴而就的，需要长期练习。在正式的听力课之余，还要利用好其他的时间，比如晨读和课余时间。听是语言学习的第一步，所有的信息最初都来自听。听力材料要完整播放，可多放几遍，直到学生回答出大部分问题。

2. 写作（输出）

（1）明确文章主题

通常情况下，写作内容都是本单元的主题，较好确定。

（2）收集有用的资料

此时要发挥教师主导、学生主体的作用，主要靠学生自己来收集材料，可包括相关背景、有用的词汇、要表达的主题思想等。这期间，学生可利用多种媒体资源，如网络、参考书等。

（3）确定文章的框架

首先确定文章的主题，每单元写作的主题通常都是与本单元主题一致或相关的，是对阅读内容的扩展和延伸，是学生对本单元主题的深入理解。然后列出文章的提纲，即每段的中心内容。

（4）学生分组讨论

这时要充分发挥学生的主观能动性，由教师分配好每组的任务。可以每组或每几组共同负责相同内容的材料，由学生收集、整理并讨论完成。然后由全体师生根据文章框架来共同确定可用的材料，为下一步做好准备。

（5）动笔写作

这时，真正的信息输出开始了。以上工作准备得很充分，基础较好的学生就可以动笔了。

3. 能力提升

（1）学生自评

自我评价可使学生认识到自己的错误，对自己的写作能力有明确的认识。同时也是培养学生自主学习、终身学习能力必不可少的因素。

（2）学生互评

他人评价可以发现自己发现不了的错误，有利于促进学生之间的交流与合作，有利于促进小组合作学习。批改者可对有疑问的地方做上记号，待互相讨论取得一致意见后再更正。

（3）教师评价

有争议的问题，可当场请教老师，由老师来最终确定习作的完成。总之，高中英语写作教学模式，要以学生为主体，教师为主导，开展自主性学习写作教学，引导学生进行自主学习，激发学生的写作兴趣。提高写作能力和写作水平，是一个循序渐进的过程，要引导学生持之以恒，并为学生的终身学习打下坚实的基础，还要以教材为基础，逐步扩大学生的眼界，提高学生的综合素质与能力。

二、注意学生写作思维的培养

写作思维对于高中生来说是非常重要的，为什么很多学生觉得自己不会写作文，就是因为他们缺乏写作思维。小学的时候学生就开始接受写作教学，写在一定程度上培养了学生的写作思维，但是却使学生形成了一种固定的写作方式，所以学生写出来的文章都千篇一律，大部分作文都是换汤不换药。作为高中的英语老师，我们应该认识到现代思想发展的方向，学生的创新思维和英语实用性都应该被强调。在进行高中英语写作教学时，要把这两点融入其中，改变学生的固定思维，使学生的思维变得更加发散。

英语应用文的种类是非常多的，例如辞职信、新闻稿、通知等，在生活中都是非常常见和实用的。很多高中英语老师都会选择让学生背诵作文，特别是在复习阶段，老师往往会把时间花在更有意义的题型讲解上。但是学生的能力是有限的，他们不可能把所有的应用文种类都背一遍，让老师把所有种类应用文的写作特点都讲一遍也不切合实际。俗话说："授人以鱼不如授人以渔。"与其把时间花在写作特点的讲解上，不如花更多的时间去培养学生的写作思维，让他们学会如何写作并做到举一反三。那么教师到底该如何培养学生的写作思维，让学生形成自己的写作风格呢？其实写作的教学并不仅仅局限于写作课上，除了写作课上的技巧指导外，高中英语老师在平时讲解课文或者阅读题的时候，可以根据具体的文章结构进行写作讲解，让学生明白写作的技巧如何正确地应用。作为高中英语老师，我们在课下也要积累一些语言或者结构比较好的应用型文章，在进行写作教学的时候，需要借助一些实例让学生更好地理解，并通过这样的教学方式，通过学生自己的总结和领悟，培养学生的写作思维。

（一）高中应用文写作中忽视学生思维品质的培养

根据高考评分要求，优秀的学生习作要符合内容丰满、结构完整、逻辑清晰且语意连贯等要求。但是在教学实际中，大部分学生的英语应用文写作内容单薄、主题不明、篇章逻辑混乱。这样低水平的写作，归根结底就是学生的思维问题。

在 pre-writing 时，缺乏激活学生思维活动。

在 while-writing 时，缺乏引导学生思维训练。在写作阶段，教师让学生模仿和套用句型和模板，这样的写作指导不仅限制了学生的思维发展，也使学生的文章缺乏个性化。

在 post-writing 时，缺乏多元思维训练，在写后修改作文阶段，评价方式单一，多为师生之间的评价，缺乏学生互评以及自评多维的思维活动。因此，教师在写作指导的各个阶段，都要培养学生的思维，使思维助好作品的产出，使写作促思维的发展。

（二）培养学生思维品质的高中应用文写作教学实践

以 2019 年全国一卷书面表达为例，假定你是李华，暑假在伦敦学习，得知当地美术馆要举办中国画展。

请写一封信申请做志愿者，内容包括：①写信目的；②个人优势；③能做的事情。

下面从 pre-writing，while-writing 和 post-writing 三个阶段阐述在应用文写作中如何发展学生的思维品质。

在 pre-writing 时，激活批判性思维，认真审题，提高作文水平。

以 2019 年全国一卷为例，首先，学生在审题时要审清这是关于一位中国学生在举办中国画展的伦敦美术馆里当志愿者的申请信。文章的时态用一般现在时和一般将来时。其次，这篇文章的写作要点包括四点：其一，写信目的；其二，个人优势；其三，能做的事情；其四，表达感谢和期望。最后，学生审题时还必须关注中国画这一传统中国文化的传承和传播。学生可以先画思维导图把要用的词汇、词块以及句型罗列出来。

在 while-writing 时，紧扣主题合理谋篇，激活学生的逻辑性和创新性思维。

应用文写作多用三段式，每一段功能不同，所需的思维能力也不同。

1. 开头段写明意图直奔主题

开头段简单明了表明写作意图。首段可以这么写：

Dear Sir or Madam：I am a Chinese student who is taking summer courses in London at present. On hearing that volunteers are badly needed in the local gallery，I can't wait to write to apply to be one of them.

2. 主体段展开要点详略得当

首先，发展逻辑性思维建构段落。本篇文章段落的构建采取总分结构，可以这么展开：

My advantages are as follows. Firstly，I have a good command of English. Secondly，I have worked as a volunteer in a gallery for many times. Last but not least，as a native Chinese and a culture lover，I have a deeper understanding of Chinese paintings than others.

其次，要发展学生的概括归纳、拓展以及创新性思维。上面的段落可以拓展如下：

Firstly，I have a good command of English so that I can communicate with visitors fluently. Secondly，I have worked as a volunteer in a gallery for many times，which equips me with rich experience to help to make the exhibition a success.

3. 结尾段呼应主题与读者互动

学生在结尾时，一定要呼应主题申请信的要求，礼貌委婉地表达自己希望被录用以及录用后的感激之情。这看似简单的结尾，但是实际上，学生需要分析与判断以及应用语言的能力才能达到切题且能与读者产生有效的交流。

在 post-writing 时，发展学生的批判性思维反思和评价自己的作文在学生完成写作后，更重要的是引导学生对自己或同伴的写作进行评价和修改，这是促进学生进步的必不可少的环节。帮助学生解读评分标准，帮助学生从内容要点、语法结构和词汇的应用以及语句间的连接、文章结构等方面对所写的文章进行反思和评价，有效发展学生的判断与分析等思维。

一篇好的应用文写作需要学生具有高阶、多维的思维能力。教师在写作教学过程中，要积极引导学生根据主题的需要，创设各个层次的写作活动，帮助学生发展思维能力，使学生在写作中做到：有话可写，有话如何写以及懂得"写得怎么样"。只有学生思维发展了，学生的应用文写作水平从而提高，从而写出高水平作文。

三、应用文写作教学互动交流

在整个高中教学中，有趣的科目并不多。高中生面临着升学的压力，对于学习其实是比较排斥的，他们觉得学习是非常枯燥的。其实作为高中英语老师，我们应该体谅学生这样的心理。这也是教师提高写作课教学效率的一个突破口，学生之所以觉得上课枯燥，是因为老师总是自顾自地讲，一味地给学生灌输知识，却忽略了学生的心理感受。那么英语老师不如改变课堂教学方式，增加师生之间的互动，增加课堂的趣味性。

有些学生不愿意写作文，不是因为他们学习态度不端正，而是因为他们实在不知道怎么去写。而课堂的良好互动就可以帮助老师去了解学生的心理，并解开学生的心结，进行分层教学的方法重点突破。如果学生的写作能力提高了，也可以在课堂互动中反过来影响老师的教学，形成一个良性循环。那么老师该如何在保证课堂进度的同时，进行高效率的课堂互动呢？其实方法不仅限于课堂的提问和学生的自我表述，写作的实际训练也是很有必要的，让学生在不同的情景中学习，对学生来说也是一种新鲜感。在进行写作教学的时候，老师可以每天抽出一些时间，设置不同的生活情境，并根据不同的情境要求让学生进行应用文写作，在课堂上及时点评和指导，让学生也参与到教学中。这样既制造了愉悦的课堂气氛，又提高了课堂教学效率。

如今的英语教学更偏向于实用性，应用文写作已经成为一种发展趋势。作为高中的英语老师，我们不仅要以学生的发展为前提，更要肩负起发展英语教学的责任，通过对应用文写作教学的整改，提高整个教学质量。

四、应用文写作支架式教学

支架式教学是以学生为中心，以培养学生自主学习能力和问题解决能力为目标的教学方法。教师应结合教学目标，为学生提供适当、小步调的提示、线索，引导学生一步步攀升，使学生在发现、解决问题的过程中，深刻理解知识要点，成长为一个独立的学习者。

（一）支架搭建

支架代表了对学生的支持和支撑。在英语应用文写作教学中，即指教师对学生学习的辅导、指导和帮助。教师在英语课堂中结合问题节点，当学生遇到困难时搭建脚手架，可以帮助学生进行策略性思考，促进学生语言思维潜力、写作技巧和自主探究能力的进一步发展和提升。支架式教学重视学生知识的形成过程，教师在辅助引导的同时，还要正确评估学生的学习水平，使学生在独立思考中，跨过"最近发展区"，实现自我知识经验的建构。写作本身是一个复杂的语言交际和心理认知过程，教师在支架式应用文教学中，要为学生自主理解知识提供一种情感概念框架，引导学生在问题的进一步解决中，提高自身的文化意识和理解能力。

例如，在应用文写作训练中，教师为学生设置"Let's Ride Bicycles"演讲比赛情境，要求学生自主撰写一份演讲稿，然后结合学生"最近发展区"建立写作概念框架，帮助学生厘清思路，扩展思维，掌握应用文的写作要点、写作格式、开头、结尾的写作技巧，使学生在树立正确写作模式和表达意识的基础上，直击主题，表明观点：

"My name is XX, I m from XX school.Today my topic is..."

应用文体写作结构较为固定，学生可以在概念主题框架和语篇结构启发下，快速形成写作构思。对此，教师要借助教学支架丰富语言内容，将学生引入一定的问题情境，确定与给定概念有关知识节点，使学生在独立探索中持续攀升。例如，教师："请看绿色出行及环境保护的公益宣传画。"学生："'交通拥堵''汽车尾气'对环境造成了严重影响。"建议学生思考、记录、总结需要使用的句型、单词、短语，如"Petrol""living standard""vehicle""fuel""gas""as far as I am concerned""as is known to all"，使学生在建议式支架的辅助下，拓展思考，清晰地梳理知识脉络，自主完成建构，体会到绿色交通方式的必要性和迫切性。支架是支撑、支起引导、辅助教学形式。教师要通过合理的评价和科学的指导，以问题推进学生的思维发展学习进程，鼓励学生独立探索，使学生亲身经历认知水平发展、提升，实现自我知识构建，帮助学生结合文本知识和已有的知识经验，经过自己的思维过程，汇集精力于突破口，找到预设问题答案。

（二）交互式支架搭建

建构支架式教学以维果斯基"最近发展区"理论为基础，强调课堂中"基于问题"的探究学习方式。因此，教师要充分发挥学生之间互助合作的精神，通过有目的、有计划的问题激发学生的写作探究兴趣，让学生在支架的辅助下，快速、清晰、明确梳理主线，交代时间、地点、人物、经过和结果等。教师在课堂要关注学生思考细节，注重师生之间、生生之间交流的有效性，指导学生思考并检查语法句法运用是否正确？文章逻辑表达是否连贯？使学生在学习任务的驱动下，带着疑问、目标、兴趣发现解决问题，经历知识的建构过程。

例如，在应用文写作教学中，教师要求学生写一封建议信，首先简明扼要地向学生讲解传递建议信的写作结构：目的："Perhaps the following suggestions are helpful.""I'm glad to receive your letter asking for my advice on..."建议："I'd like to suggest that...If I were you, I would...You'd better do...not do..."篇尾"I hope these suggestions will be of use to you."提出希望采纳建议并祝福。教师在学生掌握写作结构、要求、目的等相关要点的基础上，可

为学生搭建交互式支架，使学生在交流中增强对"建议信"的句型、连接词的灵活应用。教师在课堂要呈现核心问题："你知道哪些'建议信'写作常用句型？"鼓励学生在交流中说一说"建议信"开头段常用句式和套话，鼓励学生各抒己见，说出常用句型和套话"I really hope that..."" What about..."使学生在动态性评价、探索、交流、互动、总结、回顾、反思中掌握"建议信"写作技能。

教师在英语课堂中要鼓励学生之间互助合作，引导学生在主题任务的驱动下经历知识的建构过程。同时，教师要利用具有层次性、关联性的问题，为学生提供支架，引导学生的写作思维向深处攀爬，使学生在独立自主的相互评价和体验中，逐步实现语言思维能力和综合分析能力的深度发展。

（三）实践式支架搭建

教师在支架式教学中要突出学生的主体地位，引导学生对自己写作中存在的问题，不断进行反思，使学生在自我监控、自我评价中独立探索、创新。在实践性支架教学中，教师结合学生特征和学习能力，引入典型案例，明确学习目标和方向，指导学生在自主、探究的体验中，实现自我经验的建构。同时，教师要对学生的新颖观点和创新思维表达进行鼓励，促进学生探究意识的形成，使学生在深刻感知与体会应用文写作趣味的基础上，对英语知识进行深入的探究和思考。

例如，在应用文写作教学中，教师要结合学生经验和未来方针，实时分解学生的行为，指导学生借助实践来理解知识。例如，学生在写作时经常会用到"Dear Teacher...Your student"的句式。但这种语言交际并不合乎英语的礼貌原则。在英语文化中，人们不喜欢从称呼中透露个人信息。因此，思维方式和写作文化的不同会使学生出现语用失误。教师在支架教学中，要设计具有层次性和关联性问题，利用典型案例为学生提供支架并向深处攀爬，使学生在螺旋式的探究与思考中，自主发现、解决问题，主动建构知识体系，经历知识的形成和自主建构过程。

五、应用文写作教学中的德育渗透

写作教学是高中英语教学的重要部分，能够校验学生的英语综合素养，也能促进学生写作能力的良好发展，无论是对掌握学生英语学习情况还是对帮助学生提高高考成绩都极为重要。应用文是近年来高中英语考试中普遍考查的写作类型，具有高度应用性和实践性，十分契合当前教育理念下的高中英语教学需要。如何有效提高应用文写作教学效果，已然成为广大高中英语教师需要关注的重点。德育在立德树人背景下的重要性越发突出，在高中各学科实现了深度渗透，英语应用文写作教学中也需要强化德育，达到双向发展的教学目标。

（一）高中英语应用文教学与德育概述

德育即对学生开展思想、政治、道德、法律、心理健康等方面的教育，从而促进学生健康成长与全面发展。在现代社会发展进程中，思想品德、政治信仰、法律意识、心理健康等成为评价和影响人综合素养的关键指标，相应地，德育地位也在不断提高。只有将德育工作放在素质教育的首要位置，通过各种行之有效的方法与措施引导学生健康成长，才能有效落实立德树人根本任务，引导学生成长为符合现代社会要求的高素质人才。

（二）在英语应用文教学中渗透德育的重要性

在高中英语应用文教学中渗透德育有如下重要性。

首先，能够落实立德树人根本任务。德育本身极为重要，需要渗透到高中教育体系的方方面面，而且德育本身强调实践性，不能完全依靠理论内容作为支撑，需要各学科以及各项教学管理活动作为基础载体。在英语应用文教学中渗透德育，正是全方位渗透并构建德育体系的体现，同时也为德育的落实提供了重要载体，能为立德树人根本任务在高中教育中的落实提供支持。

其次，能够丰富教学内容。英语应用文写作教学需要紧密联系学生实际，以充分展示应用文本身的应用价值。而德育与学生成长、发展、生活等息息相关，将其融入应用文写作教学中，能为教学活动的开展提供丰富化、多样化内容，支撑英语教学与德育的有机融合与相互促进。这样不仅能有效改善教学效果，也能在很大程度上提高学生的思想道德、政治文化素养。

最后，能够促进学生综合素质的发展。综合素质的发展是目前素质教育的主要方向和趋势。在英语应用文教学中强化德育，不仅能直接强化学生的应用文写作能力以及思想道德素质，还能在很大程度上促进学生学习方法、创新意识、应用实践能力、解决问题能力等方面的发展。

（三）高中英语应用文教学中德育渗透面临的问题

高中英语应用文教学中德育渗透面临以下问题：

1. 教师缺乏德育意识

虽然德育的重要性众所周知，但部分高中英语教师依旧缺乏强烈的德育意识，没有充分意识到德育的重要意义。部分教师的思想观念较为滞后，依旧停留在以知识传授为全部教学的阶段，不愿意在教学活动中融入德育，甚至认为德育没有必要，德育会影响正常教学进度与秩序。在这种错误观念的影响下，高中英语应用文教学中自然很难渗透德育，不利于学生思想品德、政治信仰、文化观念、行为品质等的良好发展。而且不少教师在缺乏德育意识的情况下，往往意识不到自身的榜样作用，缺乏主动为学生树立品德榜样的意愿，不重视自身一言一行对学生的影响，难以为学生思想品德的良好发展提供有力引导和支持。

2. 德育渗透方式单一

不少教师在应用文写作教学中渗透德育时，基本上都是围绕德育主题或者内容进行写作，缺乏创新和变通。不可否认，直接基于德育主题或内容引导学生展开应用文写作练习，能在不影响正常教学进度和秩序的前提下促进写作教学与德育的有机融合，也能取得较好的成效，但长期应用一种教学方式，很容易使学生产生厌倦感和抵触情绪，而且单一的渗透方式无法满足多样化的应用文写作教学需求以及德育渗透需求，会给实际教学效果带来不小的限制。

3. 德育和学生实际脱节

德育的关键在于理论与实践相结合，教师应充分参考学生实际，进而强化德育的实践性和应用性，确保德育能够真正发挥效果，为学生思想、政治、道德、品质等方面的良好发展提供有力支持。与此同时，英语应用文写作要联系生活实际，这样才能凸显应用文的应用性，使学生在应用实践中切实掌握写作方法、要点、诀窍等。但是在应用文写作教学中渗透德育时，德育与学生实际脱节的现象较为普遍。部分教师对学生实际情况的了解、研究和把握不足，缺乏实践意识，主要通过理论教学的方式对学生进行引导，使德育与应用文写作教学的融合以及实际教学均无法达到预期效果。

4. 德育和应用文写作要点的结合不到位

德育要想切实有效地融入应用文写作教学中，务必深化与应用文写作要点的结合。但是不少教师只是简单地融入德育内容，不注重围绕应用文写作方法、要点等探索行之有效的融合路径，导致应用文写作教学虽然有效强调了德育，却在很大程度上弱化了专业教学，反而影响正常教学质量。

（四）高中英语应用文教学中渗透德育的有效策略

1. 准确把握不同应用文类型与德育的关系

高中英语应用文写作教学涉及的作文类型较多，广泛包含电子邮件、演讲稿、招聘启事、广播稿和各种信件等。教师要准确把握不同类型应用文的特点和写作要点，并尝试探索各种类型应用文与德育之间的关系。其中演讲稿和广播稿具有较强的开放性，故而适合与较为宏大的德育主题进行融合，如爱国主义、集体主义、文化自信等；招聘启事与学生个人的成长发展有密切关联，适合围绕个体素质等相关的德育主题展开德育；电子邮件和各种信件由于内容覆盖范围较广，并没有较为明显的限制，故而其与德育的融合契合度较高，可以根据实际需要实现与不同德育深度融合。教师要在充分理解各种类型应用文特点的基础上，结合实际情况科学落实德育渗透工作，尽可能充分发挥应用文的优势，为德育提供有价值的优秀载体。

2. 围绕教学主题

合理渗透德育教学主题是德育的基础，只有围绕教学主题进行适当拓展，才能确保德育在不偏离原教学节奏的前提下实现有效教学。教师要全面分析、准确把握教学主题，并基于此尝试融入一些关联性较强的德育内容，取得良好的德育效果。需要注意的是，同一主题能够与多种德育内容相对应，同时同一德育内容也能在不同主题中得到有效实践与应用，教师要具备综合意识，结合实际情况合理渗透德育主题和内容，从而保障德育的有效性，最大限度地发挥德育作用，确保德育真正成为引导学生思想、道德、品质发展的关键。教师应深度挖掘教材内容，尤其要深挖其中蕴含的丰富的德育价值，进而基于特定教学主题构建科学、高效的德育模式。

3. 深化课内外的教学联系

德育强调实践性，而应用文写作也需要以应用为要点。强化课内外联系的方式，既能引导学生在课内进行应用文写作，也能促使学生在课外自觉进行德育实践，有效避免应用文写作教学以及德育停留在理论教学阶段的问题。这意味着教师要尽可能地采取各种有效方法深化课内外联系，比如，既可以在课堂教学中引入课外内容，也可以布置课外写作任务乃至德育实践活动等，使学生在理论与实践结合的良好环境下提高应用文写作水平，同时养成良好的思想道德品质。

4. 强调德育素材的现实性

德育素材对德育的效果影响巨大，好的德育素材不仅能吸引学生，更能使德育变得更加多样化、趣味化、丰富化和实践化，能明显提升德育效果；反之，德育素材不合适会对德育活动造成不小的限制，导致德育效果和预期产生明显偏差。因此，在应用文写作教学中渗透德育时，教师务必强调素材的现实性，借助与学生息息相关的现实素材吸引学生，强化德育给学生带来的亲切感，最大限度地发挥德育作用。

例如，在教学"Music"这部分内容时，教师可以组织学生进行广播稿写作练习，并和学生分享世界范围内的优秀音乐作品，使学生围绕这些音乐作品进行写作。学生可以在教师的指导下了解音乐作品的背景故事，聆听并感受音乐内涵，把握这些音乐传递的丰富情感和思想观念。学生在欣赏感兴趣的音乐作品时，能从中感受到精神层面的力量，在受到熏陶和感染后实现健康成长。

5. 创新教学方式方法

教师要基于实际情况选择合理方式方法进行教学，保障实际教学效果。教师在应用文写作教学中渗透德育时，一定要注重教学方式的创新，尽可能根据实际需要选择最合适的教学方式，而且不得长期采用同一种教学方式，避免学生逐渐失去学习兴趣。

例如，在教学"The Value of Money"这部分内容时，教师采取情境教学的方式，引导学生通过构建情境学习教材内容，同时通过不同的历史故事研讨著名历史人物对金钱的看法与态度，然后教师布置写作询问信的任务，让学生通过向中国银行授权的外币兑换机构写询问信的方式了解不同外币的汇率、外币兑换流程等。这种情境教学与应用实践相结合的方式，不仅能使学生掌握询问信的写作方法，也能使学生形成正确的金钱观。

6. 围绕应用文写作要点渗透德育

在应用文写作教学中渗透德育时一定要围绕写作要点展开教学，这样才能避免德育"喧宾夺主"，确保学生真正实现应用文写作水平的提升。教师要合理分解应用文写作要点，并从中挖掘可行的德育渗透点，有效落实写作诀窍与德育的有机融合。例如在教学"Looking into the future"这部分内容时，教师组织学生进行电子邮件写作训练，鼓励学生自由展望未来。带领学生研究电子邮件的标题栏、称呼语、正文、结尾客套话以及落款等基本格式，练习使用段首常用语、话题引入常用语、段尾常用语等。在此基础上，教师指导学生在电子邮件写作过程中着重研究结尾客套话部分，并进行适当的延伸与拓展，加强对学生礼貌用语的运用。

六、高中英语应用文写作的实践案例

从 2020 年高考开始，高考英语全国卷Ⅰ增加了读后续写新题型，分值 25 分，在此基础上仍然保留了应用文即俗称的"小作文"的写作，分值 15 分。仅写作两项合计就达到了 40 分。高考英语全国卷Ⅱ虽然没有读后续写新题型，但是仅应用文写作部分就占了 25 分，毋庸置疑，应用文写作在高考英语中占举足轻重的地位。

读后续写部分要求考生先阅读短文，然后根据所给段落的开头句子进行合理想象，续写两段内容，词数 150 左右。续写题型对学生的创造力、想象力、逻辑思维能力及词汇表达的丰富性都是不小的考验，要想取得高分，绝非一蹴而就之事。相对于读后续写部分的"高标准、严要求"，应用文写作的要求却相对简单，只要考生能够覆盖全部要点，词汇及语法结构运用正确，有效使用语句间的连接成分，使全文结构紧凑，就能拿到高分。因此，从高中英语应用文写作的角度着手，探讨如何快速、高效地提高英语应用文的写作水平。

（一）高中生在应用文写作中出现的典型问题及成因

纵观历年高考考生的英语考试情况，写作部分的得分呈两极分化趋势，掌握了基本写作要领的学生能轻松拿到 20 分，不得法者费尽九牛二虎之力，却只能得到十几分甚至个位数的分数，仅写作部分就已经拉开了巨大差距。

关于高考英语应用义写作的"高分标准"，《普通高等学校招生英语科全国统一考试大纲》对书面表达的评分标准第五档（21—25 分）作出这样的规定：其一，覆盖所有内容要点；其二，应用较多的语法结构和词汇；其三，语法结构或词汇方面有些许错误，但为尽量使用较复杂结构或较高级词汇所致，具有较强的语言应用能力；其四，有效地使用了语句间的连接成分，使全文结构紧凑（戴文清，2017）。从以上要求可以看出，要想拿到高分，首先要满足要点全面这一要求，如果遗漏了题目要点，可能档次会直接跌到 20 分以下，因此，考生务必要仔细审题，确保覆盖全面要点。第二条要求应用较多的语法结构和词汇，看似简单的一句话，却是考生丢分的重要影响因素。何为"较多的"语法结构和词汇？通俗地说，即平时在课堂上强调的句式要丰富。如果只应用了"主＋谓＋宾"或者"主＋系＋表"结构的简单句，即使表达没有语法错误，要点完整，基本意思也能表达清楚，得分依旧不会很高，也就是说，看似错误很少，却"不上档次"。这就要求考生能熟练运用各种复杂句式，如并列句、带有定语从句或者状语从句的复合句、倒装句及非谓语动词的恰当使用等。

以 2020 年高考英语全国卷Ⅰ的应用文为例具体分析。题目要求如下：

假定你是李华，上周日你校举办了 5 公里越野赛跑活动。请你为校英文报写一篇报道，内容包括：①参加人员；②跑步路线：从校门口到南山脚下；③活动反响。

字数要求 80 字左右。

　　短文要求看似简单，寥寥几句话，却需要写全时间、地点、人物三个要点。题目已经给出：A Cross-Country Running Race。考生直接写正文即可。但是，就是短短几句话，许多考生却错误百出，具体表现在：单词拼写错误、时态错误、语法错误等。例如开头第一句，常规写法为："Our school held a five-kilometer cross-country running race last Sunday." 虽然算不上"高大上"，但是至少在语法及句式结构上没有问题。令人遗憾的是，就是这样一个普通的句式结构，考生出现的问题却是五花八门，有"hold"时态错误，有"five kilometers"词汇运用错误，还有"on last Sunday""画蛇添足"式的错误。抛开这些错误不说，单纯从句式结构上来看，如果改成"A five-kilometer cross-country running race was held last Sunday by our schoo."是否更"上档次"。关于短文要求的第一个要点，因为是"学校举办"，考生很自然能想到师生参加比较合理，于是写出："Many teachers and students took part in the race."这当然也是正确的表达，但还是没有得分的亮点，因为这只是一个"主＋谓＋宾"结构的简单句，初中生也能写出这样的句子。这样一个看似简单的句子，完全可以采用更高级的词汇及表达，如可以将"many"替换成"a great / good many"或者"a large number of"；将"and"改成"as well as""along with""together with"；将"took part in"替换成"participated in""competed in"等。"Some teachers as well as a large number of students participated in the race."这个表达已经有些亮点了，因为句子里恰当地使用了某些高级词汇。但是，它仍然只是一个简单句，尽管这个句子看起来有些长度。可以把短文要求的第二个要点和第一个要点合并在一个句子里面："Some teachers as well as a large number of students participated in the race，which started from the school gate and ended at the foot of the South Mountain."这样既能用一句话表达两个要点，又能写出一个漂亮的复合句。短文的第三个要点即"活动反响"，不难想到，通过此次活动既可增强体质，又能促进师生交流，锻炼意志等。于是很多考生这样表达："The activity not only strengthened our bodies but also improved the communication between teachers and students. It was popular with us all."不妨这样升级一下："Not only did the event build up our bodies but it also promoted communication between teachers and students，which was well received. We all hope such activities will be organized more in the future."这样既使用了强调句型，又使用了定语从句，还有 be well received 这样的地道表达，为短文增色添彩。

　　综上所述，考生在应用文写作中之所以拿不到令人满意的分数，无非以下几点原因：

　　第一，基本功太差。主要体现在单词、短语掌握得不够扎实，拼写错误随处可见，尤其是词形相近的单词，如分不清 universe，universal 和 university；sigh，sign 和 sight；region 和 religion；status 和 statue 等，这样的低级错误太多，直接影响阅卷老师的第一印象及对作文档次的定位，再加上考生书写不够美观，卷面不够整洁，得分可想而知。

　　第二，时态、语态等语法项目不过关。时态混乱，被动语态与主动语态在形式上分不清，甚至出现情态动词后面跟动词的过去式，句子中根本找不到谓语动词等错误。

　　第三，经典句型掌握得太少，导致句式结构单一。学生对一些英语写作的经典句式及表达缺乏积累与总结，临场当然难以写出亮点句型。比如"It goes without saying that..." "There is no denying the fact that..." "I am greatly convinced that..." "With the rapid development of science and technology..." "With the summer vacation around the corner..." 等句式表达，教师在平时的授课中要加以总结并重点强调，培养学生积累的习惯与意识。

第四，高级词汇及句式的掌握没有做到融会贯通，虽然尝试使用，但是运用得不恰当，生拼硬凑，反而给人"画虎类犬"之感。因此，如果学生对于某些句式和词汇的用法感到非常陌生，最好使用自己有把握的句型及词汇，这样至少表达无误，以免留下"为用而用"的痕迹。

（二）如何有效提高高中生的英语写作能力

目前，高考英语对应用文写作的要求相对来说并不算太高，教师在平时授课时如能做到以下几点，学生拿到高分也并非难事。

第一，夯实基础，狠抓落实。每个单元的单词、短语要通过听写的方式检查，做到全批全改，达不到及格要求的学生限期接受复检，这对于自觉性不高的学生来说尤其重要。

第二，教学中注意总结经典句型及表达，并要求学生默写。教师不能局限于教课本，要多引导学生读原汁原味的英文文章及报道，留意其中的地道表达，并在教学中有意识地教给学生。

第三，鼓励学生广泛阅读，扩大词汇量，积累句型。写作归根结底与阅读是密不可分的，虽然高考英语的写作要求相对简单，但是要想各种句式运用得心应手，下笔如有神，没有一定的阅读量是很难做到的。

第四，定时练习，面批部分学生的作文，总结共性错误并在课堂上强调指出。对于一些学生普遍容易出错的问题，要及时纠正，如将 writing 错拼为 writting，将 developed 错拼为 developped，将 destroyed 错拼成 destroied；本来想尝试用分词短语作状语，结果只写了一个分词短语就用句点结束了，根本不成句子等，这些看似细节的东西，却是学生容易失分的点。

英语中有句话"Practice makes perfect."。只要平时打好基础，善于总结，勤加练习，相信高考英语作文也只是 A piece of cake。

第五章 高中英语概要写作模式实践

第一节 概要写作的定义

一、概要写作概述

（一）概要写作的含义

《柯林斯高阶英汉双解词典》中对概要写作是这样定义的："读者用自己的语言对文章主题进行缩略版式的书面写作。"而《英语写作手册》中对概要写作是这样定义的："读者将文章的要点提炼出来进行概括性写作，独立成文。"

英语概要写作主要包括阅读和写作两个环节，其中在阅读环节，学生需要准确把握文章的大意，并弄清楚不同体裁文章内部的逻辑关系，将文章的要点、关键词提炼出来。而在写作环节，学生需要在阅读原材料的基础上，根据阅读时列出的提纲，简洁、准确、清晰地将原文主旨呈现出来。在高中英语写作教学中合理运用概要写作，对学生英语写作能力、概括能力和逻辑思维能力的提升都大有裨益。

（二）理论基础

概要写作的理论基础是 Krashen（1985）的可理解输入假说以及 Swain&Lapkin（1995）的可理解输出假说理论。概要写作是通过吸收和内化，将"可理解的输入"转化成"可理解的输出"，进而提高学生对语言的应用能力。

Krashen（1985）认为促成语言习得成功有两个基本条件：一是丰富的可理解的语言输入；二是学习者本身所具有的语言习得机制。学习者在自然语言环境下通过大量接触略高于自己现有语言水平的可理解性语言输入自然而然地习得语言，遵循自然语言习得顺序，最佳的语码输入量是"i+1"，只要有足够的可理解输入，学习者的语言水平就可以从 i 发展到 i+1 的阶段（文秋芳，2017）。

Swain（1995）主张可理解性输出是语言习得过程中不可或缺的关键环节。使学习者成功地习得语言，仅仅依靠语言输入是不够的，还要进行大量的语言输出练习，可理解性输出在提高学习者语言能力的过程中起着重要作用。概要写作是一种先阅读后写作的写作形式，写前阅读部分是一种丰富的可理解的语言输入，而读后写作部分则是一种语言输出练习。

（三）概要写作原则

概要写作过程中需要遵循以下原则：

1. 客观性原则

概要是对他人文章的概括和转述，其内容要忠于原文。如果出现超出原文的内容和观点，那就是对原文的歪曲以及不忠实的概括。另外，客观性要求学生用第三人称进行概要写作。

2. 完整性原则

虽然概要写作的字数有一定的要求，但学生在书写概要时，必须做到完整地呈现原文的重点和要点，不能随意地删减原文的重要信息，以免读者无法完整获取原文的关键信息。

3. 连贯性原则

概要写作不是简单地罗列原文的要点，而是要将原文的要点重新组合，形成一个独立的篇章。篇章的内容要流畅，衔接要自然。可以使用 but, then, thus, yet, though，尽量不要使用 at the same time, in the first place, because of these, on the other hand 等较长的连接词。另外，可以用分号达成使用连接词的效果。

4. 简洁性原则

概要写作有字数的限制，所以它不是对全文的全盘复述。写作过程中要分清文章的主要内容和次要内容，在这个基础上要有所取舍。另外，写作过程中也要多采用从句合并句子的方式，使内容简洁而完整。

5. 个体性原则

概要写作具有个体性的特点。学生应尽量用自己的话完成概要写作，尽量不要引用原文的原句。文章内容部分的核心名词应予以保留，而一些表达观点的阐释说明性文字和描述性文字应采用同义替换，句型转换等方式进行文字加工处理，这样一来，概要中的语言和表达方式就会有个人的特色。

6. 准确性原则

概要写作是阅读文本的一个缩影，高考概要写作评分标准要求概要内容涵盖原文所有要点，出现要点不全的情况应酌情扣分。因此，学生要准确理解原文，细心书写概要，做到内容完善，要点准确。

综上所述，概要写作的原则强调了内容完整，词汇准确，句法形式丰富，连接流畅，结构紧凑，本研究将从这些方面分析学生写作能力的变化。

二、概要写作教学模式

近年来，专家学者对于概要写作教学模式的研究越来越多，例如"五步法"与"PWDC"模式。

（一）"五步法"

2017 年，韩媛媛（2017）总结归纳出概要写作"五步法"。具体内容如下：

第一步，阅读文章，分析结构。在这一环节中，学生通过整体阅读文章，获取文章的关键信息，把握文章的主旨大意，了解文章的主题思想。

第二步，回顾文章，重组信息。学生要进行回读，整理、加工和概括所获得的关键信息，这样有利于梳理文章内部的逻辑关系，区分主要内容、观点和用以支撑观点的细节信息，为概要写作做好内容上主次关系的筛选。

第三步，定位要点，删减枝节。学生要在前两个环节的基础上，保留文章中的主要观点、内容，对不必要的细节信息进行删除。

第四步，替换人称，转换语言。学生要自我代入作者的角色，以第三方的视角客观地对所加工的文章进行转述，从而完成概要写作初稿。

第五步，扩展文本，连句成篇。学生要使用自己的语言，准确、顺畅地写出主旨大意。通过增加连接词、采用过渡句、应用篇章结构等方法，连句成篇，从而做到结构合理，语言表达规范，内容准确简练。

（二）"PWDC"模式

2016 年，仲建（2016）提出"PWDC"模式。PWDC 是 Purpose、Words、Draft、Coloring 首字母的组合，即学生在概要写作时应遵循四个步骤：

第一步，快速阅读全文，了解作者的写作意图，把握作者的写作思路。

第二步，回读原文，提取能反映文本大意或核心信息的关键词；与此同时，兼顾考虑文本体裁，提高提取关键词的准确性；奠定概要写作基础。

第三步，整理信息，即筛选和整理从原文提取的关键信息，运用自己的语言分条组织概要草稿，形成概要写作初稿。

第四步，运用多种手段润色概要草稿，最终形成一篇要点齐全、语言规范、条理清晰、逻辑缜密且符合高考要求的概要。

三、结果写作法

众所周知，写作是一种输出性技能，在英语写作课堂上，教师以学生的最终写作文本为依据进行评分，从而对学生的英语写作能力进行评判。范文在写作课堂上至关重要，它是在各方面都满足高考要求的文章，很多教师用范文来指导学生进行模仿写作。结果写作法模式下，教师首先在写作课上与学生一起欣赏范文，包括写作意图、写作思路、衔接手段、语言形式等。通常情况下，教师会选择典型的三段式范文，这有助于训练学生在写作中对文章整体结构的把握。因为在三段式作文中，教师可以详细地解释每一段的作用，例如在开头段，教师为学生展示如何引入话题，来引起阅读兴趣；在展开段，教师展示如何表达内容要点使其逻辑清晰有条理，衔接连贯；在结尾段，教师展示如何概括文章的中心思想，升华主题。因此，学生在读完写作题目后就会按照教师所展示的步骤开始构思文章布局，即如何安排三段式结构。

另外，根据课标与高考对写作题型的要求，教师会帮助学生熟悉和掌握不同题型的写作规律，在写作课上一一进行范文分析。经过结果写作法的训练，学生只要掌握各种写作题型的规律，背熟一些常用的句型和短语，才会在写作上有不同程度的提高。

四、学生在高中英语概要写作的现状

（一）词汇不足

学生掌握的英语词汇量的多少是能否写好一篇文章的基础之一，学生掌握的单词越多、能熟练运用的语法和句型越多，写作时词汇的运用就越成熟，思想情感的表达越深入人心，内容的衔接越顺畅，最终所写出的文章质量会越高。但就高中英语写作现状来看，大多数学生都习惯于用以前所学的简单词汇，很少使用新词汇或高级词汇，导致他们在英语写作中经常会出现词不达意、内容质量不高等问题。

（二）缺乏衔接手段

目前，很多高中学生在英语写作练习中常常出现表述不明、主次不清、结构散乱的问题，而这主要是因为他们在写作中很少使用衔接手段。很多学生在阅读文章时就很少将原文的整体框架描绘出来，对原文表述的细节和所要表达的要点之间的关系理不顺。这使得学生在英语写作时也很少使用衔接手段，导致文章缺乏逻辑、结构不紧凑。

（三）篇章结构混乱

文章篇章结构主要取决于文章体裁，如议论文通常由论点、论据和论证三个部分组成。高中生虽然经过多年的英语学习，已经掌握了一些篇章结构，但在进行同样体裁的文章写作时，无论是篇章结构还是衔接流畅度都非常不理想。

（四）写作水平有待提升

目前的高考英语作文具有较强的开放性，往往要求学生就某一问题表达自己的观点。但很多学生在面对这类写作题型时，经常感到大脑一片空白，无内容可写。而有些能力较强的学生，在表达观点时也是按部就班，缺乏独特的个人见解和思想。还有很多学生在表达时不能很好地运用细节描写来扩充主题，导致文章主题思想混乱、逻辑不清。而出现这些问题的主要原因为学生的阅历有限，日常生活中观察不够细微，思维不够发散。

第二节　概要写作的要点

一、丰富词汇量

高中英语写作教学中一直存在主体不明确的问题，在教师拥有绝对话语权的课堂中，学生的主观能动性无法得以充分发挥，心理需求得不到满足，这会严重影响学生的写作兴趣。针对这种现象，教师应尽可能提升学生学习的主观能动性，寻找学生接受度较高的学习方式，并以语感培养为切入点，激发学生的英语写作兴趣，提升学生的英语写作能力。在概要写作中，为了丰富学生的词汇量，提升学生对语言的概括能力，课前，教师可以让学生背诵单词，并在课上用这些新单词进行造句。比如，教师可以先给出一个单词，让学生用这个单词造句，然后给出一个词语，让学生将新词语加入该句子中。随着单词逐渐增多，最终会形成一篇小短文。这一过程，一方面能有效增强学生的语言组织能力、英语语感和想象能力，另一方面可以增强写作教学的趣味性，调动学生的写作积极性。在造句结束后，教师则可以让学生将刚刚完成的小短文写下来，并对短文进行剖析，看看文章结构是否合理、主题是否明确、内容是否流畅、衔接是否连贯、表述是否准确等，以此来提升学生的概要写作能力。

（一）词汇教学要渗透文化意识

语言是文化的载体，与文化密不可分。我们在学习语言的过程中，会接触到很多这种语言所在国家的历史人文、自然风土等方面的知识。在英语教学中很有必要渗透文化背景的知识，使学生了解英语的起源发展，了解说英语国家的不同的地域风貌、风土人情、宗教信仰和生活习惯等。只有具备文化背景知识，阅读文章和著作理解才会更深刻。在调查中发现，教师在日常教学中都非常注重单词的音、形、义，而对于词汇的文化内涵讲得比较少，例如，只有9%的老师把词汇讲解的重点放在词汇特定文化内涵上。词的文化内涵很明显没有受到充分重视。但是随着时代的发展，中西方交流日益密切，英语学界已经越来越意识到在词汇教学中融入文化内涵的重要性。在教学中渗透文化教育，不仅使课堂更加丰富有趣，还可以培养学生跨文化交际意识，学生更加灵活运用词汇，提高了词汇不能只讲词汇的表层含义，也要注重其深层的文化内涵。为了达成这个目标，首先教师要培养学生对文化差异的敏感性。教师要提前备课，帮助学生发现词汇背后的文化内涵，再通过文化指导学生掌握这个词汇并且灵活运用词汇。例如，让学生说出习语"green with envy"的意思和汉语的区别在哪里。这个短语中就包含了文化内涵。在英语中，"green-eyed"都用于指嫉妒别人，类似汉语中的"红眼病"。其次，巧妙引入隐喻理论提高学生的认知能力。

隐喻又称"暗喻"，是比喻的一种，使用一种事物来比喻另一种事物。隐喻具有日常化，是在日常交际中延伸出来的。其实在不同的语言中，很多词具有相通的隐喻含义。在涉及相关例句的讲解时，教师既要注意它们和汉语的相通性，又要注意它们之间的差异。

教师讲授隐喻，也要把握好尺度，对词汇适度延伸，切勿只顾课标要求，一味给学生补充过多过难的隐喻例子，导致学生消化不了。

（二）采取多样化词汇教学方法

传统的词汇教学法形式单一，刻板生硬，多采用直接给出汉语意思或是教师举例的方式来讲解词汇。这种"满堂灌"的方式使学生没有主动参与的学习机会，成了受人牵制的

"木偶"，最终使学生失去了对词汇学习的兴趣。教师应采用多样化的词汇教学法，并且有意创设词汇使用的场合和情境，调动学生学习的积极性，从而使学生乐于记词汇、惯于用词汇。首先词汇教学可以采取以下几种方法：

1. 游戏法教词汇

高中生虽然在身体上发育基本成熟，但是心智发育上和成人还有差距，心理上还是个孩子，爱玩、爱闹，因此，游戏法教词汇肯定是学生们喜闻乐见的。词汇教学游戏常见的有以下几类：

（1）竞赛类

第一种：将全班分成若干小组，给每个小组一支白板笔书写（或一支粉笔）。将书写板划分为与小组相同的份数。教师（或者特别选定的学生）说出一个汉语词，第一个在黑板上写出正确英语翻译的得一分。这个游戏的长短可以根据复习的词汇量多少来决定。

第二种：使用单词卡片，将学生分成小组，小组人数不要太多。每个小组搜集尽可能多的成对的单词。教师或一位学生摆放两张单词卡片，面朝上，使每个人都能看得见。第一个想出如何把两张卡片上的词联系起来的组得到这两张卡片。然后再放两张卡片，进行下一轮。词汇的联系可能是：相同的词性、同义词或反义词，相同的词根或者可以用那两个词造一个有意义的句子。如果不能联系，两张卡片就放回去重新洗。最后得到卡片多的组获胜。

（2）猜词类

选一个学生面向全班坐着，背对着黑板；教师在黑板上写一个最近新学的词、短语或习语，被选出来的那位学生看不到教师所写的内容。学生用不同的一般疑问句或选择疑问句来猜测词汇。如果想要使游戏简单一些，可以对词汇进行限制，比如，全是动词短语或全是描述人的形容词。

（3）分类游戏

学习者组成两人一组或多人一组。按照黑板上教师给出的形式，在纸上画出一些表栏。每个表格中都包含词群的名称，如 transport, characters , jobs, action。教师说出字母表中的一个字母（如 C），在限定的时间内（如一分钟），学生尽量在各个栏中写出他们能想到的以该字母开头的单词或短语（car, cable, courageous, calm, carpenter, coach, come over, come down...）。

2. 词块法

运用词块法教学，首先要知道什么是词块？英语中有哪些词汇可以归类为词块？通俗地说，词块即指我们平时所说的词汇短语。更深一点来讲，就是多个词预先组合在一起，并且在多个场合频繁使用。这种词汇组合有自己特定的结构和相对稳定的意思，可整体或稍作改动后作为预制组块供学习者提取和使用。比如，动词 inform 最常见搭配就是 inform sb. of sth，这个词组并不只由一个单词组成，而是由四个词组成，表达了一个独立的意思，因此，我们可以说 inform...of 是一个词块。这些短语和固定搭配储存在我们的记忆语库里，在合适的场合就可以提取，稍稍加工就可以生成流畅的语言，表达恰当的意思。语言的记忆储存和输出或使用并不是以单个词为单位的，而是那些固定或半固定的模式化了的"板块"结构。

但是也要注意词块和我们平时讲的短语也有区别。词块既是词汇的组合，又具有语法的特征。词块可以有长有短，由两个或以上词构成，具有预制性、固定性，但又有可变性。一些相对固定的短语，如 generally speaking 或句子结构如 The more... the more... 的结构，这些都属于词块。每个词汇组块都有其特定的话语功能，如 the day before yesterday表示时间，How are you？表示问候等。

3. 情境教学法

简单地说，上下文就是语境。词汇、句子或语篇之间的上下关系都是语境。单个词虽然有意思，但是只有在具体的语境中才会变得生动，有活力。

很多英语单词不止一个意思。高中阶段要掌握的三四千单词中也有很多词是一词多义的。光靠死记硬背它们的汉语意思很困难，而且不会使用。只有赋予词汇具体的语境，我们才能轻松判断它们的意思。比如，man 这个词，如果学生只知道它有"男人"的意思，那是远远不够的。the origin of man 里的 man 指的是"人类"；be made man and wife 里的man 指的是"丈夫"；officers and men in the army 里的 man 的意思是"普通士兵"；Hey,man, are you coming？这句话中的 man 可以灵活翻译为"老兄"。由此看出，单凭一个单词无法判断它的真正含义，只有把它放在具体的语境中，它的内涵才会体现。张维友曾说："脱离了语境就无法确定说话者所要表达的词汇的含义。"

以高中阶段一个重要词组 pick up 为例，来看看在不同的语境中 pick up 到底有什么样的意思。

The wind is picking up now.（增强）

Let's pick up where we left off yesterday.（继续）

All I seem to do is cook, wash and pick up after the kids.（收拾）

I will pick you up at five.（开车接某人）

He picked up the phone and dialed the number.（拿起）

We were able to pick up the BBC World Service.（接收信号、声音、图像等）

He picked up Spanish when he was living in Mexico.（偶然听到、得到、学到）

当然 pick up 这个短语还有很多其他意思，笔者在这里只列举了其中常见的七种意思。教师在教学中也不要一股脑地把词典上的所有含义都抛给学生，这样会加重学生的学习负担，造成不必要的时间和精力的浪费。教师要提前备课，弄清楚要讲的单词或短语的常见意思，然后再教给学生。

著名语言学家吕叔湘曾说："词语要嵌在上下文里才有生命。"人们很容易忘记孤立的事物，如果没有语境进行词汇教学，即便学生记住了词汇的形式和意义，也很难将其运用于生活和交际中。

由于条件限制，大部分学校缺乏真实的英语环境。教师如果能想方设法创设具体的语言环境，为学生创造实际使用词汇的机会，学生就能潜移默化地习得词汇，而且能灵活地表达自己，从而提高学生运用词汇的能力。例如，在学完一单元的词汇时，教师布置与本单元话题相关的口语和写作练习，要求学生尽可能多地使用本单元词汇，从而达到使用词汇的目的。

（三）加强语音练习

学生在初学英语时，没有系统地学过音标，导致很多音标不会读，不懂拼读规律，只能按照字母顺序或是汉语谐音标注来背单词，这样学生不仅发音不准，而且记忆效果不好。

会读音标是会读单词的第一步，掌握五个元音字母的读法是非常关键的。另外，还要在平时的学习中不断总结积累一些常见字母组合的读音。只要掌握了基本的拼读规则，单词就不会是字母的随意组合，而是可以划分为有规则的几部分。例如，不少字母组合在大部分情况下读音是不变的，如 ee、oo、ough、ar、ir、ai、igh 等，掌握了这些基本规律，学生也可以用这些方法读出生词，节约了时间，达到事半功倍的效果。根据层次加工理论，把音形义结合起来是浅层面的加工，在此基础上围绕词根加词缀构成一系列词进行深层加工，词汇记忆的保持效果将更加深刻。一般实词都有动词、名词和做事的人三种形式，如"发明、贡献、教育"，这样的例子不胜枚举。

（四）加强记忆方法的指导

教师在对学生词汇学习的指导方面做得还不到位。如果老师经常给予学生词汇策略方法和记忆技巧的指导，学生们识记词汇的难度就会降低，学习就会事半功倍。教师可以从以下几方面对学生进行策略和方法的指导。

1. 引导学生养成勤于整理、善于总结的好习惯

词汇本身没有系统可言，知识零碎，教师可以定期给所学词汇分类整理，比如职业、运动、艺术等，然后把任务布置给学生，让学生以小组为单位完成这项任务，从而使学生对所学词汇印象更加深刻。

2. 引导学生通过自主学习获取更多词汇

教师要引导学生通过各种渠道，如词典、网络、报刊等方法去接触更多词汇。教师可以在一单元词汇课开始前布置学生以小组为单位查字典自学词汇；或是教师布置本单元的话题任务，让学生到网上去查找相关英语资料来巩固和扩充词汇；或是每周抽出一节课时间进行时事大讨论，要求学生以小组为单位提前准备材料，课上展开讨论。所有这些活动的目的就是调动学生的主观能动性，自主学习获取更多词汇。

3. 指导学生按照遗忘规律复习词汇

著名的艾宾浩斯遗忘曲线告诉我们，遗忘的速度是先快后慢的，也就是随着时间的推移，遗忘的速度逐渐减慢。例如，学生最容易遗忘所学的词汇，忘记的数量也最多。因此，学生应该当天复习当天学到的词汇，然后有规律地延长复习周期，不断地强化记忆。

这样按照记忆规律记忆词汇的效果要比不及时复习词汇的效果好很多。教师可以指导学生采取以下几种方法来克服遗忘，强化记忆。

第一，多种感官齐用。学生在记忆词汇时要避免光用眼睛看单词，要手、嘴、脑并用，多读、多背、多动笔写、多动脑思考，效果会更好。第二，大声读词汇、背句子。实践证明，单词如果能够读出声来，印象更深刻，如果单词能放到句子中记忆，会对单词的使用有更深刻的了解。第三，利用生动形象的形式来记忆词汇，如思维导图、头脑风暴等。

4.引导学生在词汇学习中形成和保持积极的学习态度

词汇记忆是个庞大的工程，高三学生高考时至少面临 3500 个单词的词汇量，这么多的单词不是一蹴而就的，平时对词汇的积累是非常重要的。然而，词汇零散、毫无系统可言的特点使得记忆词汇困难重重，很多学生在一次次遗忘的过程中丧失信心，最后放弃词汇学习。克拉申的二语习得理论中其中一个假说——情感过滤假说认为很多情感因素影响二语习得，其中包括动力、性格、情感状态。一个人目标越具体、越有自信，同时能放松心态，习得的效果就越好。教师要时刻关注学生的情感变化，及时提醒和鼓励学生不断前进，学生才能坚持不懈。对待词汇学习方面的后进生，教师要给他们更多关注，有耐心地指导他们，让他们对词汇学习充满信心，决不放弃。

（五）整合信息技术和词汇课堂

在信息技术迅猛发展的今天，将信息技术引入词汇课堂也成了一种必然选择。多媒体信息教学具有很多传统教学所不具备的优点，例如声文图并茂，形象、生动，能同时刺激学生的多种感官，是直观教学法的有效模式。就词汇教学而言，多媒体信息技术在创设真实的词汇学习场景，创建交互式的词汇学习模式方面有很大优势。信息技术词汇课程的融合将能极大地调动学生词汇学习的积极性和主动性，从而提高词汇教学效率。教师可以从以下几个方面利用信息技术来促进词汇教学：

1.新词汇呈现方式方面

传统的教学法都采取"单刀直入"的方式，也就是直接看词汇表，学习词汇。采用信息技术后，可以使用多媒体课件、英语学习的网站和英语学习的软件等声图文并茂地、在情境中呈现词汇，这样就可以使学生对词汇有更全面和深刻的认知。教师也可以将要讲解的词汇布置为课前作业，让学生到网站上或是利用软件先学习，然后课上进行检测，这样做可以激发学生的词汇学习积极性和自主性。

2.词汇练习和检测方面

传统语言教学模式下，词汇练习多是书本上的词汇练习题，形式单一，而且教师无法进行当堂检测。网络教学模式下，教师可以通过互联网搜集更多词汇练习题放在自己的网站中，或是利用教学软件来在线检测词汇，在网络的帮助下教师可以直接检测学生的词汇学习效果。

3.词汇运用能力方面

很多网站和学习软件提供在线的口语、造句、写作练习，并提供虚拟的场景来帮助学生练习。学生通过这些在线练习，可以将所学词汇进行反复运用，从而提高词汇运用能力。

二、提升学生衔接能力

阅读是提高学生英语运用能力的重要方式，学生通过阅读熟悉句型和语境，加深对英语语法的理解，同时又提高了阅读理解能力，阅读理解能力的提升对写作能力的提升具有非常重要的促进作用。在对一篇文章进行概要写作时，学生只有真正读懂文章，才能够充分理解和体会文章的中心思想，并以此为出发点，写出一篇好的概要作文。因此，教师在教学中要特别注意培养学生的阅读习惯，引导学生掌握更多的英语阅读技巧和方法，提高学生的阅读能力，使学生快速地找到文章中的重要信息，概括出文章的主题和中心思想，以此来提升学生的概要写作水平。同时教师还需要让学生学习阅读材料中的衔接手段，并将这些衔接手段运用到概要写作中，以此来减少逻辑混乱、层次不明等问题的出现，确保概要写作结构的完整性。另外，教师还应引导学生将从阅读中学到的新词汇、新句式、新观点运用到自己的写作中，用阅读来促进写作，使学生写作能力得到提高。

（一）衔接理论在高中英语概要写作中的作用

第一，衔接理论可以在学生现有水平、概要写作教学之间联系起来，进而实现学生现有能力的稳步提高。衔接理论可以帮助学生构建出一个知识体系，还能逐渐添加更多知识和信息，进而实现知识体系的不断完善和丰富。学生拥有完善的知识体系后，就能使写作更加流畅，内容更加丰富。

第二，提高学生的合作意识与自主学习能力。教师在教学时运用衔接理论，可以为学生创设良好的写作环境，给予学生更多的参考和选择，使学生获取更多的资料和信息。衔接理论要求学生能自主学习，明确写作任务，独立完成任务。学生在探究知识、学习知识的过程中，还能与他人合作与交流，这可以有效提高学生的合作意识和自主学习能力。

第三，增强学生的自信心。学生仅仅了解概要写作是不够的，在写作时容易出现各种问题，而这会在一定程度上增加学生学习和写作的难度，也会打击学生写作的自信心，甚至对写作产生厌恶情绪。这时，教师就可以让学生在小组中交流各自的想法和观点，记录自己遇到的问题，积极寻求他人的帮助。利用这样的方法，不仅可以帮助学生更好地理解写作内容，还能有效增强学生的自信心。

（二）衔接理论在高中英语概要写作教学中的方法

1.通读文章，明确衔接手段

教师在实际教学过程中，需要带领学生仔细阅读文章内容。学生在阅读过程中，需要将文章中的衔接手段标记出来，并将其誊写在笔记本上。学生需要根据衔接手段准确把握文章中的逻辑关系，明确该文本的大意，掌握各个段落的主要内容。学生需要运用自己掌握的知识分析和判断文本的体裁，明确文章中心，为接下来信息的筛选做充足的准备。

2.细细品读文章，筛选主要信息

在拿到题目后，学生需要粗略阅读一遍文本内容，了解文章大意。之后，学生需要再次阅读文本内容，细细品读，厘清整篇文章的脉络，筛选出文本中的重要信息，借助文本原本的衔接手段准确把握文本的内容、结构和层次。每一个语篇都是具有条理的结构，上下文能足够连贯，前后保持一致。此外，语篇的组织是具有一定规律的。如果学生能准确把握文本的语篇结构，那么就能更好地理解文本内容，准确理解文本中的长难句。不同的文本拥有不同的写作特点和结构框架，学生需要根据结构框架仔细阅读文本内容，筛选出其中的重要信息，灵活运用衔接理论找到这些信息之间存在的关联，去掉文本中不重要的内容和信息，为接下来要点的梳理和整合做充足准备。

3.分析要点信息，转化关键信息

概要指的是学生需要压缩和提炼文本内容，但是学生在写作时不能直接搬运原文中的内容，而是要将文本中的内容转变成自己的语言，并将其概括出来。因此，学生需要运用词汇衔接手段中的上下义词、同近义词等方式，将原文中的挂件词进行转换，根据原文的结构层次灵活转换，借助自己的语言将原文阐述出来。概要写作的顺序需要与原本保持一致，但也需要学生根据实际情况进行适当的调整、优化和整合。

4.进行文本检查，确定写作终稿

概要写作要求学生能运用起源的语言要点，保持一致的主题，拥有清晰的条理层次，语言表达足够清晰和准确，整篇文章具有连贯性与整体性。因此，在完成初稿的写作后，学生需要再次阅读原文内容，检查自己的文章是否涵盖了所有要点，概括的语言是否足够准确，语句之间是否良好衔接，是否运用正确的衔接手段，文章字数是否符合要求等。

三、把控篇章结构

概要写作的难度主要取决于文章体裁，不同体裁的文章有不同的结构特征，这也将对学生如何把握整篇文章产生影响。比如，在说明文中，作者往往针对所要描述的对象提出解决方案；在议论文中，作者往往通过摆事实的方式来论证自己的观点，并在最后重申论点或表达自己的建议；在记叙文中，作者会给读者呈现出一个完整的故事。因此，在概要写作中，学生必须对原文进行整体阅读，并把握文章体裁和篇章结构。在此基础上，学生再将原文中的要点提炼出来，以便更好地对文章主旨进行理解和把握，最终概括出文章的大意，完成概要写作。

（一）厘清文本逻辑

概要写作是在原材料的基础上进行压缩后的再创作，能让读者迅速掌握原文的梗概。概要写作是集阅读理解与书面表达于一体的，与以往高考书面表达题型不一样的是，该部分的写作需要花较多的时间和处理文本。不同的文本有不同的特征，包括不同的文章体裁、语言风格和篇章结构等，其中篇章结构与我们的思维模式密切相关。不同的文化中，不同的语篇类型有不同的篇章结构，从而产生不同的篇章模式。教师不仅以句子为单位协助学生分析句子之间的语义关联，还要引导学生厘清文本段落之间的内部逻辑，在教学实践中不断总结各种语篇结构的写作技巧和策略，从而有助于学生忠实于原文结构和内容，清晰地呈现要点。根据思维方式的差异，篇章语言学家将篇章模式主要分为"问题—解决模式""主张—反主张模式""提问—回答模式"和"概括—具体模式"四大类。

1. 问题—解决模式（problem-response pattern）

问题—解决模式通常由四个部分组成，分别是情景（situation）、问题（problem）、解决办法（response）和评估（evaluation）。其中问题和解决办法是必要部分，是语篇的核心内容，而情景和评估视文章可有可无。问题—解决模式在英语的语篇中是比较常见的一类，该模式通常出现在说明文中。

2017 年 6 月，浙江高考英语阅读 B 篇阅读属于问题—解决模式。作者在第一段列举了大量的数据，告知读者美国有很多青少年上床睡觉的时间比较晚，同时调查表明 7~12 岁的孩子白天感到疲劳，其中有 15% 的孩子甚至白天在学校睡着。这一段描述了美国青少年目前的睡眠状况（situation）。在第二段和第三段中通过描述的现象，提出了问题（problem），同时解释了原因，也就是青少年理想的睡眠时间，原则上婴儿每天需要 18 小时，上学的儿童一般需要 10 小时，而事实上，10~12 岁的孩子每天只有 8 小时，第二段和第三段提出的问题是儿童的睡眠时间太少。最后一段作者提出了解决问题的方法（solution）并作了相应的评论，那就是一些学校决定推迟上课时间，同时家长和老师们对此举表示满意。

2. 主张—反主张模式（claim-counterclaim pattern）

在主张—反主张模式中，篇章首先呈现绝大多数人支持或者特定人群的观点或者主张，在表明这些人观点的基础上说明自己的观点和主张。一般而言，这类语篇通常包含"情景""主张"和"反主张"等基本部分，其中"主张"和"反主张"是篇章的核心部分。通常在主张部分会陈述他人观点或者还存在争议的观点，接着在反主张部分呈现作者自己的观点，同时通过论据加以解释说明。

《普通高等学校招生全国统一考试英语学科考试说明》概要写作考试样题开篇阐述了去除污渍是件好事，这是绝大多数人认同的观点，也即该部分提出了普遍认同的观点称之为主张（claim）。第一段第二句话通过 however 这个词表明作者反驳了前面大多数人的观点，作者进一步表明关于污渍人们持有不同的观点。

在接下来的第二、三和第四段中，作者分别阐述了人们对待污渍的不同态度及其理由。在第二段中作者阐明了观点和理由：In the early 16th century, people thought that dirt on the skin was a means to block out disease. 16 世纪，人们通过皮肤上的污垢来防御疾病的入侵，即污垢对健康是有益的。同时列举 1538 年和 1546 年法国国王和英国国王分别关闭澡堂阻止人们洗澡的例子：By 1538, the French king had closed the bath houses in his kingdom.

So did the king of England in 1546.16 世纪人们通过皮肤上的污垢来抵挡疾病，也即污垢有益于健康。第三段作者阐明的观点是：Though the belief in the merit of dirt was long-lived, dirt has no longer been regarded as a nice neighbor ever since the 18 century，即污渍对健康是不利的。最后，作者在第四段阐明了当今不同的人对待污渍的态度也是不一样的：Attitudes to dirt still differ hugely nowadays. Many firsttime parents nervously try to warn their children off touching dirt...On the contrary，Mary Ruebush，an American immunologist，encourages children to play in the dirt ... 现今父母的观点是污渍对孩子不好，但免疫学家鼓励儿童在不干净的地方玩，同时分别解释了持有这两种观点的原因。

3. 提问—回答模式（question-answer pattern）

提问—回答模式开篇通过提问的方式提出问题，全文围绕解决这一问题而展开。语篇的结构通常包含情境、提问、回答和肯定或者否定的评价，其中最重要的部分是提问和回答。

2018 年高考全国卷Ⅱ D 篇阅读讨论闲谈在人际交往中的好处及重要性。第一段描述了现象（situation）：We've all been there：in a lift，in line at the bank or on an airplane，surrounded by people who are，like us，deeply focused on their smartphones or，worse，struggling with the uncomfortable silence. 人们在生活中的各种场合不再互相问候，而是专注于自己的智能手机或者陷入尴尬的沉默。紧接着第二段开头第一句提问：What's the problem？第二和第三句回答了问题：It's possible that...Its more likely...，同时作者在最后两句从不同角度反驳了前面的理由。But the next time you find yourself among strangers，consider that small talk is worth the trouble...Experts say ....。最后一段评价，肯定了问候可以给人以归属感以及与他人保持密切联系，对寒暄问候进行积极正面的评价。

4. 概括—具体模式（general-particular patter）

概括—具体模式，又称为一般特殊模式，通常由概括陈述、具体陈述和总结陈述三部分组成，其中概括陈述和具体陈述是核心部分。据笔者观察，浙江省近几年高考英语试卷和全国卷的任务型部分很多为这一模式的语篇，由一般到特殊或者说由抽象到具体。

2018 年 6 月，浙江高考英语任务型，该篇是说明文，给搬入新社区的人提供了一些建议，帮助他们成为好邻居，被新社区的人接受和认可。第一段最后一句挖空：Here are a few tips to help you win over everyone in the neighborhood quickly. 这一句阐明主题，概括全篇。接下来的四段分别从四个方面具体地陈述了如何成为一名被大家认可的好邻居；第二段：to keep your property neat, clean, and in good repair；第三段：take the overall appearance of the neighborhood seriously；第四段：A good neighbor is also one who likes to help out in small ways；第五段：Being a good neighbor is more or less about considerate behavior。

（二）概括段落大意

依据文本特点提炼语篇结构后，教师要求学生根据提炼出的结构认真研读每一部分内容，同时根据段落内部的结构，分析句子与句子之间的内部逻辑关系和语义关系。把段落内部小的信息单元浓缩合并成较大的信息单元，VanDijk（1980）提出了四类宏观规则：删除规则、选择规则、概括规则和归总规则，其中前两条为删略规则，后两条为替换规则。以笔者上过的一节公开课为例，根据笔者在上文提炼的文本结构，应用 VanDijk 提出的四大宏观原则引导学生根据结构梳理每部分要点，以 2014 年江苏省高考英语试题中任务型阅读文本为例，依据文本写一篇概要，以删除规则、选择规则和归总规则为例来分析如何提炼要点。

1. 删除规则

删除规则是把相关联的信息单元中不重要的、无关紧要的信息删除，使相关的信息内容得到浓缩。运用删除规则浓缩段落大意，删减那些次要信息和无关紧要信息，留下核心内容。

例如，某段文本三句话中分别包含了三个命题，用 P 表示命题。P1：同辈压力的概念，也即同辈压力是人们受同辈影响，尤其是孩子，要表现得和其他孩子一样。P2：这样的做法有利有弊。P3：大多数人都经历过同辈压力。相比第一个命题，第二和第三个命题显得没那么重要，所以可以将 P2 和 P3 部分信息删除，进一步浓缩 P1 命题信息。这一段的重点信息是作者在解释同辈压力这个概念，是该部分的核心内容，因此可以把其他与篇章相关但不是很重要的部分删除。

2. 选择规则

当命题中包含若干个互相关联的信息群时，如果其中的一个信息群（P1）传达的意义包含另外信息群（P2）所传达的内容，在对这一组信息进行浓缩提炼时，选择留下 P2 而去除 P1。

例如文本中，P1：然而，压力不总是负面的。P2：拥有擅长学习朋友的学生本身也会变得更努力和好学。P3：队员为了协助团队获胜会变得更有动力。P4：这种影响也能帮助朋友远离毒品，有助于成年人改正坏习惯养成好习惯。在对这一段进行信息压缩时，可以只选择 P1，舍弃 P2、P3 和 P4，因为后面三个命题的信息包含在第一个命题信息中。

3. 归总规则

归总规则是把所表述事件中属于同一个经验框架的信息用表述该经验框架的信息单元来涵盖的规则。用高层级的信息单元对低层级的信息单元进行替代，替代后高层级的信息单元涵盖低层级信息单元的种种关联（刘辰诞，赵秀凤，2011）。

（三）再创作

厘清文本逻辑，提炼篇章结构和各部分要点后能够用自己的语言通顺连贯丰富地表达原文的信息，再创作的过程中不能带有自己的主观性，应该尊重原文，做到等意替换。语言能力是指在社会情境中，以听、说、读、看、写等方式理解和表达意义的能力，以及在学习和使用语言过程中形成语言意识和语感。浙江省高考改革后，强调了语言输出的重要性。因此，教师在平时教学实践过程中要夯实学生的语言功底，让学生在习作时能够变换句式结构和精准用词。

1. 变换句式

观察句式结构特点是句式转换的第一步骤，即观察原文句式是简单句还是复合句、是主动句还是被动句、是肯定句还是否定句、是正常语序的句子还是倒装语序的句子（段相萍，2017）。在观察的基础上，经过加工润色，用自己掌握的语言结构等意地转换出来。

2. 灵活用词

变换用词常见的有概括用词、同义词反义词互换和变换词性。

在生成作品时通过变换句式、灵活准确用词等语言技巧，使篇章结构与原文相吻合，语言风格一致，丰富语言表达，在仅有的 60 词左右的短文中表现出自己的语言水平。高中英语概要写作，不仅考查获取和提炼信息的能力，更考查学生的语言功底，所以教师在平时的教学过程中要将语言知识和技巧落实到位。

四、加强针对性训练

在高中英语教学中，教师要帮助学生掌握更多概要写作的方法和技巧，以切实提升学生的概要写作能力。这就要求高中英语教师根据概要写作的原则，有目的、有计划、有针对性地对学生开展概要写作训练。针对客观性原则，教师应要求学生在阅读和理解原文的基础上，对原文的主题和中心思想进行提炼，并开展概要写作。针对连贯性原则，教师应将更多的衔接手段传授给学生，并要求学生进行大量的练习，以此提升学生的衔接水平，确保文章内容的流畅性。针对简洁性原则，教师应在日常教学中，多对学生进行缩写练习，给出句子或短文，让学生在保证句子或文章原意不变的前提下进行缩写。针对连贯性原则，教师可以让学生在阅读过程中，将原文的要点罗列出来，并将这些要点衔接起来，确保文章的连贯性。针对个性化原则，教师在日常教学中，可以给出一些热点话题，并让学生用英文来表述自己的观点，以此帮助学生形成个性化的表达方式和独特的思想观念，提升学生概要写作的水平和质量。

第三节　概要写作常用技巧

概要写作不仅考查学生对原有语篇的阅读理解能力，由读到写的分析、判断、推理、归纳和概括的思维能力，而且考查学生对词法、句法、语法的运用能力，同时对学生在构架篇章能力、精准释义原文等方面的语言能力都有所要求。

一、信息提取

首先，学生做阅读训练时，习惯于语义解读视角训练，只关注阅读文本的表层意义和深层意义的剖析，忽视了语篇结构层的解读分析，也很少从语篇的体裁结构入手去构架概要篇章。教师在指导学生概要写作时，首先要分析概要写作信息提取策略，包括提取主题句、提取关键词和提取次要点及语言处理三大重要环节。

（一）提取主题句

首先确定文体，不同文体有不同的篇章构架模式，确定语篇体裁有利于根据语篇结构模式提取主题句。文体包括记叙文（人物＋时间＋地点＋事件或起因＋发展＋结果）、说明文（描写某事物的性质，即对象＋性质功用，或针对某个问题提出解决方法或措施，即问题＋解决方法）和议论文（论点＋论据＋结论）等。

确定文体后还要预设主题句的位置，主题句多位于段首，因为英语思维模式是先亮观点，再解释说明。主题句也有可能位于段尾，便于总结全段的内容，这是写作中的一种归纳方法。位于段中的主题句多用转折句，一般用 but，however 等连词连接，这种结构方式先是引言呈现话题，然后通过转折词话锋一转，切入作者的观点，接下来是分析段与段之间的逻辑关系。段际关系主要包括总分关系、并列关系、因果关系和过渡关系。段落中句子与句子之间也存在逻辑关系，如并列、递进、转折、因果、解释等。分析段落之间与句子之间的逻辑关系，有助于进一步确定段落中的主题句。

（二）提取关键词

有些语篇并没有明显的主题句，那么就需要从关键词角度提炼概要的主要信息。一般来说，关键词是陈述的主体，是体现话题的实词，且关键词重复的频率比较高。关键词还有可能是概括性的实词。关键词的位置也比较特殊，每个语段构成都有自身特点，或总分、或分总、或并列、或转折。不同的构成就意味着关键词的位置不一样。例如并列语段的关键词常常分布在并列的各个层次中，而转折语段的关键词一般在转折词所引导的后半部分。

（三）提取次要点及语言处理

找到主题句和关键词之后，为了使概要更加精准和充实，要学会找到和判断次要点，并具备处理次要点，将其融入主要点中的语言技巧。学生提取次要点时存在以下几个问题：第一，主次混淆，表达时没有借助于一定的语法手段加以区别显示；第二，主次要点详略不当，任意拉长和缩短，与原文意思相悖；第三，概括不全，次要点补充解释没有落实到位，对原文信息整合不全；第四，简单罗列，缺乏连贯。次要点并不等同于细节，它是对主要点的补充，使其得以完整。次要点或是段落中引入主题的信息，或是段首或标题的设问。找到次要点以后，为了体现次要点与主要点的附属依存关系，还要对次要点进行一定的语言处理。比如用定语从句、状语从句、同谓语从句等修饰性手段有机地整合到主要点中，既使主要点内容丰满，又彰显了主、次要点不同的重要性层次。

二、改写

概要写作创造性地把读和写有机地结合起来。概要写作考试说明要求学生在表达时完全使用自己的语言，独立表达各要点需要学生在核心信息的基础上进行语言表达形式的改写，对原文的语言表达形式尽可能实现大规模改变。改写过程中原则上字数不超过原句，不改变原文的逻辑结构，充分考虑语句压缩。

（一）改写可以使用的技巧

改写可以使用的技巧有：其一，使用近义词或反义词；其二，把短语变成单词或者转化词性，体现要点表达的独立性；其三，使用广义词代替具体词；其四，消除重复；其五，把直接引语变为间接引语；其六，主动句和被动句互换；其七，基本句型间灵活转换；其八，特殊句式和正常语序句式的转化。

（二）改写要注重平常积累

概要写作评分标准要求考生运用准确的语法结构和高级词汇，如果考生能在平时多积累一些高级词汇、短语、句型或地道的表达，并在概要写作中恰如其分地运用，便能吸引阅卷老师的眼球，取得高分。因此，教师在指导学生练习时，可以强调平时多积累一些高级词汇、短语或句型结构，并在训练中熟练地使用这些表达方式，才能增强语言表达的灵活性和独立性。

三、核查语篇

写作在语义上是内隐的连贯，在形式上是外显的衔接。衔接主要有两种手段：语法衔接和词汇衔接。语法衔接主要通过照应、替代、连接和省略等语法关系实现语篇结构中的衔接和语义的连贯。而词汇衔接只通过词汇选择，在篇章中建立一个贯穿篇章的链条，从而建立篇章的连续性。

四、表达素养

概要写作是近几年高考写作的主流题型。按照江苏高考英语模式的要求，学生要根据指定的英语阅读材料，先写出30词左右的篇幅对所给材料的中心思想和主题内容加以概括性描述，然后就材料内容写出自己的感受或发表观点。概要写作是一种控制性的写作形式，是对原文内容浓缩和再加工的语言表达输出，它要求高中生能迅速把握所给文章的内容，简明扼要地概括所给文章的中心内容，厘清文章结构，反映出原文中作者观点，要区分事实与观点、重要内容与次要内容，梳理原因和结果等复杂的逻辑关系。还要求学生要有英文诠释英文的能力，用自己的语言解释文章中的语言文章，不可抄袭原文。

《普通高等学校招生全国统一考试英语学科考试说明》对概要写作提出了明确要求：第一，考查学生对文章归纳概括的能力和对文本作者观点意图的理解分析能力；第二，考查学生对文章题材、文本框架和上下文逻辑的理解分析能力；第三，考查学生对综合运用语法、词汇和句型独立表达输出的能力。概要写作对高中生的英语素养提出了较高层次的要求。

简言之，概要写作是读、思、写的有机结合，要求学生对所给材料思考延伸、理解吸收、内化整理后表达输出的一种创新思维写作。以下两方面可以帮助学生提高输出表达的能力和素养，改善写作水平，获得作文高分。

（一）英语概要写作的审题和写作步骤

古人云，"差之毫厘，谬以千里"。古语对指导概要写作同样适用。概要作文要求学生应认真审题，仔细阅读题目要求，对要写的作文做到主题明确，要对文章框架结构心中有丘壑，要摒弃次要内容，准确切题。审题不仅审清阅读材料，也要思考即将所写文章如何排兵布阵。审题时，学生务必做到以下几点：

1. 明确锁定主题句

概要写作采用浮凸式表达，所写的第一句话就是主题句，清清楚楚明明白白地表达了文章的写作目的。第一句话的质量决定了整个概括的成败，之后所有的句子都是对主题句的支撑和诠释，凡是与主题句不相干的内容，无论句式多么优美，道理多么深刻，都要毫不犹豫地予以删除。整体文章如一棵枝繁叶茂的大树，哪里是树干，哪里就是主题，不要让枝枝叶叶裹挟遮蔽住主题句，否则，有偏题跑题之嫌。

2. 明确作文的体裁

概要作文对体裁、写作内容、字数都有明文规定。根据所阅读文章内容来确定自己作文的写作体裁，是用记叙、说明、议论，还是夹叙夹议，一定要把握文章体裁，确定自己的写作模式。

3. 明确作文中所用的时态

这一点很重要，学生尤其是语用能力不强的学生经常时态混用，一会儿现在时，一会儿将来时，一会儿又用过去时，使得整篇文章时态颠倒混乱，不知所云。因此，在写作时要敲定文章基调，定好时态。

4. 明确作文的表达内容和顺序

作文中的重点要表达什么？如何表达？先表达什么，再表达什么？怎样合理安排这些内容和顺序？这些都是学生在写作时必须关注的。要使得作文主次分明、表达到位、承转契合，给人一种思路清晰、主题明确、书写流畅的感觉。

5. 结合审题所得，分步骤完成概要写作

审题准确决定概要写作的成败。审题准确的前提下，概要写作可分为如下步骤：

第一步，确定文章体裁，明确写作主题。

第二步，选定文章结构：总—分—总，总—分，分—总，还是并列的文章结构。

第三步，划定主题句和关键信息。

第四步，写纲要，打草稿。

第五步，加工润色成文。

总之，审题是概要作文重中之重，决定概要作文的成败。审题偏差会导致"差之毫厘，谬以千里"。

（二）对概要作文抛光打磨加工润色

作文初稿成型之后，想要得到高分，就必须对文章进行精加工润色，使之成为结构严谨、行文流畅、句式高级多样，语言准确精美的高档分数作文。这是学生英语表达素养的一种体现，同时也对学生的语用能力提出较高挑战。

1. 文章结构严谨、层次分明

作文有个万能模板，我们可以套用模板。一般文章结构分为三段，涉及概要作文，为使文章结构严谨清晰，我们可采用四段模式，即30字的提炼加工—总—分—总。30字为第一段，第二段则阐述自己的主题观点，第三段写主要内容来例证论证或分条陈述，最后一段写总结。这样文章结构清晰严谨，层次分明，让人一目了然。

2. 行文流畅、句式高级多变

好的文章犹如一栋华丽的房子，不仅要结构夯实，外形美观，而且要注重内在内容及合理布局。如此一来，概要作文要求学生合理使用承上启下的句子。在每一个段落与段落之间学会使用 transition，使逻辑连贯合理，文章过渡自然、衔接顺理成章。这要求学生在平时就要累积记忆一些过渡句模式，以便在写作时信手拈来。还要学会使用高级多变句式和高级词汇。句式多变主要是长短句结合、主被动结合、简单句和复合句结合，中间穿插定语从句、四大名词性从句、倒装句和强调句式，巧妙使用这些复杂句式，会为文章增彩不少。当初笔者分析过，如果一个学生的作文中能使用一个复杂的定语从句，一个强调句式，一个倒装句，一个主语从句或者四大从句中任何一种，每个句子不少于十个单词，那么由正确句式支撑起来的文章已经是精华。当然，前提是学生用得对用得巧。句式高级多变使文章富于变化，错落有致，有利于吸引阅卷老师。当然，固定短语的使用同样会使文章更地道，而且表达更流畅，使阅卷老师读起来朗朗上口，也更容易使作文得高分。古语说："读书破万卷，下笔如有神。"写英语作文也是如此，需要学生平时多多积累。

总之，概要写作是有技巧可循的，但是这些技巧不仅对学生的能力提出要求，对学生的表达素养提出更高要求。这对师生来说都是一个新的挑战，因此，教师和学生要在平时立足于教材，逐渐渗透概要写作练习。教师平时还要引导学生多读书、读好书、写阅读笔记和读后感，来加强学生的累积，帮助学生形成良好的概要写作技巧，提高学生概要写作的水平。

第四节 概要写作教学实践

概要写作不同于图画、图表、信函、提纲等情景形式的作文题型。教师在备课和课堂教学中应围绕文本阅读、要点勾画、行文造句、检查核对等环节，通过对包括词汇、句型、语法等语言基础和写作常识的讲解，帮助学生使用适合的句型、词汇，使学生能清楚、连贯地传递信息和表达思想。

一、核心素养的培养实践

概要写作，顾名思义，就是给出一篇文章，让学生不改变原文主旨大意，写一篇原文的内容概要的写作活动。概要写作，对学生的信息提取能力和归纳能力，语用能力和写作能力都有一定的要求，它在学生英语核心素养培养方面也有着重要作用。而根据新课标要求，英语概要写作教学也要朝着培养学生核心素养的方向不断努力。那么，该如何通过英语概要写作教学培养学生的核心素养呢？

（一）锻炼学生的语言能力

英语概要写作教学的重点是培养学生的阅读理解能力，让学生在阅读理解的基础上，参考原文内容，写一篇简短的文章，并且确保文章语义连贯、语言简洁。这个写作过程，不仅包含语言输入，还涉及语言输出，可以说是一项综合性活动。根据英语概要写作的特点，在教学中，教师要将文本解读置于重要地位，引导学生从多个角度，从不同层面去拼读文章，为学生概要写作做好铺垫，以发展学生的语言能力。

例如在"Clean up your butts and bags"的课堂教学中，在文本解读时，教师先让学生通读全文，了解文本的大意。之后，引导学生细读文本，找出每段的关键词，根据关键词探究知识点的逻辑关系，明确文本写作目标，确定核心信息。如第一段落中的关键词是"the most common""most dangerous""easily do something about"等，前两个关键词引领的关系是并列的，后一个关键词表达的是转折关系。在第二段落中，bad、spoil 主要是指一般和具体的关系，spoil 和 endanger 属于并列关系，put in the rubbish 是提出的解决方式。通过这样的关键词分析的方式，帮助学生全面解读文本内容和结构，使学生更加深入地理解文本内容。一般来说，议论文是围绕某个主题提出自己的见解，说明相应的理由。文章在提出论点后，会结合论据来说理、分析，最后进行观点总结。教师需要注重学生语篇意识培养，引导学生从整体上把握文本结构和框架，了解不同文体的布局特点，明确主次要点，准确把握文章的要点内容。这样，通过文章解读和分析，可以发展学生的语言能力，帮助学生找到搭建概要写作"支架"的要素，使学生了解英语概要写作的含义和要点。

（二）发展学生的思维品质

思维品质培养，是英语教学的一个重要任务。从心理学角度来讲，英语思维品质是英语思维逻辑、独立性和敏捷性的综合体现。高中生虽然具有了一定的思维能力，但是他们的思维能力还不够成熟，培养他们的思维品质，任重而道远。这要求高中英语教师在教学中，要重视学生思维品质培养。问题是思考的开端，高效是思维的驱动力。在英语概要写作教学中，教师要发掘各种具有价值的问题，以问题和学习高效为驱动，发展学生的思维品质。例如在一篇题为"Environmental protection"的课外阅读中，由于文中的一些单词较为复杂、陌生，一些学生在阅读后仍旧不能很好地把握文章主题。在这种情况下，教师可以结合内容，提出几个问题，给学生安排一些学习任务。如 Why is environmental protection a concern of the whole society? What is the meaning of environmental protection?

Environmental protection measures？学生在阅读过程中，对四个段落大意进行总结，根据总结回答相关的问题。学生完成阅读之后，通过归纳总结，明确每个段落的主要信息和次要信息，通过相应的整合得出每个段落的大致意思。这样让学生带着问题去阅读全文，不仅可以使学生明确学习的方向，还可以提高学生的思维能力。

（三）优化语句措辞

英语概要写作教学要想取得良好的效果，需要教师在教学中重视基础知识教学，要求学生掌握词汇、基本句型和语法知识等，同时需要引导学生灵活利用表达方式，优化和调整语句措辞。为了实现以上教学目标，在概要写作教学中，教师需要以段落大意为基础，让学生对需要的内容进行疏通、整理，并引导使用同义词、反义词或者句型转换的方式，开展原文语言表达的改写，以培养学生的写作技巧。

例如，在 Working the land 中"A pioneer for all people"的阅读教学中，在第一段落主要介绍了袁隆平的事迹，研究出很多种类型的杂交水稻，为人民的更好生活而奋斗。在对第一段大意进行概括时，可以使用 strive 代替 struggle，通过这样的方式，让学生对要点表达进行转换。第二段落中，介绍袁隆平教授的突出贡献，如研究杂交水稻，在国外推广杂交水稻技术，解决了许多人的温饱问题。通过学生的阅读分析，了解其他的句型结构，根据叙述的时间顺序，优化和调整语言表达，对段落大意表述进行转换。在第三段和第四段的概要写作中，教师引导学生采取同样的写作方式，寻找关键词中的同义词和反义词，让学生进行句型转换，用自己的语言去表述段落大意。如此这般，引导学生采取灵活的表达方式去写作，可以使他们掌握调整语句措辞的方法，锻炼学生的写作能力。

（四）鼓励学生自主学习

文本阅读和理解，是高中英语概要写作教学的起点。而在文本阅读理解之前，还有一个要关注的问题，那就是选择合适的素材和阅读对象。毫不夸张地说，素材是英语概要写作教学不可或缺的一部分，对素材的收集和分析，是事关英语概要写作教学质量和学生学习成果的大事。其实，适用于高中生英语概要写作练习和教学的文章很多。在教学中，教师要树立开放教学理念，让学生从多个角度搜集一手资料和素材去进行英语概要写作练习。

例如教师可以以教材为根本开展英语概要写作教学，让学生结合教材课文进行英语概要写作练习。也可以让学生从一些专业的英语学习网站上收集素材，进行概要写作练习，或者从一些专业的英语学习杂志、期刊上选用文章进行概要写作练习。教师引导学生在积累的同时，扩大阅读量，提高自主学习能力，掌握概要写作技巧。

例如，在"Healthy eating"的教学中，教师让学生以"Healthy life style"作为写作主题，通过网络等多种方式寻找相关的写作素材，也可以让学生从生活中寻找写作素材，开展概要写作训练。通过列出提纲，明确每个段落大意，选择相应的语句措辞，完成概要写作，同时需要做好概要写作检查和修改，检查词汇和语法是否存在错误，完成概要写作练习。

二、思维导图的运用实践

高考新题型概要写作的提出，既是对学生语言运用能力的一个挑战，也对教师教学提出新要求。学生概要写作能力的提高并非一蹴而就，教学过程中，教师可以依托教材丰富的语篇，借助思维导图可视化优势，将复杂的语篇内容以层级结构图的形式呈现，可以帮助学生厘清文本脉络，把握主次要点，分析要点间的逻辑关系，为学生提供语篇内容和语言的支撑，助推概要写作的有效完成，发展学生语言运用能力和思维能力。

（一）思维导图运用于概要写作教学中的理论基础

在概要写作类型的读写结合的课堂中，学生最后的输出写作环节能否顺利完成，取决于教师在阅读环节是否有效引导，而有效引导的重要环节之一便是学生在阅读过程中形成有效的、可参阅的语篇内容和语言方面的支撑工具或是可视化工具，而思维导图恰好符合这样的要求。

知识可视化是研究如何应用视觉表征改进两个或两个以上的人之间复杂知识创造与传递的学科。思维导图则是一种用于知识可视化的重要认知工具，也可称为"心智导图"。思维导图能以一个主旨点为中心，发散出各种层级关系的次要点，使思维有形地展示在图文并茂的图像性思维工具中，是一种将抽象思维具体化的工具。在英语读写结合的日常教学中，借助思维导图可以将复杂的语篇内容以层级结构图的形式呈现在学生面前，而学生在构造、设计思维导图的过程中，不仅拥有顺利解构语篇所需的足够的语篇和语言图式分析支架，还能产生良好、清晰的写作衔接思路，这对学生的思维引导有很好的价值。因此，把思维导图有效地运用在概要写作的阅读与写作两部分中，是必要且重要的。思维导图能为学生呈现有层次、有条理的语篇内容，有助于学生定位、梳理和删减主、次要点，此外，学生在绘制思维导图的过程中，还能积累话题下的多种语言表达，分析体会要点间的逻辑关系，为下一步写作过程提供可参阅的语篇内容和语言支撑。

（二）思维导图在高中英语概要写作教学中的运用实践

笔者以人民教育出版社普通高中新课程标准实验教科书《高中英语必修五》《高中英语选修六》的两篇阅读文章为例，呈现和阐述基于教材，依托思维导图，开展概要写作教学的优势。

1.厘清脉络，提炼要点

在概要写作过程中，学生往往会出现要点缺失的问题，这主要是因为在阅读过程中学生无法准确筛选文本信息，无法分清主、次信息，进而导致无法精确地概括文章主旨。依托思维导图，学生可以在文本整体框架的指引下，提取主题句和支撑主题句的次要点，厘清文本整体的脉络和各要点间的内在联系，学会删减细节，整合文本信息，在这个过程中，学生的阅读能力和概括能力也能得到提升。

教学案例1

以人民教育出版社普通高中新课程标准实验教科书《高中英语选修六》第一单元第一

页的"Reading: A Short History of Western Painting"为例。该篇文章的主题为"西方绘画简史",文章依照时间顺序介绍了中世纪、文艺复兴时期、印象派时期、现代艺术时期四个时期西方绘画艺术的发展,简要展示了不同时期绘画的特点以及引起变化的社会或是文化原因。这是一篇框架结构清晰、要点明确的说明文。运用思维导图,可以直观、清晰地帮助学生厘清主要信息。

活动1:概写首段。

学生首先读第一自然段找出三个要点。

要点一:Art is influenced by the customs and faith of a people.

要点二:Styles in western art have changed many times.

要点三:The text will describe only the most important ones.

其次,提取关键词,厘清要点间繁冗的逻辑关系。

要点一的关键词为"influence""the customs and faith",要点二的关键词为"styles in western art""change",要点三的关键词为"will describe""the most important ones"。故要点一与二互为因果关系,要点三起承上启下的过渡作用。

最后,把各要点的关键词绘制成思维导图,引导学生思考各要点间的逻辑关系,并在思维导图的左边提供表达功能作用的词,右边呈现整合要点所需的同义词和句式结构。

学生依托思维导图整合首段主、次要点,形成首段主旨。

The developments of conventions and belief contribute to the changes of styles in western paintings. Here are some important ones.

活动2:结合小标题,把握各时期关键词,形成主次清晰的全文思维导图。

在概写首段后,结合文本四个小标题,学生能快速把握文章的结构。在结构框架下,引导学生从"why-what-how"三个角度提取各个小标题下的要点,探究各个时期绘画发展的原因、绘画主题,以及绘画方法或是形式的变化,转换成相应的关键词,同时引导学生关注说明文标识词的作用,理解要点间的逻辑关系,形成主次清晰的全文思维导图。

活动3:依托思维导图,完成文章概要写作。

学生厘清全文文本结构,提炼各个小标题下的主、次要点以及分清要点和段落之间的逻辑关系后,把各个主、次要点与要点间的逻辑关系呈现在自己动手绘制的思维导图上,在写作时依托思维导图,整合信息,进行同义词转换或是句式转换,依据要点间的逻辑关系适当添加连接词,使行文紧凑有逻辑。

2. 搭建支架,衔接写作

学生通过解读语篇,厘清文章脉络,形成主、次结构清晰的思维导图后,写作便被提上日程。进入写作环节后,学生需重新规划自己的语言,避免在写作过程中遗漏原文要点信息,这也是学生展示语言基础状态的一个过程,对学生语言组织能力提出了很大的挑战。借用思维导图能帮助学生很好地遣词成文,缓解写作压力。

教学案例 2

以人民教育出版社普通高中新课程标准实验教科书《高中英语必修五》第四单元"Reading：My first work assignment'unforgettable', says new journalist"为例。该文本语篇是一则对话，单元主题为新闻媒体，文本主题内容围绕"如何成为一名记者"展开。新手记者周扬与老板胡新之间的第一次难忘的对话围绕新手记者上岗前的准备、记者的技能以及记者的自我保护三方面展开，对话内容对周扬今后的记者生涯产生了重要影响。学生在文本阅读后能进一步了解记者的职业特点和人格魅力。

活动 1：以问题为线索，归纳对话要点，形成整体框架。

对话形式的语篇看似内容松散，实际也是有自己的要点与框架的，因此，教师需要在教学过程中通过一条主线，把看似零散的内容整合成一个条理清晰、主次分明的整体框架，思维导图的优势在这方面也能很好地凸显出来。

在阅读环节，教师可以通过归纳周扬提出的 7 个问题以及胡新的回答，把文本分成三个主要点，并在三个主要点的框架下，引导学生归纳出相关的次要点，形成思维导图。

清晰的文本框架和从语篇中提取的语言支架，为学生下一步骤的写作环节，提供了语言支撑。

活动 2：同义转换、遣词成句，整合要点，关注逻辑关系，完成文本概要写作。

学生借助已绘制出的思维导图，展开小组讨论分析，认为从全文角度，可以按照采访前、采访中以及采访后，排列三个要点；其中，第二个要点下存在多个次要点，为递进关系，故需罗列连接词整合次要点，以便体现三个次要点对主要点的解释说明功能。要点三是个具体的例子，与要点二中的记者应该具备的技能有相互重复的地方，可以把两个要点进行整合，在各要点关键词提取、整合框架的基础上，凝练要点。

要点一：cooperate to gain working experience and professional assistance.

要点二：first of all, ask questions and listen carefully; meanwhile, assess the truth; most importantly, make research to get an accurate story.

要点三：learn to protect yourselves from accusation, such as, take a recorder.

在小组讨论、交流后，依托思维导图和要点整合框架，学生可以用自己的语言组合概要写作文章。

依托教材语篇，合理运用思维导图，助推日常英语概要写作教学。在阅读输入环节，学生能在构建思维导图的同时，厘清框架，抓住文本主、次要点，提取要点的关键词，分析要点间的逻辑关系；在阅读结束后，收获可视化的文本内容和主题语言支架；在写作输出环节，学生可以通过互相交流，评价各自的思维导图，在小组合作探究中，进一步深化信息的整合，把同义词及相关句式罗列在思维导图的空白处或是形成文字化的要点陈述，依托思维导图和要点陈述进行同义词或句式转换，为写作的顺利铺开提供强有力的支撑。

在新课程标准的教学前提下，概要写作新题型的提出，是对学生综合语言运用能力的一个检验。英语教学应把综合语言运用能力的培养落实在每日的教学实践中，依托教材中的阅读材料，根据阅读材料不同的文本结构特点和语言风格，引导学生解读语篇，合理设计可视化的思维导图，为阅读和写作提供强有力的语篇内容支持和语言支架支撑，在主题意义的探究活动中，"学习语言知识，发展语言技能，促进多元思维，提高学习效率"，从而有效地培养学生英语语言的应用能力，真正把英语学科核心素养落到实处。学生在英语学习的过程中不断超越自我，在自主、合作、探究中反思与成长，从而爱学习、能学习、会学习，为进一步学习打下坚实的基础。

第六章　高中英语读后续写模式实践

第一节　读后续写的理论概述

一、理论基础

（一）输入假说

Krashen（1985）提出了监控模式的二语习得理论，其中输入假说（inputhypothesis）是其理论的核心内容。输入假说把语言学理论与语言教学联结起来，强调了语言学习中输入的重要性，在二语习得研究领域产生了影响。Krashen认为语言的习得需要接受大量的语言输入，而且语言的输入必须是"可理解的语言输入"（comprehensive input），才能促使习得产生。学习者要在自身已有的语言知识水平"i"的基础上，通过吸收可理解的语言新信息输入"1"，即略高于习得者自身知识的新的语言知识，才能达到"i+1"的语言新水平，为语言输出奠定基础。但是如果语言输入难度超出习得者的语言理解的范围，习得就不会发生。已有许多研究证实，在没有任何语言输出的情况下我们也可以培养出学生极高的语言水平和读写能力（Krashen，1998）。

从语言学习的规律来看，语言学习始于有效的输入，没有足够的、地道的语言材料的输入，输出只能是无源之水。"读后续写中的阅读材料作为语言输入的重要途径，能够为学习者提供充足的、正确的、恰当的写作所需的语言知识，输入的语言知识越丰富，学习者输出的语言越准确、多样，流利度越高。"❶读后续写的阅读材料给学生的语言输入提供了大量的高级词汇、特殊复杂的句式结构、标准地道的语言表达，学生通过阅读文章，在潜移默化中学习和吸收语言。

（二）输出假说

二语习得不仅需要可理解性地输入，也需要可理解性地输出。Swain（1985）提出了"输出假说"，这一假说认为语言学习中语言的输入是十分必要的，但只有输入是远远不够的，它还不能帮助二语习得者准确、流利地使用语言。她提出了学习者在真实、具体的环境中频繁、准确地使用第二语言能促进语言习得的观点。Swain认为传统教学中，教师主体地位明显，学生被动地接受知识地位虽然培养了学生较高的听和读的能力，但是却没有

---

❶ 宋秀芳．中学读写一体化教学模式探究 [D]．济南：山东师范大学，2009．

给学生提供很多说和写的机会。这样导致的问题反馈到学生的写作文本中就表现为学生写作缺乏语法的准确性。她认为输出假说对语言习得有三大功能，即：注意功能刺激习得者的认知过程，促使习得者获得新知识并巩固旧知识；假设检测功能帮助习得者假设和修订目标语；元语言功能帮助习得者反思和分析目的语的使用。

语言教学过程中，教师应该给学生提供说和写的语言输出的机会，学习者必须有机会使用所学的语言，进行语言输出活动，这样才能确保学生语言使用的准确性。有效的语言输出不仅符合外语学习的规律，强化语言知识内化，也会提高学生运用语言的能力。读后续写教学模式中的写作任务给学生提供了语言输出的机会，学生在写作过程中可以模仿使用阅读材料中的语言，可以自由地创作发挥表达自己的想法，可以关注自己语言使用中存在的问题，根据评价反馈不断调整自己的语言输出，检验自己语言使用的准确性，运用已经掌握的语言知识来思考和反思自己与他人的语言使用、语言形式等知识，实现可理解性输出的注意/触发功能、假设检验功能和元语言反思功能，提高自己语言的表达能力和写作能力。

（三）互动协同理论

协同的英文翻译是 synergy，是指通过互动合作来增大效益。王初明（2010）认为"外语学习效率的高低取决于语言输入和输出结合的紧密程度。输入和输出结合能够产生协同效应，结合得越紧密，协同效应越强，外语学习效果也就越好"[1]。"互动是语言习得的源头，互动中丰富的语境信息促进理解，理解促进协同，协同促进产出，产出促进习得。"[2] 将互动协同与外语教学相结合，他提出了外语学习的有效路径：互动→理解→协同→产出→习得。他认为互动能够有效地促成语言的习得，将阅读和写作结合所产生的协同效应能够有效地促成语言的习得。

阅读过程中，教师通过设计阅读任务，实现学生与阅读材料的互动和理解。在续写过程前，教师要求学习者主动模仿和利用原文的语言进行表达，实现学生与阅读材料的协同。在续写过程中，学习者通过模仿阅读材料中语言形式，实现了写作文本与阅读材料的协同，在语言风格和表达方式上与原文保持一致，完成写作任务补全故事结尾，实现了学生的语言产出。

读后续写中"读"的部分给学习者创造了语言输入的机会，教师可以根据学生的实际学情来选择阅读材料，设计教学活动，帮助学生充分阅读和理解阅读材料；读后续写中"写"的部分给学习者创造了语言输出的机会，读写结合帮助学生实现了语言知识的内化和可理解性输出。读后续写教学模式正是基于输入假说、输出假说和协同效应三大理论并将这三个理论有机地融合在一起，将阅读理解与写作产出紧密结合，同时利用其产生的协同效应促进学生的语言学习。

---

❶ 王初明. 互动协同与外语教学 [J]. 外语教学与研究：外国语文双月刊，2010（4）：297-299.
❷ 王初明. 外语教学三大情结与语言习得有效路径 [J]. 外语教学与研究，2011（4）：540-549.

二、核心概念

（一）读后续写

读后续写是指学生通过阅读一篇截取结尾的英语文章，根据自己对文章的理解，续写完成结尾，使得前文与后续连贯。王初明（2012）将其定义为"是结合阅读理解进行写作练习的一种方法"[1]。他认为，"读后续写将语言输入与输出紧密结合，将语言的模仿与创造性使用有机结合，将语言的学习与运用切实结合，是提高外语学习效率的好方法"[2]。王初明教授提倡用读后续写的方式写长文。

2016 年，读后续写正式作为一种英语作文新题型应用于高考综合改革"一年两考"的浙江高考，迄今为止已经在高考试卷中出现了四次。它要求学生根据一篇结构内容不完整的 350 词以内的语言材料、两个具有引导作用的续写段落开头句和 10 个划线的关键词，充分调动学生自身的想象力和创新思维能力，根据前文线索预测两个续写段落的内容趋势，完成写作内容为 150 词左右的、使用 5 个关键词以上的、与给定材料在逻辑衔接和情节结构上合理的两个段落。

"课标 2017"提出高中英语学业水平考试"内容的覆盖范围要全面，题型要丰富多样"，写作部分考查学生写作的准确性、流利性和得体性等方面，考试形式主要包括：故事续写、看图写报告、命题作文、概要写作。随着高考改革试点的推行，后续的高考改革试点将陆续铺开，读后续写作为写作部分的考试形式之一，也将在全国范围内推广使用（教育部考试中心，2016）。

读后续写的阅读材料的难易程度弹性较大，适用于不同水平的外语学习者。在教学过程中，教师可以依据学习者的具体学情选择合适的阅读材料，当学生英语水平取得进步时可以通过调整阅读材料的难度来达到促学的效果。通过阅读材料，学生可以获取前文构建的语境和续写思路，得到正确的语言使用样板和内容创新的依据；由于续写任务中所提供的读物内容不完整，在写作部分要求学生补全结尾的任务能够激发学习者主动表达意愿。学生在强烈表达欲望的驱动下，通过熟读前文，对文章进行理解，激发想象力，将创作与模仿有机融合，在创造内容的过程中将语言使用与篇章语境关联起来。因此，读后续写是一种加速提高学生外语表达能力，提升学生英语写作兴趣的方法。

（二）读后续写模式

著名教育模式研究专家查有梁（2003）提出"模式是一种重要的科学操作与科学思维的方法，它从理论中提炼而来，经过证实后，又可以形成一定的理论"[3]。从模式的一般原理和特点，学者彭小明（2012）提出"教学模式是教育工作者在科学的教学理论指导下，不断总结丰富的教学经验，为达到某一特定的教学目的而建立的具有普遍意义的比较稳定

---

❶　王初明.读后续写——提高外语学习效率的一种有效方法 [J].外语界，2012（5）：2-7.

❷　王初明.读后续写——提高外语学习效率的一种有效方法 [J].外语界，2012（5）：2-7.

❸　查有梁.教育建模 [M].南宁：广西教育出版社，2003.

的教学结构或教学程序的范型"❶。闵登峰（2002）将写作教学模式的定义概括为"一种在基础教育中，经过写作理论和教学理论的指导，为了完成特定的写作教学目标，而建立起来的较为稳定的教学结构框架和活动程序"❷。

"在外语学习过程中，阅读和写作是互逆的过程。阅读是理解吸收，写作是理解表达，充分吸收有助于有力表达。"❸我国的外语教学，通常将阅读和写作分开训练。读后续写是一种将阅读理解与写作表达相结合，旨在加速提高学生语言运用能力的方法。学生在阅读理解的基础上获取文本信息，学习语篇知识，把握后续写作思路，完成写作任务可以培养学生的批判性思维能力和创造性想象能力。因此，为了使读后续写在写作教学中发挥最大的作用，需要构建读后续写教学模式作为搭建理论和实践的桥梁，将教学模式理论应用到英语写作教学中，使我们的写作教学更加科学化、高效化。

黄贻宁（2015）提出读后续写教学模式在教学中应突出三个原则，"问题驱动原则、搭建支架原则和评价反馈原则"❹，即在教学过程中教师应利用问题引导阅读理解，引发学生思考，促进产出表达；同时构建语言知识、思维导图、话题情境等支架；最后以学生自评、互评及教师评价为反馈方式。对于读后续写模式，他指出该模式教学程序应该包括："读前准备—问题导读—文本探究—读后续写—写后评价五个方面。"❺

读前准备，即读前导入，具体包括猜测阅读主题、提出阅读内容与续写任务、介绍课文作者与写作体裁三个步骤。

问题导读，通过设置问题、阅读文本和解答问题三个步骤帮助学生抓住文章内容主线。

文本探究，概括段落主旨大意，提炼主干信息，勾画出课文思维结构图，将隐性的结构显性化，梳理课文结构脉络，续写做准备。

读后续写，要求学生补全故事结尾，使文章内容、结构、逻辑完整。

写后评价，首先由学生自评，然后同伴互评，最后教师评阅学生作文并给出评价反馈。

卜伟和王晓龙（2017）认为读后续写并不是学习者简单地先读后写的过程，而是对教师读前准备、教学过程、写后评阅及反思提出更高的要求。基于互动协同理论，他们提出了读后续写的教学模式，该模式教学程序基本为：课前准备—文章导读—读后续写—写后评价。

课前准备，教师选择合适的阅读材料并梳理文章结构。

文章导读，设计阅读任务，厘清人物关系，把握故事发展主线，提取关键性细节。

读后续写，遵照原文的思路，充分发挥想象力续写故事，可模仿原文中的短语和句

---

❶ 彭小明.语文研究性学习 [M].杭州：浙江大学出版社，2012：61.

❷ 闵登峰.二十年来中学作文教学模式研究 [D].北京：首都师范大学，2002.

❸ 黄瑜菊.以读促写，提升读写综合能力——以一节九年级读写优课为例 [J].求学，2018：3-28.

❹ 黄贻宁.读后续写：大学英语写作教学创新实践 [J].教育评论，2015（6）：127-129.

❺ 黄贻宁.读后续写：大学英语写作教学创新实践 [J].教育评论，2015（6）：127-129.

型，与原文保持连贯。

写后评价，通过自评、互评和教师评阅帮助学生自我反思，提高语言运用能力和写作文本质量。

"课标 2017"规定在考试考查内容上应包括两个部分：理解能力和表达能力。理解能力包括对语篇的理解能力和对语篇作出反应的能力，即理解语篇提供的信息、事实、观点、情感和态度。英语表达能力是指用英语进行口头或书面表达的能力，特别是在真实语境中传递与沟通信息，再现生活经验，表达观点、意图和情感的能力。读后续写作为一种新题型，将学生阅读理解能力与写作表达能力的检查紧密结合，夏谷鸣（2018），教育部"课标 2017"修订组的核心成员，他提出读后续写题型是英语学科素养背景下的一种评价手段，旨在考查学生的综合语言运用能力，而这些能力的背后就是学科核心素养。

研究者将读后续写应用于写作教学中是对当下高中英语写作教学改革的一种尝试，也是对有效提高英语写作教学质量的一种尝试，符合课程标准的要求。读后续写教学模式将听、说、读、写四项语言技能结合起来，将语言模仿和内容创新有机结合起来，为学生营造一种真实的语言环境，给学生提供运用语言的机会，充分发挥学生们自主学习的意识，调动学生们英语写作学习的积极性，激发学生英语写作的动机。同时，研究者将读后续写教学模式应用到行动研究中，解决学生写作过程中的难题，提高学生运用语言和展示语言的能力。

（三）句式多样性

在写作中灵活运用多样的句式结构可以增强文章抑扬顿挫的节奏感，避免出现文章冗余和乏味的现象。在书面表达时适当地使用多样性句型结构，可以增加文章的活力，有效地提高表达的层次。

杨晓华、李利（2000）认为句式的多样性是指不同结构、不同类型、不同长短的句子交替使用，要求句子形式的变化。他们提出使用掉尾句和松散句、长句和短句、不同句子的开头、句子主要成分的分隔来实现句式的多样性。邹艳（2004）提出可以从三个方面来达到句式多样性的目标：其一，运用句子长度上的变化，即交替使用长句、短句；其二，运用句式结构上的变化，即搭配使用简单句、并列句、复合句等，还可适当地运用疑问句、祈使句或感叹句来增强文章的感情色彩；其三，运用语义表达上的多样性，即可以选择虚拟结构、强调结构、倒装结构、独立主格结构以及各种类型的从句来服务于思想的表达。张玉娟（2013）表示，"句子的多样性并不是指对单个句子的要求，而是指当一连串句子出现时，句式要富有变化"。她认为在一个段落或一篇短文中，如果都使用同样的句式结构、语法结构或同样的长度，就会显得单调乏味，影响文章的总体效果。她提出交替使用简单句、并列句和复合句，句子开头多样化，使用平行结构等方法可使文章内容生动活泼、节奏错落有致，同时避免语言的呆板生硬。句式多样性可以帮助我们把句子和段落写得层次分明、逻辑严密，增加语言的信息量和思想的深度。

（四）语法准确性

吕吉尔（2014）表示语法既是对语言运用规则的总结，也是学习者正确使用所学语言的准则。对于缺乏语言环境条件的外语学习者而言，学好语法可起到事半功倍的作用，是必须做的功课。人们借助写作的输出技能表达自己的思想和观点，检验和纠正自己的语言错误。英语写作产出中语法准确性是影响其形式质量的重要因素。准确的语法可以使我们获得对于语言系统性的认识，在日常交流中用更加准确的方式表达我们的想法。刘润清（2004）指出，"不懂语法，语言能力无从谈起；学习语法不是为了了解某种理论体系，而是为了正确使用语言。学习语法不是目的，而是为了更有效地使用语言进行交际"。

由于学生写完作文后没有养成检查的习惯，学生写作中语法错误较多成为普遍现象。教师批改作文时需花费大量的时间修改语言错误，导致教师不重视作文的批改。长此以往，学生的语法错误就得不到有效的改进和提高。语法错误的分类及属性仍是一个有争议的领域，在行动研究前，研究者对学生的写作进行前测，通过分析学生写作文本得知学生的语法错误主要集中在名词复数、系动词、时态、数一致性、非谓语动词、残缺句子、拼写和大写八个方面，因此，本研究在读后续写教学模式的行动研究中将从这八个方面的量化来消除学生语法错误，提高学生语法准确性。

三、高中英语开展读后续写的意义

（一）有利于培养学生探索学习能力

学生在完成读后续写任务之前，需要对文章内容进行深入理解，了解故事发展脉络和作者的思想情感。纵观高中英语文章可以发现，每篇文章中的陌生字词较多，需要学生运用现有学习方式探索陌生字词内涵，结合自身知识储备翻译文章内容，这样学生才能有效理解文章内容。教师在高中英语教学中开展读后续写时，可以明确要求续写主题，引导学生按照主题自主钻研文章内容，促使学生在理解文章内容的过程中有序培养探索学习能力。

（二）有利于激发学生创新思维

英语读后续写要求学生在理解原文内容的基础上，按照原文写作逻辑发挥个人想象力，完成故事叙述。相比传统英语写作教学而言，读后续写形式较为灵活，对学生的写作思维限制力度较低，学生可以按照个人创作思路自由设计写作框架和句式结构，使得学生在完成续写内容中有效激发创新思维，加强学生英语核心素养培养。

（三）有利于提升学生语言组织能力

读后续写没有固定的写作模板，需要学生在创作过程中结合文章内容或者题目要求，运用现有知识储备组织写作语言。学生要想增强读后续写质量，就需要在续写中认真分析句式结构是否合理，上下文逻辑是否严密，这样可以促使学生在完成英语读写任务中不断提升语言组织能力。

（四）有利于协助学生巩固所学知识

英语写作是由单词和句式结构组成，学生在写作中运用英语单词或者句式结构之前，需要确保自身对相关单词的内涵和句式结构组织方式具有充分了解，这样才能精准运用相关单词和句式表达个人所思所想。因此，教师在高中英语教学中组织读后续写时可以促使学生在搭建文章写作脉络中，系统回忆以往所学的写作模板，在组织每个语句时按照题目要求回顾相关单词和句式，使得学生在续写文章中加深对相关知识点的印象。

第二节 读后续写的要点

一、准确把握文章主题

为了满足新课改下所提出的要求，教师在教学中还需要引导学生准确把握文章主题，因为新高考英语读后续写所涉及的内容比较多，也是现代学生必须掌握的一门课程。所谓读后续写，我们可以将其理解为将阅读和写作有效融合在一起的过程，而以往由于学生主题把握不到位，致使其写作能力难以提高。所以，新课改背景之下还需要加强对学生的引导，使他们准确把握文章主题，只有准确理解原文，才能够更好地展开读后续写。

比如，在阅读完相关文章时，教师应引导学生紧抓住原文主题展开读后续写，同时通过对文章的标题、背景展开深入研究，进一步准确理解原文，这不仅能够逐步提高其写作能力，也能使他们更好地理解文章作者所要表达的思想情感。除此之外，针对个别学生也要给予适当的鼓励促使他们能够正确理解所提供的材料，通过准确理解原文以及把握主题，能够使读后续写质量得到提高，这对于后续成长和发展来讲有一定促进作用，从而为我国教育事业发展培养出更多优秀技能型人才，且保障学生综合写作能力得到提升。

二、梳理人物事件

除了要准确把握文章主题之外，新高考英语读后续写工作要想有序展开，教师还要引导学生将人物事件梳理清楚，倘若人物事件梳理不清楚，也难以获得令人满意的教学效果。而英语本身也是现代学生需要掌握的一门课程，其中读后续写也是英语学科中的重要内容，它主要是指将阅读和写作紧密联系在一起，而学生要想通过读后续写提高写作能力，必须厘清人物事件以及脉络要点。

例如，开展相关读后续写教学时，学生首先要对文章中的线索进行分析，通过线索进一步厘清人物事件，这样写出来的文章内容具有科学性与合理性。其次，教师也要给予学生正确引导，使他们能够通过阅读文章来厘清人物事件，当然也要注重写作技巧，这样才能够使教育工作质量得到提高，相比传统教学方式方法所获得的效果更加显著。此外，教师也可以引导学生通过阅读文本来发挥想象，从而通过读后续写提高写作技能。

三、明确文章续写方向

以往由于学生续写方向不明确，整个新高考英语读后续写教育工作质量低下，新课改的不断深入对教师提出了新的要求，教学中还需要引导学生根据画线词语确定细节，同时要明确续写方向，这样才能使教育工作质量得到提高。学生也要根据段落开头语来确定续写方向，通过明确续写方向，可以更好地提高写作能力。

例如，在进行相关写作时，学生要确保续写方向与原文内容相匹配，这样可以勾勒出更加丰富的故事细节。本身读后续写就是将阅读和写作有效联系在一起，所以我们更加需要根据段落开头来确定续写方向，保障每一个学生的写作能力得到大幅提高。除此之外，学生在续写过程中也要根据画线关键词进行预测，预测故事的大致走向，随后运用自身所掌握的技巧展开续写，这不仅可以享受读后续写所带来的乐趣，而且使其写作能力得到逐步提高，进而获得令人满意的教学效果，并朝着更好的方向健康成长。

四、语言表达应当精准

读后续写是英语学科的基础内容，也是学生需要学习的一个知识点，因为有助于提高其写作能力。有关数据表明，以往在教学中由于部分学生语言表达不够准确，致使整个教育效率低下，故而为了推动新高考英语读后续写教育工作顺利开展，教师应引导学生在读后续写时保障语言表达的准确性，这样才可以逐步提高其写作能力。

例如，在相关情节构思完成后，学生首先要增强语法结构以及词汇的丰富性，这样可使文章内容的质量得到提升。当然，在续写时也要摘抄一些相关优美句子并投入使用，这可以使整个读后续写文章内容更加通顺，在一定程度上起到画龙点睛的作用。除此之外，在读后续写中，学生也要保持续写内容与原文在语言风格上相一致，这样也关乎其写作能力的高低，需要教育者给予高度重视，进而通过有效的读后续写，使学生写作能力得到有效的提高。最重要的是要根据词汇的不同时态来变换语气强弱，如此可有效保障文章情节的合理性。

第三节　读后续写教学实践

一、创建情境激发续写兴趣

高中英语写作难度较高，尤其学生在续写训练时，容易出现缺乏写作灵感的问题，导致大多数学生参与续写的积极性较低。因此，在核心素养下，教师开展读后续写教学时，应从学生视角出发分析其学习需求，结合学生的兴趣爱好设计教学方式，运用现代化技术还原文章场景，通过创建情境激发续写兴趣，根据文章内容在网络上挑选相关情景视频，借助现代化技术中的视听同步展示功能，为学生展示原文的故事情景，全方位刺激学生感官系统，协助学生充分理解文章内容，降低续写难度，促使学生以良好的心态参与到读后续写中来，提高学生课堂学习质量。

例如，在"Wild life protection"的教学中，教师可以运用网络资源挑选相关视频，视频内容尽量简洁易懂，确保学生在观看视频时能够具体了解文章故事梗概即可。在教师挑选好视频后，可以利用现代化技术播放视频，要求学生在观看中分析这篇文章的故事情节。当视频播放结束时，教师可以让学生运用英语语言阐释视频内容，然后根据学生的讲解情况，分析学生对这篇文章存在哪些理解缺陷，并带领学生深入讲述这篇文章，加深学生对文章内容的认知程度。文章讲解完毕，教师可以为学生开辟部分时间，让学生结合自身对这篇文章的认识进行续写，这样学生可以在续写中系统回忆视频播放情景，明确续写思路，促使学生在完成续写任务中提高自身对这篇文章的理解程度。教师在学生续写结束后，可以将他们续写的文章收集起来，检查学生在续写中存在的问题，立足这节教学任务为学生提供其他续写技巧，告诉学生如何规避续写中的不足，确保学生在听课中能够有序提高写作水平，不断培养学生英语核心素养。

二、借助微课培养自学能力

自学能力是学生必须具备的能力，对学生未来发展具有关键性影响，尤其读后续写既需要学生具备扎实的英语基础，还需要学生具有很好的写作水平，对学生的读写能力要求较高。因此，教师在高中英语中组织读后续写教学时，应根据英语课程的续写要求制定教学方式，借助微课培养自学能力，根据教学任务录制微课视频，要求学生在课前自主学习微课，总结文章写作结构，结合微课讲解的教学知识续写文章，促使学生在完成续写任务中养成独立思考的意识，加强学生核心素养培养。

（一）与信息技术融合的文学阅读的读后续写教学策略

1. 理论依据

"课标2017"明确指出，普通高中英语课程应重视现代信息技术背景下教学模式和学习方式的变革，充分利用信息技术，促进信息技术与课程教学的深度融合。教师可以对信息技术进行筛选，提取与教学主题内容相关的教育资源，恰当地将多媒体、网络视频、教学APP、微课、HiTeach、白板等信息技术融入教学过程中，突破传统教学活动的时空限制局面，提高学生的兴趣、拓宽学生的视野、增加学生的信息量等，丰富英语课堂的教学形式，促进学生的有效学习和英语学科核心素养的形成与发展，提升教育教学效率与质量。

在语言学习中，学习者的理解能力会超出产出能力，这种不平衡产生的拉平效应（即"协同效应"）使较弱的产出能力在与理解能力的协同中不断得到提高。学生的文本理解和语言产出结合得越紧密，协同效应就越强，语言学习效果就越好。因此读后续写是一种提高学生英语学习能力的有效方法。

2.策略分析

信息技术融合下的文学阅读的读后续写教学策略由获取信息、梳理脉络、预测走向、构思框架、合作产出五个环节构成。"获取信息"指学生通过阅读文章，理解并掌握文本大意，文体核心要素。"梳理脉络"指在前一步阅读文章的基础上，借助 plot mountain 梳理整个故事的结构脉络，厘清故事的开端、发展、高潮、结尾，把握人物性格，深入理解文本。"预测走向"指学生在脉络梳理的基础上提炼出主题，通过时间线、空间线、情感线或者情节线的变化，并结合所给段首句预测事故续写的走向，确保续写部分与原文逻辑的连贯性。"构思框架"指重点引导学生分析解读所给的两句段首句，以问题链的形式帮助学生开拓思维。根据关键词和段首句建立情节与内容支架，分析文章的语言特点与技巧，使想象更具有合理性和融洽性。"合作产出"指学生通过小组合作讨论，完成续写任务，教师选取部分作品在白板上展示，学生结合 checklist，进行自评，同伴互评和教师评价，对续写的文章进行修改润色，最终完成续写任务。

教学各环节设计由浅入深，层层递进，从语言输入到语言输出。通过完成学习理解、实践应用、迁移创新融为一体的系列活动，学生的思维品质、英语学习能力和运用能力得到了发展。

（二）信息技术融合下的文学阅读的读后续写教学策略实践

以某校高二校本课程《英语文学阅读》中 Shakespeare 的"The Merchant of Venice"法庭片段的续写教学课为例，阐述与信息技术融合的文学阅读的后续写教学策略的实施过程。

1.教材分析

本课所要续写的文本中，威尼斯商人安东尼奥为了帮助好友巴萨尼奥向鲍西娅求婚，但因全部财产都投在远航货船上，手头缺现钱向犹太人高利贷者夏洛克借 3000 元钱。为乘机报复，夏洛克同意借钱且不收分文利息，但借约规定 3 个月后届期不能还清本金，就从安东尼奥胸部割下一磅肉抵债。3 个月后安东尼奥因船耽误，不能如期还钱，夏洛克提起公诉要安东尼奥履行借约。巴萨尼奥新婚妻子鲍西娅向表兄培拉里奥博士求助，与侍女尼莉莎分别乔装成律师和书记，上庭审理此案救了安东尼奥。夏洛克认可审判结果并表示不舒服，让他回家。文本到此结束，要求学生续写，两个续写段落的段首句：Para 1. Leaving the court hurriedly after the trial, Portia whispered to Nerissa. Para 2. It was getting dark when Shylock arrived home alone. 所给的 10 个划线词为 Portia, Shylock, wife, sad, later, home, promised, offered, heart, happy, 选 5 个以上进行续写。

从文体而言，本文属于戏剧，具有记叙文的要素，故事情节跌宕起伏可读性强，阅读难度适中，有助于激发学生的想象力，适合学生续写。

2. 教学目标

学生通过阅读，能理解并掌握文本大意和文体核心要素，梳理故事脉络，把握人物性格特点，有效利用段首句、关键词等伏笔信息，模仿原文语言风格，合理推测情节发展，完成内容、逻辑和文风贴近原文的续写。

3. 教学过程

（1）多维度阅读，获取信息

原尻淳一在《高效能阅读》中认为，读书之前，非常有必要从书本之外去了解更多相关信息，这样不仅可以提升我们对书本的兴趣，更能帮助我们深入地理解作者的思想。因此，课前，教师将编订好的学案发给学生预习使用，且在班级群中推送该文本高潮环节的视频片段，让学生阅读后自由组合进行角色配音，再将配音作品私发给教师，让学生在配音过程中进行情感体验。

Step 1：Lead in（a guessing game）.

He is a great playwright who was born in England. One of his drama is related to the city of water，Venice. Who is he? What's the name of the drama?

Shakespeare，the Merchant of Venice.

Ask to make a brief introduction of the reading material the Merchant of Venice.

Review the steps to continue a story.

【设计意图】在本环节，教师设计了猜谜抢答游戏，引用竞争机制激活学生已有认知，启发学生思考：playwright、drama、the city of water、Venice 之间的联系，引出本文作者与课题。随后让学生简要介绍该文本内容，以了解学生使用学案对文本进行预习的效果，将学生的无声思维变成有声思维表达，为随后的阅读作铺垫。

Step 2：Read for the basic information.

Who appeared in the play?

When did the play happen?

Where did the play happen?

Why did they appear in the court?

What's the focus in the court?

【设计意图】在本环节中，教师引导学生通过略读获取本章节戏剧的核心要素（"5W"）：人物、时间、地点、事件、原因。尤其厘清人物关系是较好把握人物性格特点的前提。

（2）巧设冲突，梳理脉络

Step 3：Read for the plot.

Find Shylocks reactions to Portias performances with a plot mountain.

Display the video of the climax and ask one group to dub it.

Analyze the main characters characteristics.

【设计意图】故事的情节和矛盾冲突是故事的高潮，多媒体教学重点和结局的突破点，能凸显故事的主题。因此，在这个环节中教师巧设戏剧冲突，以鲍西娅欲擒故纵的"三退三进"，夏洛克步步得势的"三进"突转到节节败退的"三退"。该剧善于在矛盾冲突中展开情节，刻画个性鲜明的人物形象，教师以问题回顾情节，厘清文本脉络，引导学生把握人物的性格特点并填入表6-1。情节发展至高潮环节选一个小组根据视频现场配音，创设情境让学生在体验中共情理解，促进学生对文本以及人物特点的深度理解，为进一步探究主题，预测情节走向做足准备。

表6-1　人物性格分析

Main characters	Behavior	Characteristics
Portia		
Shylock		
Antonio		
Bassanio		

（3）寻伏笔信息，预测走向

主题是文本的核心议题，是续写的重要依据，决定续写的方向。把握作者的写作意图是续写的逻辑起点。通常情况下，读后续写的语篇主题都体现出正面的文化价值取向。因此，教师可以创设问题，引导学生挖掘文本深层信息，思考文章主题，抓住文本续写的价值取向主线。

Step 4：Predict the development.

What's the theme and the conflict of the play?

What would happen after the trial?

【设计意图】利用 plotmountain 对文本情节进行分析，学生能快速提炼出文章主题和写作意图。例如，学生阅读了威尼斯法庭审理夏洛克诉讼的场面后，提炼出戏剧的主题：谴责夏洛克的残忍，赞美鲍西娅等人的仁爱。此外，从文本的字里行间找到其他伏笔信息：时间、空间、情感等变化的线索。例如，教师引导学生理解 as the Duke is wondering，then the letter is read out for all，after the letter has been read out to the court，Portia，enters the room and takes her seat as judge，greetings! Please be seated，leaving the court hurriedly after the trial. 根据时间推移主人公所处空间的变化，尝试预测情节发展的走向和结局。

（4）启发思维，构思框架

Step 5：Study the requirements for writing and think for writing.

Classify the ten underlined words into five groups：who，when，where，what，how.

Analyze the first sentences given in the two following paragraphs.

Predict more details by raising questions such as："What did Portia whisper to Nerrisa? Who heard their whisper? How did Bassanio and Antonio express their thanks? What happened to Shylock in the end? What's about the life of Portia，Bassanio and Antonio?"

【设计意图】教师引导学生分类关键词、分析段首句，以问题链启发思维去确定内容范围，预测符合故事逻辑的结局。场景和人物关系的交叉也是推动故事情节发生的把手。教师引导学生以问题链的方式思考预设两段的场景及每段场景中的人与事、所言、所思、所感等，为读后续写搭好内容和语言支架。

（5）小组探讨，合作产出

Step 6：Discuss with group members and finish the writing.

Step 7：Present some group works on the screen and evaluate them according to the check list.

【设计意图】在本环节，小组合作探究激发学生根据段首句展开丰富、合理的想象，创造性地构思情节内容，再模仿原文的语言风格完成续写。续写完毕，教师选取两到三份小组成果拍照上传到希沃白板上展示，要求学生从故事情节的连贯性，语言及文体的协同性，内容的合理性与创造性方面对展出的续写进行评价。最后要求学生依据同学评价和教师点评进行修改润色。这是续写教学的课堂生成环节，能有效提升学生的读后续写能力。

与信息技术融合的文学阅读的读后续写教学策略由获取信息、梳理脉络、预测走向、构思框架、合作产出五个环节建构而成，能有效帮助学生深度理解文本获取信息，激发学生积极思考，巧妙地模仿原文语言风格，进行创造性的表达。在教学实践中，笔者不断反思优化这一教学策略，在读后续写教学中提升了学生的综合语言运用能力，培养了学生的学科核心素养。

三、通过故事分享比赛增强语言组织实力

语言组织能力是英语核心素养中的重要内容，当教师开展读后续写教学时，首先应协助学生培养语言组织能力，这样学生才能精准运用英语语言表达续写的故事内容。但是学生的语言组织能力培养与知识点识记不同，需要学生经过长时间的反复训练，才能逐渐掌握英语语言组织技巧。因此，在核心素养下，当教师在高中英语进行读后续写教学时，可以根据英语课程的教学特点设计教学模式，通过故事分享比赛增强语言组织实力，要求学生运用英语语言讲解近段时间所读文章的名称、故事内容和个人感想，促使学生在参与故事分享比赛中探索英语语言组织技巧，为提高学生续写实力奠定基础。

（一）读后续写考察的主要技能

读后续写要求学生应具备的读写能力有：

主旨主题方面，准确研判并确定语篇的主题，根据主题意义预测后续的信息。

内容结构方面，清晰梳理语篇结构或脉络，根据行文线索确定后续内容要点信息及其次序关系等逻辑语义关系；抓住语篇中的关键细节或概念，判断后续信息的合理性。

语意连贯方面，研判语篇中显性或隐性的逻辑关系，根据段首句、段尾句等安排并调整新旧信息的布局与承接关系。

语言表达方面，发现并借鉴语篇中既有的语言表达方式，灵活准确地选用符合一定语言风格的词汇、句式，关注语言使用的准确性、得体性、丰富性。

（二）教学过程

1. 小情境写作

小情境写作教学策略立足于原文或交叉文本中的目标语言，基于原文本、遵循故事发展轨迹进行创新写作，是一种以应用表达为主展开的续写，旨在帮助学生内化语言、提高学生的语言运用能力。教师根据教学重点，首先选择一个语言主题，如动作、情感、环境、人物描写等，然后学习、操练、拓展、欣赏目标语；结合文本创造的语境，进行模仿和内化。借用读后续写创设的新情境带动语言模仿，深化语言学习，获得更多运用目标语言表达思想的机会，提高学生的语言运用能力。

哈罗德·帕尔默（1921）指出，语言的内化是指学习者在记住了一定的词汇和短语之后，还要经过进一步训练，才能熟练地使用所学会的知识的过程。在实际的语言使用过程中，在没有外界的刺激下，学习者往往不会主动意识到自己记忆过的那些词汇可以在某一特定语境下使用。语言习得需要建立起一种新的神经反射。其中最关键的步骤是要把目标语言即英语和学习者的母语即汉语分隔开，把英语和具体的事物、感觉、想法以及语境联系起来。但是我们面前有两个难题，其一是语言环境的缺失，其二是学习者主观能动性不足。

在小情境写作中，教师根据学生实际水平和教学目标，按部就班制定语言习得方案，分门别类按照主题创造教学语境，模仿语言，在自然的目标语言环境中学会正确使用。评价标准是其连贯性和语言使用量。学生基于原文本，沿着故事发展尽可能多地使用目标语，然后分析、拓展和总结。

在小情境写作策略下，教师起主导作用，根据教学侧重点选定交叉文本。师生首先把握文本主题，选定目标语言，赏析目标语言的优美性或体现什么思想、表达什么情绪，并加以拓展，设计小情境操练词句。再以续写创设新情境供学生模仿语言，评估与主题的相关度。课堂采用问题引导、翻译法、词句模仿、主题归纳和延伸等方法，养成学生读后续写语言内化思维模式。读后续写的"促学"作用源于提供了新的语言迁移切入点，特别是创设了新情境供学生模仿语言，精准表达，形成语言理解和产出的互动。小情境写作策略重点淬炼遣词造句能力和模仿应用能力。就这方面而言，读后续写中的小情境写作更专注语言积累，适合读后续写的初级阶段。

2. 文体互动

文体互动策略是指教师引导学生不断与文本和体裁互动，使生成与文本协同度高的续写。Kay 和 Dudley-Evans（1998）认为，注重体裁有三个目的：第一，让学生了解不同体裁有不同的结构和写作目的；第二，让学生掌握必要的策略在生成中复制文本特点；第三，让学生理解文本不仅仅是语言，也具有社会性，它的建构是有意义的，要在文本形式和理解过程中找到平衡点。在文体互动的各个阶段，设计不同的教学活动促进语言、思维和整体把握能力，提高学生的思维能力和学习能力。文体互动教学策略设计模式如图 6-1 所示。

整体把握 → 思维训练 → 风格模仿 → 协同评估

把握文本主题、选定关键词

厘清脉络归纳写作方法

细节解读推理情节

同伴讨论搭设框架

聚焦文本典型特征风格

模仿习得用语句式

评改结合吃透协同原则

赏析作家原文结尾再内化

习作和原文本互动

习作和原体裁互动

习作自身的文本和体裁互动

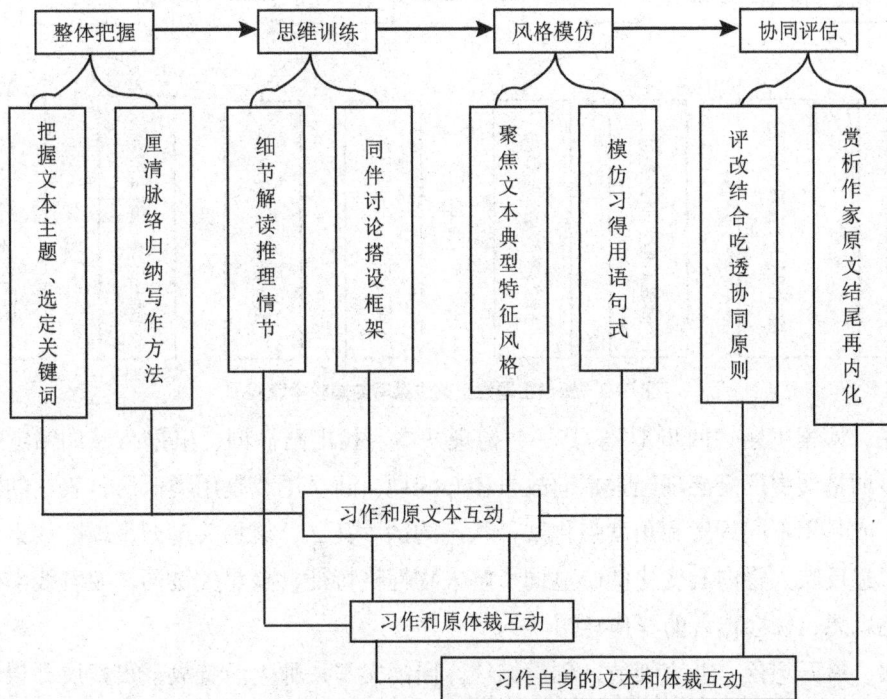

图 6-1 文体互动教学过程

在文体互动策略下，师生首先把握文本主题，厘清文本脉络，选定关键词和归纳写作方法。通过思维训练，推动创作故事的细节和高潮并通过同伴讨论使思维更加成熟化、逻辑化。通过风格模仿，以"结构启动"法教授写作微技巧——写长句子，使描写生动化、具体化。最后，按照续写评估原则和原文进行协同评估，赏析作家原文结尾加以内化。课堂采用问题引导、思辨训练、同伴合作、词句模仿、原文的写作方法归纳和延伸等方法，培养学生读后续写"文体互动"思维模式。

文体互动策略重点打造学生以"协同"为目的的逻辑思维能力和语言组织能力。在协同的框架下搭设写作脚手架，创作故事结尾。读后续写中"续"的能力就是读后续写的"促写"功能的体现。

3.探索主题意义改进续写结尾

探索主题意义改进续写结尾是针对学生习作中偏离文本主题、立意不高提出的改进策略，这种现象在续写的结尾尤其多见。

改进续写结尾的有效途径是探索主题、表述主题，使文本、主题和结尾交互印证，结尾语言风格与文本一致，内容协同，主题升华。教学过程围绕探索主题、创设结尾、验证结尾和美化结尾四个环节展开。探索主题意义改进续写结尾策略遵循人物性格发展的轨迹，联系学生的生活体验，展开想象推断情节，用契合文本风格的语言在篇末点题（表述主题），训练学生探索主题、思辨主题、表述主题的能力。探索主题意义改进续写结尾策略教学流程如图 6-2 所示。

```
探索主题  →  创设结尾  →  验证结尾  →  美化结尾
```

| 梳理文本，找出凸显词 | 聚焦关键词，提炼主题 | 回读文本，创设情节 | 讨论细节，生成结尾 | 跟读文本，验证内容 | 结合体验，升华主题 | 界定风格，表达主题 | 篇末点题，融入结尾 |

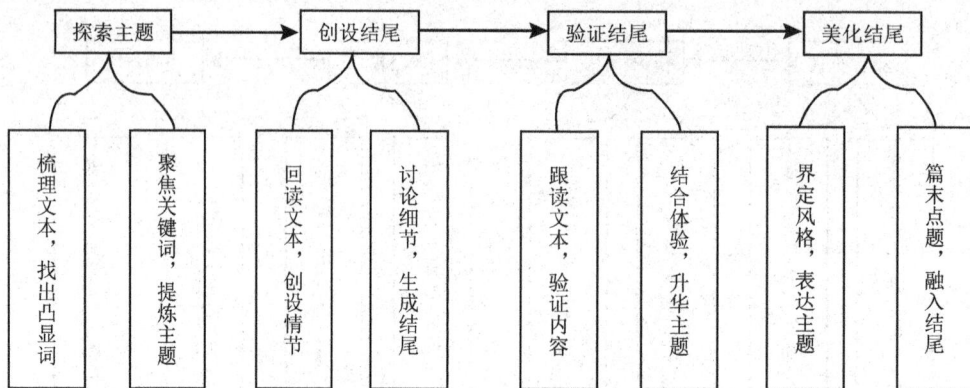

图 6-2 探索主题意义改进续写结尾教学流程

首先，探索主题"两步走"。其一，梳理文本，找出凸显词，根据凸显词锁定故事冲突。凸显词是文中反复出现经常指向故事核心的词，凸显词或是用类似语言表达的同一意思的词，或是用不同程度和角度强化某种状态的词。其二，聚焦关键词，理顺线索，提炼主题。通过反映人物内心变化的凸显词了解人物性格特征，聚焦关键词，顺着线索提炼文本的主题思想，领会作者的写作意图。

其次，展开想象，补充细节，创设结尾。回读文本，师生沿着故事线索展开想象，讨论情节发展的趋势，再根据主题补充细节，生成三个预设结尾。接着，验证内容，思辨逻辑，升华主题。跳读文本，分别用已知信息、学生的生活体验推敲预设结尾逻辑是否合理，思辨续写内容能否体现主题、升华主题。

最后，美化语言改进表述，融入结尾。界定文本的语言风格，在篇末适当位置用契合故事风格、简明得体的语言表述主题，把作者的写作意图在结尾凝练地表述出来，融入结尾。改进续写结尾后，文本、主题和结尾互为因果，高度统一。

探索主题意义改进结尾策略教学严谨，重在思维，兼顾语言，学生通过掌握这种修改续写结尾的策略，使得故事更加有哲理性和教育性，使续写迈上更高层次。

（三）小情景写作的经典教案

在读后续写的初级阶段，常常强调从某个角度使用语言，尤其是描写性语言，通过模仿、操练提高语言的丰富性和正确性。描写性语言主要包括情感、场景、动作等描写。实描写情感具体有喜怒哀乐、兴奋、失望等，描写场景可以是春夏秋冬、日出日落、白天黑夜等，描写动作可以是走路、疲劳、轻快等。以 2016 年浙江高考英语 10 月卷读后续写为文本示范小语境写作。

1. 小情境写作中的动作描写

仿写续写第一段中的动作描写是为了表现 Jane 在森林中走路困难。课前，教师找到 Jack London 写的《热爱生命》做交叉材料，师生提炼主题是：Life is beautiful and its worth living no matter what difficulty he should meet.

Step 1: Introduction.

交叉材料中要学习的部分动作描写目标词句如下：Two men walked slowly, one after

the other, through the shallow water of a stream.

　　Suddenly the man who followed fell over a stone. He hurt his foot badly and...

　　He struggled to his feet and limped on.

　　He put it back into his pack, rose to his feet and staggered on.

　　As he dragged himself along, the sack became heavier and heavier.

　　教师启发学生：这些描写说明了什么问题？

　　学生答：说明两人精疲力竭，走路困难，仍不放弃。

　　教师深入问学生：作者为什么不写 Two men were running out of their energy, and they had difficulty walking through the shallow water of a stream. They kept walking. 这样描写有什么好处？

　　学生答：强调动作，生动简洁具体，短句有节奏感。

　　教师引导学生：森林中的妻子 Jane 在一夜未睡的情况下，会怎样步履艰难？

　　教师拓展艰难地走，还可以用 walk cautiously、wander aimlessly along、limp toward、drag one's heavy feet to、stumble into 等。教师拓展走，还可以用 walk right up to、creep in/ out of、pace back and forth、keep pace with、follow sb. closely to、dash into、storm into、rush into、disappear into 等。

　　Step 2：Drill.

　　他拖着脚，走得又慢又痛苦。

　　他没有注意到路上有石头，摔了。

　　脚踝受伤。

　　她挣扎着站起来，步履蹒跚地继续向前。

　　Step 3：Presentation.

　　校对后，师生结合新情境，经模仿整合，段一可以这样呈现：

　　But no more helicopter came and it was getting dark again. Depressed and hopeless, she wandered along the stream. If only I hadn't quarreled with Tom. At the thought of her impulsiveness, Jane fell into deep regret. She dragged herself along（拖脚）, more slowly and painfully. There was a big stone in the way but she didn't notice it and tripped over/ fell over（摔跤）. Her ankle was badly hurt/sprained（受伤）. When Jane bent down to rub her aching ankle. A gust of wind came, blowing away her yellow blouse. Now the only hope was lost. She broke down and wept uncontrollably. Apart from her cry, the forest was silent. No helicopter, no Tom... "Weeping makes no difference." She thought, wiping her tears away. Then she struggled /rose to her feet（挣扎着站起来）and limped to his feet and staggered on（步履蹒跚）toward a big tree. Too tired, she leaned against the tree and fell asleep soon.

　　【设计意图】模仿后动作连贯，能生动地表现妻子 Jane 在森林里的艰辛。下划线部分与交叉材料中目标词句一致。学生能在英语环境中精确表达，经历读—理解—译—写等活动，语言得到内化。

2. 小情境写作中的环境描写

仿写好的环境描写能渲染故事气氛，暗示情节的发展。课前，教师找到相关文本做交叉材料，师生拟体现的内容是：妻子 Jane 在森林的第二夜会更加艰难，森林危机四伏。第三天，妻子 Jane 获救，劫后余生。用环境描写渲染故事气氛，推动故事情节的发展。

Step 1: Introduction.

交叉材料中要学习的部分动作描写目标词句是：日出前海滩的空旷冷清和日出后的大海的生机勃勃。

...but there was no one, just dry sand dancing in the early wind and seabirds marching up and down watching the wave.

The light changed suddenly. The first rays of sunlight stretched across the sea. The sun was pushing its way over the edge of the world.

教师启发学生：日出前后景物描写在文中起什么作用？

学生答：渲染故事气氛，说明主人公的情绪波动很大，完全被大自然控制。

教师深入问学生：作者为什么用长句，不像前文用短句，这样写作有什么好处？

学生答：前者强调情绪的紧张，令人窒息。后者强调情绪的放松，充满期盼。长句读起来虽然舒缓，但是绵长，让人感到时间的长度。

Step 2: Drill.

教师引导学生：妻子 Jane 在森林的夜里，会听到什么和看到什么？

一个人都没有，只有树叶在寒风中飒飒响，狼在远处嚎叫宣示它们的主权（sovereignty）。

There was no one, just leaves rustling in the cold wind and wolves howling in the distance claiming the sovereignty.

第一缕阳光穿过森林，阳光似乎一路披荆斩棘（push it's way）到达世界的边陲。

The first rays of sunlight stretched across the forest. The sun was pushing its way over the edge of the world.

Step 3: Presentation.

经模仿整合，两段可以这样呈现。

But no more helicopter came and it was getting dark again. Exhausted and feeling terrified, Jane dragged herself along to the stream. "If only I hadn't quarreled with Tom." At the thought of her impulsiveness, Jane fell into deep regret. In the heart of the forest, there was no one, just leaves rustling in the cold wind and wolves howling in the distance claiming the sovereignty. Eventually, she leaned against the tree and fell asleep soon.

It was daybreak when Jane woke up. The first rays of sunlight stretched across the forest. The sun was pushing its way over the edge of the world. Some vague "Jane, Jane" were sent by the breeze. Jane jumped and ran towards the voice responding "I'm here." . Fifty metres away, by a helicopter, Tom stood stiffly. Three days and two nights, he came to pick her up. Tom hugged Jane tightly saying "I'm so sorry！" With tears welling up, Jane smiled.

【设计意图】模仿后人物和环境描写相映成趣，能较好地提炼主题。森林之晚危机重重，令人毛骨悚然，跃然纸上。侧面表现出妻子 Jane 的后悔、狼狈。日出景物描写暗示营救的来临，推动故事的发展。下划线部分与交叉材料中目标词句一致。学生能在英语环境中学会以景抒情，咀嚼语言，品味优美，语言能力得到升华。

3. 小情境写作中的文本特征性句型仿写

小情境写作中的目标语言既可以来自题材和体裁相近的交叉材料，当然也可以读后续写原文。

Step 1：Introduction.

纵观文本，师生不难发现，短短 330 字文本，竟然用了 4 个分词短语。

She turned around, hoping to see the lake.

Lying awake in the dark, Jane wanted very much to be with Tom and her family.

Feeling stronger now, Jane began to walk along the stream and hope.

Jane took off her yellow blouse thinking that she should.

Step 2：Drill.

这 4 个句子足够成为结构启动的样句，不妨使用分词短语写出下列句子：

又累又冷，琼走向小溪边。

Exhausted and feeling cold, Jane walked to the stream .

看到周围的树枝，她突然想到一个拼出 SOS 的办法。

Seeing the branches around her, suddenly she thought of a way to spell out SOS.

她把树枝深深地扎进地里，形成一个巨大的 SOS。

She stuck branches deep in the ground forming a huge SOS.

她跑向声音传来的方向，同时应着，"我在这儿"。

Jane ran towards the voice responding "I'm here." .

紧紧地拥抱 Jane，说 "对不起"。

Tom hugged Jane tightly saying " I'm so sorry！" .

Step 3：Presentation.

编织成段落，第一段可以这样：

But no more helicopter came and it was getting dark again. Exhausted and feeling cold, Jane walked to the stream . She was sure the rescue was on the way, but how could the helicopter find her in the thick forest. Seeing the branches around her, suddenly she thought of a way to spell out SOS. Quickly she gathered a lot of branches in an open area（承接上排）and stuck them deep in the ground forming a huge SOS. Now people could make it out from the air. Next she climbed onto a big tree, and to her great joy, it was safe for her to tie some stems on her body and got some sleep safely. She wasn't scared any more, and in her sleep, some hoarse howls could be heard at a distance.

第二段可以这样：

It was daybreak when Jane woke up. The sunshine was beaming on her, birds chirping in the trees. Some vague "Jane, Jane" were sent by the breeze. Jane jumped from the tree andran towards the voice responding "I'm here.". Fifty metres away, by a helicopter, Tom stood stiffly. Three days and two nights, he eventually came to pick her up. Tom hugged Jane tightly saying "I'm so sorry!" With the help of satellite finding the SOS, the rescue team came without delay and Jane was saved.

【设计意图】对分词短语模仿后的句子，一方面成为写作亮点，另一方面也使续写保持原文本的特征，产生原文本和续写浑然一体的效果。

总之，小情境写作都经历归纳交叉文本主题→赏析拓展目标语言→模仿目标→语言评估语言相关度四个阶段。为了直观，研究把第一步归纳主题挪到前面，简化成 Introduction → Drill → Presentation。

第七章　高中英语说明文写作模式实践

第一节　说明文写作的定义

一、说明文的概念及特点

在日常生活中，说明文与人的关系十分密切，你经常要向人们介绍事物或者某种道理。所以，说明并不是神秘的事情，在日常生活中人人都会。对于写说明文来说，其题材领域十分宽广，大到宇宙，小到一根铅笔都可以说明，都能写成说明文。比如，做饭、做菜、穿衣睡觉、治病防病、吃饭喝水，这些日常行为都可以写成说明文。再如，春夏秋冬、风雨雷电、水、空气这些自然现象也可以写成说明文；钢笔、课桌、书籍、本子这些学习用品还可写说明文；城市、村庄、学校等地点场所也可以写成说明文。与此同时，怎样写作文、怎样听课、怎样考虑这些做事情的道理也可以写成说明文，称为事理说明文。

说明文是以说明为主要表达方式来解说事物、阐明事理，从而给人传授知识的一种体裁。说明文具有一定的知识性，这种知识，或者来自相关科学研究资料，或是亲身实践、调查、考察的结果，都具有严格的科学性。

根据说明对象的不同，说明文可分为事物说明文和事理说明文两类。

为了把事物特征说清楚，或把事理阐述明白，说明文必须有其相适应的说明方法。常见的说明方法有举例法、分类法、列数据、作比较、下定义和类比法等。为了使文章条理清晰、逻辑严谨，说明文也遵循一定的说明顺序。常见的说明顺序包括时间顺序、空间顺序和逻辑顺序。说明文的语言讲求准确性与科学性。在准确的前提下，说明文的语言有的以平实见长，有的则以生动活泼见长。

英语说明文篇章一般都有段落主题句，常位于句首，表达支配全段的主导思想。全篇各段的主题句是从各个不同的角度来说明文章的主题，因此组织每个段落的主题句，大概能推出文章的主旨大意。

二、说明文的分类及语篇特点

（一）说明文的分类

依据说明对象与说明目的的不同，说明文可分为事物说明文和事理说明文两大类。根据说明语言的不同特色，表达方式的使用情况的不同，说明文可分为平实的说明文和生动的说明文两种。在日常生活中，说明文越来越显示出它的重要作用和实用价值。现实生活充分表明，说明文不是一种无足轻重的文章形式，而是运用范围极为广泛的常用文体，它与人们的生产、工作和生活相当密切，而且由于社会生活的需要，说明文写作正在大量涌现，并更多地融入我们的生活。

1. 实用性说明文

所谓实用性说明文，主要是对事物的各种设计、产品说明书、生产工艺、操作流程、景物、广告、列车或飞机的时刻表、产品介绍、宣传海报、校园活动安排、假日活动安排、图书目录等的介绍。因为是对客观事物的说明，要客观表述、实事求是，避免任何主观色彩。就结构而言，常采用三段论：第一段写出文章所要阐述、介绍的主要内容；第二部分是文章的核心，对要说明的问题进行集中介绍；第三段是结尾，对文章进行归纳总结。就语言特点而言，多用直陈手法，不必铺张描绘，多用一般现在时态。

2. 事理性说明文

事理性说明文又可以称为阐释性说明文，它着重于对客观事物的介绍或解释，如什么叫激光，怎样使用计算机，大熊猫的生活习性等。时态上一般也用现在时态，写法上要借用一些想象、猜测之类的词语，例如 I think, I suppose 等。也就是说，要注意客观性、准确性和层次性。

3. 描绘性说明文

描绘性说明文是以文学的手段对人或事物进行细节典型的刻画描写。这类文章往往要将说明与叙述相结合。大体来说，描绘性说明文主要包括四种描写对象：地点（places）、事物（objects），人物（persons），动作（movement or action）。描绘性说明文在写法上要实例典型，突出细节，语言生动。

（二）高中英语说明文语篇特点

英语阅读理解涉及的文章体裁与形式多样，如论述类、说明类、广告信息类及文学类，不同类型的说明文有不同的语篇结构，自然也需要采用不同的语篇分析方法来阅读。说明文近年来在高考英语试卷中经常出现，但学生得分率偏低，笔者对高中英语说明文语篇特点的分析如下。

1. 结构特点

说明文是对事物或事理进行客观说明的一种文体，以说明为主要表达方式。高中英语教材中的说明文较多，从说明文的结构特点出发，说明文的结构鲜明，以总—分为主，并通过递进的方式按照顺序对内容进行具体说明。英语说明文语言简洁、明了，很少表达作者的情感，而是以客观阐述为主。学生对说明文进行分析和解构，更容易了解事物的本质属性。

2. 题材特点

说明文由于呈现方式特别，题材相对固定。通过对近年来高中英语教材中的说明文进行统计，说明文的题材包括：各学科前沿问题、高科技领域的重大成果、人们关心的社会问题、人文经典。这几类内容成为说明文的主要题材。说明文本身是其后阅读题设置的依据，命题者通常会围绕说明文的题材由浅入深地设置题目，这也是笔者选择以说明文为语篇分析案例的主要原因之一。

3. 语义语言特点

在高考英语考点中，阅读理解是难点。它主要考查学生的语篇分析能力，强调通过对语篇的解构与分析，获得正确答案。就说明文的语义语言而言，学生认为其理解难度大。这具体表现为词汇用法灵活，同一词汇的不同词性用法会交替出现，且未列入教学大纲的专业词汇较多，这部分词汇的占比通常为 4%～5%，语义理解出现问题会导致语篇分析效果大打折扣。

第二节　说明文写作的要点

当代社会是一个与人沟通的法治社会，无论什么事情，都需要双方的相互沟通来解决。这就要求人们有过硬的口语表达能力。如果表达出来的意思不能让对方理解，既会影响与他人的感情基础，同时也影响今后双方的合作。高中生对于口语能力的表达，呈现在纸张之上，就是一篇作文，所以锻炼学生的口语表达能力，便是培养学生的写作能力，相反，锻炼学生写作能力的同时也锻炼了学生的概括能力和口语表达能力。而高中阶段的说明文，便很好地解决了这一系列的相关问题。

一、说明文培养学生的逻辑思维能力

社会的发展，不再是单方面注重人们的工作能力，有时候相互之间的沟通能力也是促进工作快速完成的重要项目。在与人交往过程当中，需要先说什么、后说什么，什么该说、什么不该说，这都需要我们在说话之前就形成一个相关的逻辑。高中生无论是作文的写作还是对其他科目的学习，都需要一个清晰的思路和逻辑，将我们需要的一步一步地呈现在纸张上，让人们看到后便会明白，当时你的逻辑脉络，了解你当时的所思所想。比如，在学习说明文的写作过程当中，说明文就解决了相关的问题。

首先，教师教导学生学习有关说明文的概念以及定义，并向学生传授说明文的三要素：内容的严密性、说明的生动性、语言的准确性。

其次，找相关的一到两篇说明文题材的文章在课堂上进行阅读与赏析，让学生总结出说明文的写作技巧，以及在说明文写作过程当中应用到了哪些相关的写作手法。

再次，让学生以小组讨论的方式，简单地口述描绘出自己熟悉的事物，如外观形状、特点、原作状况、功能作用，像出谜语一样让其他成员进行简单的猜想，一方面可以锻炼学生的口语表达能力，另一方面可以提升学生的写作兴趣。

最后，让学生将自己所描绘的事物，运用相关的修辞手法在纸张上进行描述和写作，教师可以通过学生的写作，发现学生在写作方面的逻辑能力是否需要纠正，并通过说明文的写作，培养学生在描述事物、与人对话过程当中的语言逻辑组织能力。

二、说明文培养学生发现生活的能力

人们的创作源泉源于生活，源于发生在身边的小事。有时候，对于一件事情的发生我们一笑而过，而有心人就会发现其中的奥秘。牛顿被一个掉落的苹果击中，发现了万有引力。霍金对于天空的无限想象，创作出了《空间简史》，这些都是发生在我们身边的一些小事，别人因为善于发现而做出了一番事业。高中生处在人生关键阶段，对于事物的发现和对于事物的想象都具有最强的优势，在教学过程中，如何培养学生的发现能力，是教师应该教导给学生的。而说明文便可解决这一难题，既锻炼了学生的写作能力，也培养了学生的发现能力。比如，在学习关于说明文的写作过程当中。

首先，教师通过对几篇典型的说明文进行讲解和分析，使学生了解说明文的作用。并告知学生相关的细节问题。

其次，让学生描述日常生活中常见的事物，并在课堂上进行分享，将其外观形状、工作性质、工作特点用简单的语言叙述出来，然后老师和学生对其叙述进行点评以及相关的补充和说明，让学生对遗漏的细节进行填补，课下进行仔细观摩。

再次，让学生将其口述的事物，在纸张上以文字的形式进行描述。其中，运用到比喻、拟人、夸张等修辞手法，使其语言更加生动和形象。

最后，教师对学生的写作进行点评，并指出其中不足的地方。这样既锻炼了学生的口语表达能力、文字叙述能力，同时也培养出学生对日常生活的发现能力。

三、说明文有利于学生养成注重细节的良好习惯

成功源于对细节的关注，千里之堤，毁于蚁穴，这表明细节的重要性。现代社会，人们越来越注重细节，囫囵吞枣的考察方式已经被淘汰。企业取胜的关键在于，每一个项目的每一个细节都要考虑在内。所以，教师只有使学生养成注重细节的良好习惯才能在社会脱颖而出。高中生正处在良好习惯培养的关键时期，如何培养学生注重细节的良好习惯是教师应该时刻提醒学生的。而高中写作课程关于说明文的写作便很好地解决了这一问题。

比如，在说明文写作与学习过程中，首先，教师应该教给学生关于说明文写作的技巧和相关定义以及学生容易忽视的细节问题。其次，让学生在小组内进行简单事物的口述和描述，将其形状、作用进行分型，小组内成员进行相关的补充和说明。再次，写作过程中，尽量写作日常生活当中常见的和常用的事物，写作完成在分享过程当中，教师和学生一起进行补充和说明，使其描写的事物更加完善，从另一方面也让学生注意到平时忽视的细节，课下去仔细地发现和研究。最后，将写作带入日常生活中，促进学生对于日常生活的发现，并进行相关的叙述。提升学生写作能力和对细节问题注重的能力，从而培养学生

注重细节的良好习惯。说明文不仅在课堂锻炼学生的写作能力，培养学生的逻辑思维能力，同时还培养学生的日常发现能力和注重细节的良好习惯。

第三节 说明文写作常用技巧

一、抓住事物特征

任何事物都有自身的特征，这是区别于其他事物的标志。写说明文时只有抓住事物的特征，才能把被说明事物准确清晰地介绍给读者，让人们对事物有确切的了解。抓住事物的特征进行写作，也就是抓住了说明的中心。基于主题意义探究的课堂教学就是指教师围绕某一特定的主题语境，设计与学生生活密切相关的学习活动，鼓励学生在解决问题的过程中运用语言和文化知识、语言技能和学习策略，形成对语篇的深入理解，提升思维品质，并形成正确的人生观、价值观和世界观。在"课标2017"中，主题语境分为人与自我、人与社会、人与自然三大类，它们分别有9项、16项和7项子主题。

这种教学的理念最早是由教育学专家提出的一种教学改革思路，其源头可以追溯至20世纪50年代美国兴起的主题课程教学模式。该教学模式的核心理念是：在建构主义学习理论和多元智能理论的指导下，通过跨学科领域的主题探究与活动来发挥学生的主体建构性和主观能动性，从而实现促进学生全面发展的目标。

（一）基于主题意义探究的课堂教学的重要性

语言学习离不开语篇，而语篇是有主题的。根据"课标2017"，主题语境不仅规约着语言知识和文化知识的学习范围，还为语言学习提供意义语境，并有机渗透情感、态度和价值观。在以主题意义为引领的课堂上，学生通过一系列与主题意义有关的活动，在解决问题的过程中学习和运用语言、培养能力、提升思维，从而树立正确的世界观、人生观和价值观，实现知行合一。

（二）教学设计案例

本节课使用的教学材料中的基础语篇为译林版《牛津高中英语》模块一第三单元Project。这是一篇关于如何保持健康的说明文，主题语境是人与自我视角下的生活与学习中的健康的生活方式、积极生活态度。鉴于该语篇结构清晰、内容简单，笔者围绕主题语境选择了2019年《学英语》报环球阅读高一第4期第二版的一篇文章"Avoid these harmful foods to keep healthy"。另外，新课标中提到的六要素之一的语言技能相较于旧课标多了一个"看"，在这里，"看"通常指利用多模态语篇中的图形、表格、动画、符号以及视频等理解意义的技能，因此，围绕主题语境选择了一段讨论锻炼如何有助于学习的视频材料。

以某校高三一班的学生为本教案的教学对象。综合几次大型考试成绩来看，他们处于年级中游，个体班内成绩差距较大。从平时的课堂状态来看，他们思维比较活跃，上课比较积极。整体的教学设计如下所述：

首先，是教学目标。本节课的目标重点关注思维品质和语言能力两个方面，在此基础上细分成四个小目标。第一，让学生了解保持健康的方法，形成健康生活的意识；第二，让学生了解锻炼与学习的关系，提升加强锻炼的意识；第三，让学生学会分析文章结构并绘制树状图；第四，让学生讨论提高睡眠质量的方法，帮助他们获得好睡眠。

其次，本节课的教学重难点是通过不同的教学形式让学生了解健康生活的正确方式。

最后，进入教学过程的介绍。在导入部分，老师用1~2分钟回忆本单元reading部分最后讨论的话题：如何保持苗条的身材？不能吃减肥药，要健康饮食和定期锻炼。使用本单元reading部分的内容作为导入主要是基于主题语境的考虑，reading部分主要讨论looking good，而project部分主要讨论feeling good，它们都是健康生活的重要组成部分，这样单元主题的整体性就可以体现出来。在导入部分提到feeling good，之后，学生就要开始课文阅读了。因为本文的结构比较清晰，总体为总—分—总，同时，每一段基本都是总—分结构，非常适合画树状图，因此，首先要求学生通读全文并找出每一段的中心句，然后根据每一句中心句中的关键词画出树状图。通过这样一步，学生理解并提取语篇中关键信息同时厘清信息之间逻辑关系的语言能力可以得到大幅提升。梳理了基本结构和关键信息后，project这篇文章的基本内容学生就了解了，接下来就需要补充额外的信息。因为主阅读提到了三个层面的内容：健康饮食、定期锻炼和充足睡眠，接卜来分别从这三个方面入手，采用不同的形式来填补学生基于主题的知识结构中的空白部分。

回顾上课过程，就会发现整节课都是围绕健康生活这一主题来展开的，以课文阅读为主线，用不同的方式对健康生活的三大法宝进行细致的剖析，使学生充分调动听、说、读、看的学习能力，在一系列的活动中学习英语、了解生活、树立三观。这完全符合"新课标"所描述的主题语境引领下的课堂模式。不足之处在于视频内容语速过快，即使使用填空形式，有些学生依然跟不上，导致这一部分学生的课堂效果欠佳，可以再提供一份文字材料，帮助英语后进生跟上课堂节奏，更好地完成课堂任务。

二、选好说明角度

写文章都具有针对性，比如说写给什么样的人看；写文章也有一定的目的性，比如通过文章要解决一个什么问题。例如，"课标2017"指出："普通高中英语课程应以德育为魂、能力为重、基础为先、创新为上，注重在发展学生英语语言运用能力的过程中，帮助他们学习、理解、鉴赏中外优秀文化，培育中国情怀，坚定文化自信，拓展国际视野，增进国际理解，逐步提升跨文化沟通能力、思辨能力、学习能力和创新能力，形成正确的世界观、人生观和价值观。"

因此，教师在高中英语教学中实施"思政教育"十分必要，要在课堂中融入社会主义核心价值观的基本内容和要求，注意培养学生良好的政治素质、道德品质和健全人格，弘扬中国优秀文化，增强文化自信，引导学生形成正确的世界观、人生观和价值观。发展学生多元思维和批判性思维，增强学生跨文化交流能力，培养构建人类命运共同体意识。如何在高中英语文本分析中落实思政课程建设，是当代高中英语教师的重点研究项目。

（一）总体要求

分析和研读语篇是指读者对语篇的主题、内容、文体结构、语言特点、作者观点等作深入的解读和分析。从 What，Why，How 三个层面来分析和研读文本，即：What：语篇的主题和内容；Why：语篇的深层含义、所承载的价值取向、说话者传递的意图、情感态度和价值取向；How：文体特征和内容结构，语篇的编排、段落之间的关联，语言特点以及如何为主题服务。教师要把知识传授与价值引领相结合，坚持传授知识与思想政治教育并重，并且贯穿于教学过程的始终，以培养具有中国情怀、国际视野和跨文化交流与沟通的合格的社会主义建设者和接班人。

以《高中英语必修一》第五单元" The Chinese Writing System：Connecting the past and the present"为例，本语篇的主题语境为人与社会——社会与文化。语篇类型为说明文。本说明文语篇的中心词为" development"和" function"，内容涉及中国汉字书写体系的发展和作用。本语篇以时间发展为轴，以汉字" development"为明线、以" function"为暗线，结构清晰，每段主题句明显。通过阅读本语篇，学生不仅了解了汉字书写体系的相关信息知识与语言知识，还能清晰地了解作者的写作思路，从而实现阅读理解的三个维度：学习理解、应用实践、迁移创新。在本课学习结束时，学生能够获取文中有关汉字书写体系的信息，概括、整合、阐释汉字功能的信息；推断作者对汉字书写体系的态度，总结作者的写作意图；树立弘扬中华文化的意识，增强文化自信，继承和发展中国传统文化。

（二）基于说明文文本分析开展"思政"教学的步骤

1. 因势利导，发散思维

教师围绕主题语境，激活已有图式，铺垫语言和文化背景知识。教师将学生的认知与情感调动起来，激发学生的积极性和主动性，进入深度学习状态。教师利用音乐和图片，创设情境，引出主题，激活学生已有的关于汉字的文化常识，通过让学生看阅读语篇中的图片和文章标题" The Chinese Writing System：Connecting the past and the present"预测语篇的内容，培养学生对文章的预测能力。对语篇内容进行预测和讨论，调动了学生的积极性，引发他们的思考，从而为后面的语篇阅读热身。教师利用互动能极大地调动学生创造性的发挥，并帮助学生有效地进行知识的重建。

2. 整合概括，加深理解

教师以发现和解决问题为出发点，使学生从语篇中获得新的知识。教师通过梳理、概括、整合等形成新的知识脉络，从语篇分析的三个层面，深入理解其表达的意义和所承载的价值取向。

（1）"What"的分析

教师要引导学生正确把握说明文的三要素：内容的严密性，客观反映事物，把握事物的特征、本质和规律。学生概括汉字书写体系发展的几个阶段和特点，同时依据标题和文本总结汉字的4个功能（Connect the past and the present、Connect people with culture、Connect characters with art、Connect China with the world），提取有关汉字书写体系的基本事实，进一步梳理细节信息，概括和整合汉字书写体系的发展和功能。学生也应利用工具书解决阅读中的一些问题，在描述阐释的过程中实现语言和知识的内化。

（2）"Why"的分析

教师引导学生发现和总结作者的态度和写作目的，作者写作意图和想传递的价值观，帮助学生树立继承和发扬文化传统的意识，推广和普及汉字书写，增强学生的文化自信。

（3）"How"的分析

教师要引导学生分析文章的结构、发展顺序、修辞手法、语言的准确性以及说明的条理性、严密性、科学性和严谨性。

3.深入分析，增强实践

教师通过布置描述与阐释、分析与判断、内化与运用等学习活动，围绕主题和新的知识，开展一系列交流活动，以描述、分析等为抓手，实现学生知识的内化，将知识转化为能力。教师设计活动，要求学生以时间为线索，相互介绍汉语书写体系的发展过程，介绍汉字书写体系的功能，从而内化语篇知识。同时教师引导学生基于主题语境探索分析和语篇知识的理解，表达个人观点，使学生对语篇类型进行改编，可以是以图片、声音等多模态语篇类型或访谈、演讲等不同语篇类型。

4.综合运用，促进创新

教师可以布置推理与论证、批判与想象等超越语篇的学习活动，升华学生对主题意义的理解，要求学生通过自主、合作、探究等方式，表达自己的观点、情感、态度、价值观等，培养核心素养。

学生通过讨论，进一步加深对中国汉字书写体系的理解，增强他们的文化意识，共同探讨文化的重要性，体现迁移创新。教师创设情境，让学生比较中国汉字与英文的区别，可以从书写、表达的意义、作用等方面讨论或者介绍和传播中国汉字等。通过这种方式使学生形成批判性思维，同时增强民族自豪感，领悟世界文化的多样性和丰富性，分析、鉴别文化现象所反映的价值取向，坚定中华文化自信，汲取优秀文化，讲好中国故事。

教育的根本任务在于立德树人。新时代，随着新媒体、新技术的飞速发展，人们获取信息的方式越来越多样化。高中生是国家各项事业的接班人，是祖国未来各项建设的主力军，高中生的思想政治教育对他们的人格培养、身心健康发展、各项知识技能的形成等都起着非常重要的作用。在信息化时代，贪图享乐、自由主义泛滥、各种网络游戏等不良诱因使自主学习能力不足、辨别是非能力差的高中生沉迷其中，这必定会影响他们的身心健康发展，成为整个社会的不稳定因素。目前教育界对高中阶段"思政"教育建设的研究远远不足，因此，教师针对高中生的特点在英语教学中加强思想政治教育工作有很强的理论意义和现实意义。

三、条理分明

文章的条理性是客观事物、事理本身特点、规律在文章结构上的反映。说明文解说事物、阐述事理就要依据这些关系来安排说明次序，使之层次清楚、主次分明。高中 8 本教材中的 reading 总共 40 篇，其中说明文有 11 篇。近 5 年高考阅读理解 5 篇语篇中说明文至少 1 篇，有时甚至多达 2 篇（2015 和 2016 年全国一卷 D 篇和七选五、2014 年全国一卷 B 篇和七选五）。由此可见，说明文文体在高中阅读教学中的重要性，教师对说明文阅读的解读能力直接影响学生的认知体验和学习成效。但是在现实教学中绝大部分教师的语篇意识薄弱，他们解读说明文语篇的能力弱，分析语篇时，只关注词汇、句子、语法等零碎的知识点和文章浅层的信息，无法研读到文章深层的含义，没有探究作者为什么要写这篇文章，为达到这个目的，作者选择了什么样的文体形式、语篇结构和修辞手段？

所谓三维视角，就是在解读语篇时，从（what, how, why）三个维度分析，第一维度（What），语篇的主题和内容是什么？第二维度（why），语篇的深层含义是什么？也就是作者或说话人的意图、情感态度或价值取向是什么？第三维度（how），语篇具有什么样的文体特征、内容结构和语言特点？也就是为了更好地传递主题意义和文本价值，作者采用了什么样的语言知识（词汇、语法、语篇、语用）来撰写文章内容。

说明文的目的在于客观地说明事物或阐明事理。基本结构一般有以时间为序，也有以空间为序的；有从现象到本质的，也有由主到次的；有按工艺流程顺序说明的，也有按事物的性质、功用、原理等顺序说明的，找出说明文的基本结构，即可梳理出文本的主线。从三维的视角简化说明文的解读，what：说明的是什么事物；how：运用什么样的方式去说明这一事物（词汇、语法、语篇、语用）；Why；作者的意图。厘清文本分析，教学设计自然而然地浮现出来。

以人教版模块二第三单元 "WHO AM I" 这篇说明文为例，谈谈如何研读这篇语篇。

1. 基于 "三维" 视角分析语篇

（1）聚焦语篇主题和内容（What）

"Who am I" 是一篇科普类说明文，文章介绍了计算机的发展演变历史以及计算机在当今各个领域的运用，依次介绍了 1642 年计算机的诞生，大约 200 年后，计算机的身份变为 "分析机"，接着 "人工智能" 出现，1936 年，计算机被应用解决复杂的数学问题，如图 7-1 所示。语篇通过科普事实的说明，为读者展现了计算机的发展史，留给读者思考计算机发展变化如此之快，未来它的发展趋势应该是怎么样的。

Para 1：Over time I have been changed quite a lot.

Para 2：These changes only become possible as my memory improved.

Para 3：Many new applications have been found for me.

（2）思考作者写作意图（Why）

作者通过介绍计算机发展的事实性信息和它发展变化如此之快，启发读者思考未来它的发展趋势应该是怎么样的。

（3）分析作者如何表情达意（How）

"Who am I"是一篇科普性说明文。对于高一学生而言，科普性的说明文内容比较抽象，对文章中的专业术语也往往有畏难情绪，这篇文章采用了拟人手法，拟人手法拉近了语篇和学生之间的距离，使文章富有情感，因此理解起来通俗易懂。作者从两条线索展开叙述：明线为计算机的发展演变历史以及计算机在当今各个领域的运用，暗线为计算机功能、记忆、应用的变化（拟人手法）。

2. 教学目标

经过本节课的学习，学生能够：

掌握说明文的语篇结构特征及理解语篇传递的计算机发展和应用所表达需要的高频词汇和语言点，因拟人手法需要所使用的现在完成时的被动语态。

形成按时间先后逻辑关系描述事件和批判性地表达自己观点的能力。

应用获得计算机发展的文化知识来有效和同伴交流。

3. 课时安排

安排 1.5 课时的教学，第一课时（45 分钟）学生在老师的引导下完成阅读任务，第二课时（20 分钟）学生对文中的 "My goal is to provide humans with a life of high quality" 进行思考、小组合作评价并分享观点。

4. 学情分析

本班学生学习能力强，50% 的学生预习习惯已经形成，35% 的学生正在培养，100% 的学生接触过计算机，35% 的学生对计算机领域感兴趣，能够提前在《21 世纪英文报》电子版了解人工智能。

5. 教学过程

基于语篇，培养学生预测能力。

Look at the pictures and the title. Predict what the reading passage is about？（图 7-1）

图 7-1　教案例图

Who am I？

【设计意图】预测能力。培养学生看的技能，发展学生的预测能力，进一步启发学生对即将学习的话题产生兴趣，以此产生阅读期待。

深挖语篇，引导学生关注文章体裁及结构。

Theme & Thread.

Skim the text quickly and summarize the main idea of each paragraph.

Para 1：_____

Para 2：_____Mainidea：It tells us_____of the computer.

Para 3：_____

暗线：

Changes of identity.

Development of function

_____ I was a _____

Improvement of memory.

How did these changes become possible？

_____ So I became a _____

Extension of application.

What new applications have been found for me？

【设计意图】使学生快速阅读文章，引导学生注意每段的主题句，由易到难，再引导学生概括文章的主旨大意。引导学生第二遍阅读课文，找出文章暗藏的线索，使学生感知每个阶段计算机的具体演变及原因，使零散的知识结构化、清晰化，从而培养学生按时间的先后逻辑关系描述事件的初阶思维品质。

深挖语篇，引导学生关注语言特点。

Careful reading.

Please find supporting details to support the topic sentence and fill in the table below（表7-1）.

Topic sentence of para 1：

Over time I have been changed quite a lot.

表7-1 教案列表

	Who am I？	functions（功能）/characters（特点）
Supporting details	calculating machine	simplify difficult sums
	analytical machine	"think" logically and produce an answer quicker than any person
	"universal machine"	solve any difficult mathematical problem
	huge computer	as large as a room
	PC	used in offices and homes；onvenient
	lap top	used in offices and homes；onvenient

About paragraph 2：

Please answer following two questions：

Q 1：How was the computers memory developed？

Q 2：When was the computer connected by a network？

Let students draw a conclusion：

Please pay attention the tense is used in the text and find some examples.

【设计意图】王蔷教授指出分析语法特征即分析语法的语用功能。比如，不同的时态表达的意义不同，解读时要体会它们的作用。因此，教师引导学生通过语篇领悟现在完成时的被动语态的使用，使学生感知文章用现在完成时的被动语态，是为了准确地实现文章应用拟人手法的表达需要，也就是 How 这个层面。教师要引导学生思考作者如何使用这些词汇（标斜线）和语法结构来达到自己的写作目的。

根据语篇，应用和迁移知识。

Design a future-computer（draw it）and then advertise it to your customers.

A future-computer：（shape，memory，application...）

【设计意图】学生通过小组合作，应用本节课学习的知识，分工合作，发挥各自所长，根据提供的支架，将知识迁移到现实生活中，设计出未来的计算机。

根据语篇，提升学生的高阶思维和跨文化沟通能力（第 1.5 课时）。挖掘语篇的深层次内涵，设置深入探究主题意义的问题：What do you think of "My goal is to provide humans with a life of high qualities"？教师引导学生思考计算机是否会为人类提供更高质量的生活，让学生关注国际上人工智能的发展趋势，激发学生的高阶思维。

第四节　说明文写作教学实践

一、支架式语篇分析运用

高中英语阅读教学的重点是培养学生的语篇分析能力。同时，阅读试题是试卷的主要组成部分。基于此，增强学生的语篇分析能力显得至关重要。说明文是以说明为主要表达方式的文章体裁，说明文阅读极其考验学生的语篇分析能力。

（一）支架式教学模式的概述

根据欧共体"远距离教育与训练项目"的相关文件，支架式教学被定义为"支架式教学应当为学习者实现对知识的理解提供一种概念框架……"。支架式教学是以概念框架的搭建为主，为学习者提供一个基本框架和方案；其完整的教学过程，包括搭建支架、退出支架和教师责任转移三个阶段。

目前，随着教学改革的推进，支架式教学的重要性逐渐凸显出来，其已经在教育领域得到实践和推广。笔者对支架式教学基本概念进行解读，具体如下：

1. 依存性

所谓依存性，指的是支架式教学的第一阶段，教师设置任务时，要依据学生的"最近发展区"，根据学生的个性特征和基本需求来灵活设置内容，以确保搭建的支架为教育的创新提供服务和支持，且搭建的支架要契合学生的成长需要，满足学生的学习需求，使学生根据自身经验做出调整和反馈，实现支架搭建的目标。

2. 退去和责任转移

在开展教学实践时，搭建支架的过程就是教学展开的过程，支架的完整性会影响最终学生对知识的理解。所谓退去，指的是退出支架，让学生在明确的思路下感知支架本身的引导作用与价值，并依托支架开展深入探究。责任转移是在搭建支架完成之后，学生获得了解决问题和处理问题的能力，自主能力也得到明显提升，支架式教学的价值由此得到凸显。通过对支架式教学模式的概念解读发现，支架式教学是一种以搭建框架为核心的教学模式，其功效显著、特点鲜明。因此，教师将支架式教学引入高中英语说明文语篇分析实践中，目的是通过支架的搭建来增强学生的阅读能力，提升学生的英语综合素养。

（二）高中生英语说明文语篇分析现状

英语说明文的特点鲜明，如何做好对语篇的深度分析是一大难点。作为英语考核的主要项目，阅读理解极其考验学生的语篇分析能力。以下以英语说明文为例，分析学生在说明文语篇分析中存在的现实问题。

1. 对说明文的主旨理解不充分

英语说明文以说明为主要表达方式，主旨十分明确。通过对说明文语篇进行分析，学生能清楚地了解说明文的核心内容。但在实际教学中发现，由于说明文的特殊性，如针对陌生事物的描写，如果学生对文章描写的事物不太了解，则势必会引发内容理解不到位和主旨分析不准确的问题。有时，在通读全文之后，学生仍无法理解文章的主旨，导致在解题时无法准确定位问题核心，出现失分的情况。

2. 对说明文的逻辑关系把握不准

英语说明文的结构紧密，上下文通常具有逻辑关系。由于内容多是新事物、新动态，因此，学生想把握英语说明文的逻辑关系尤为困难。以逻辑性较强的说明文为例，语篇分析的重点要放在逻辑关系的明确上，从而理解英语说明文的内容，为后续的推理和深入分析作铺垫。但现阶段存在的问题是大部分学生无法准确把握其中的逻辑关系，难以建立逻辑思维框架，从而片面解读说明文的内容，这会导致后续的深入分析受到影响。

3. 对说明文的全文大意不明确

由于英语说明文涉及的生词较多，对于一些陌生词汇，学生若无法完全吃透，则势必导致对内容的理解出现偏差，影响对上下文逻辑关系的把握。一旦在说明文的语篇分析和解读上出现认知问题，学生的学习积极性就会下降，产生畏难情绪和畏惧心理，之后自然难以针对说明文衍生的阅读理解问题从文中找到正确答案，从而导致在英语阅读理解题上丢分。

（三）高中英语说明文支架式语篇分析理论

支架式教学理念最早起源于苏联心理学家维果茨基的"最近发展区"，注重以学生为主体，教师发挥引导作用和价值，以活动建构的方式达成教学目标，解决学生遇到的各种问题。以下通过高中英语说明文语篇分析实践，构建支架式语篇分析理论，促进学生语篇分析能力的提升。

1. 搭建支架

支架式语篇分析的前提是搭建支架，支架的类型较多，包括语言支架、思维支架和情感支架，不同支架的侧重点不同，自然发挥的作用也会有所差异。以情感支架为例，它注重激发学生的情感共鸣，而并非单纯地整合语言和思维；注重引导学生自主探究，这有助于达到事半功倍的效果。在搭设支架之前，英语教师要对学生的基本情况进行全面剖析，对学生的语篇分析能力现状进行分析，并把考核重点放在说明文阅读理解上，以此为参照来搭建支架。此外，搭建支架时还需要以问题引领的方式引发学生思考，如英语说明文中出现的"cook"一词，除了有"做饭、烹饪"的意思，还有"做假账"的意思。多数学生只掌握了一种含义，对单词深层含义的理解不透彻，这势必导致学生对说明文的理解出现问题。为此，教师需要结合学生的基本情况来搭建支架，应充分考虑到学生的语篇分析能力现状，引导学生在说明文阅读过程中掌握一个词的多个含义，并学会结合说明文的上下文，猜测陌生词汇的含义。

2. 创设情境

支架搭建完成后进入情境创设阶段，通过情境创设打造一个有利于学生学习的全新空间，注重激活学生的想象力与创造力，循序渐进地培养学生的语篇分析能力，帮助学生理解文章。在说明文的素材选择方面，教师应注重结合学生的个体差异和语篇分析能力现状精选说明文的阅读素材。前期阶段，教师可以尝试补充学生较为熟悉的说明文阅读素材，后续不断增加难度，以实现强化训练目标。与此同时，在明确说明文的主体之后，为了促进学生对说明文内容的理解，教师可以尝试用多媒体设备为学生展示语篇中的场景，如围绕说明文的核心内容，借助图片、视频等资源建立前期的内容认知，以直观的方式使学生了解说明文的核心内容，并在说明文语篇分析过程中加深对主旨、逻辑关系的理解，为后续训练实践的展开打下基础。相比于生硬的英语说明文语篇分析模式，以情境创设为核心的模式更具吸引力，更符合学生的个性化学习特征。

3. 独立探索

支架式语篇分析理论强调搭建学生现有知识与新知识之间的桥梁，从而跨越知识衔接的鸿沟。同时，教师在支架式语篇分析的实践中要注重激活学生的独立探索能力。高中生对语篇的分析并不陌生，在大量的阅读教学和阅读理解实践中，他们已经初步具备语篇分析的能力。为此，教师在支架式语篇分析的实践中要激活学生的独立探索和独立思考能力。比如，英语教师可以根据说明文的内容，以思维导图的方式罗列出说明文的关键要素

（即研究发现、研究背景、研究过程和研究展望），给出不同的思维导图框架使学生通过独立思考来补充其中的内容，使学生快速了解说明文的大意和基本结构。以引导为核心的学习支架的搭建，有利于学生理解说明文的核心内容，并以主动探究的方式掌握文章大意和核心主旨。

4. 协作学习

经历了以上环节之后，大部分高中生对英语说明文的大意有了初步的理解，能够独立自主地对说明文语篇进行分析，并尝试独立解决问题，找到答案。教师在该阶段则可以尝试拆除支架，对说明文内容进行系统化解析，赋予学生主动权，引导学生在自主学习的基础上协作学习。比如，教师精选说明文阅读素材，通过设置由浅入深、由易到难的引领性问题，提升学生对说明文的解析能力。在该过程中，学生根据自己的意愿进行分组，并以小组探究的方式来解决问题，全面剖析说明文的内容，真正成为学习的主人。教师应注重设计一些逻辑性较强的说明文问题，引导学生思考，使学生在英语说明文语篇分析中能快速找到重点和目标方向。

5. 效果检验

从英语说明文语篇分析支架的搭建到拆除可以看到，每一个环节的侧重点都十分清晰。搭建支架，可以帮助学生建立正确的认知，并充分解读说明文内容。教师通过语篇分析来解决阅读理解的相关问题，借助支架搭建使学生的学习方向更明确。在拆除支架之后，学生则开始将侧重点放在合作学习和自主探究上，该过程的效果需要通过检验来明确。一方面，对支架式语篇分析的全过程进行评价，就实施方案、具体细节进行明确，以发现和纠正可改进的地方，为语篇分析的展开提供坚实保障；另一方面，对学生自主解析和合作探究过程进行评价，并给出科学的评价结论，引导学生建立学习自信，树立正确的合作意识。

（四）高中英语说明文支架式语篇分析理论运用实效

高中英语说明文支架式语篇分析框架的形成，革新了传统高中英语说明文的呈现方式，对促进学生的身心健康有重要意义。不可否认，在语篇分析的实践中运用支架式教学模式提高了学生的综合能力。笔者对支架式语篇分析理论运用于高中英语说明文语篇分析实践中的效果进行检验，得出了如下结论。

首先，高中英语说明文支架式语篇分析，为语篇分析提供了一种新思路。高中英语说明文语篇分析本身就是学习的一大难点，教师在传统教学中通常采取的是枯燥的讲解和分析模式，并未深入挖掘语篇分析的本质与内涵。为妥善解决这一问题，笔者提出了具体、可行的理论和基本方案。从说明文语篇分析的全过程来看，支架式教学提供了全新的教学思路，提高了高中英语语篇分析教学的效果。

其次，提高了高中生英语语篇分析能力。对于高中生而言，英语说明文语篇分析始终是学习的一大难点，为了进一步提高学生的综合素养，支架式教学框架的搭建显得至关重要。具体的教学方案使语篇分析的价值凸显出来，学生的英语语篇分析能力在实践中得以增强，效果显著。在对英语说明文语篇进行分析时，高中生能独立进行内容解析，并挖掘关键点，提升自主探究能力，英语语篇分析能力明显提升。

最后，支架式教学可促进英语教师专业技能的增强。在高中英语说明文支架式语篇分析的实践中，教师起搭建支架的作用，并且在明确语篇分析重点之后，退出支架，引导学生对英语语篇内容进行自主探究和自主分析。从实践结果看，高中生的英语语篇分析能力明显提升，这从侧面印证了高中英语教师的综合能力和专业素养得到提升。由此可见，将新内容、新方法引入高中英语的教学实践中，对教师综合素养的提升有积极影响。

二、逻辑思维能力的培养

培养学生提取信息、处理信息并建立逻辑思维关系的能力是高中英语教学的重要任务之一，如何充分挖掘高中英语教学资源，发挥科技说明文应用优势，培养学生良好的英语学科逻辑思维能力，是进一步提升高中英语教学质量需要解决的问题。在实际教学中，教师要把握科技说明文的特点，关注文中的潜在逻辑线索，带领学生深入解读文本，使学生逐渐把握其中关联，理顺文章结构，学习英语基础知识的同时，熟练掌握英语分析方法，形成良好的逻辑思维能力，从而实现教学目标，提升学生英语综合素质。

（一）科技说明文简析

科技说明文主要是指能够反映、归纳与总结当下前沿自然科学、科学技术、生物进化、物质微观探索、环境保护等领域的文章，其能够反映出社会科学发展水平、发展动向与发展成果，通过客观具体地描述事物特征、发生发展过程或形态性质等，使人们了解某一事物，获得知识和重要信息。科技说明文内容广泛，凡是与人类经济发展、科技进步和创造发明相关的文章都可以归为此类，具有很强的知识性，能够帮助学生打开科技视野；科技说明文逻辑严谨，为了揭示事物本质，存在很强的因果关系和先后逻辑关系，一环扣一环，理论依据充分，并穿插实验过程，以达到说明的目的。

（二）高中英语逻辑思维能力及其培养价值

逻辑思维能力主要是对事物进行观察、比较、概括和分析判断的能力，是高中英语学科核心素养的重要组成部分，能够帮助学生更好地处理英语知识，提高英语综合运用能力。在实际高中英语教学过程中，教师想要更好地培养学生的逻辑思维能力，需要提高学生对科技说明文的阅读效率，明确文章内在联系，精准地把握文章脉络和因果关系，运用科学的方法分析文章内容，通过逻辑分析形成自己的观点，培养学生形成严谨的推理分析能力，提高学生的阅读答题正确率，强化学生的学科知识综合运用能力。

（三）高中英语科技说明文教学中学生逻辑思维能力的培养路径

在以往高考中，英语科技说明文的阅读一直困扰着学生，使学生不知道如何阅读与分析。为了帮助学生打开思路，培养学生对英语科技说明文的语感和解读能力，英语教师需要不断探索教学方法，把握文体特征，在教学活动中逐渐培养学生的阅读能力，帮助学生形成良好的逻辑思维能力，使学生能够从容面对科技说明文的理解阅读。

1. 解读文本，带领学生寻找阅读切入点

在高中英语科技说明文教学中培养学生的逻辑思维能力，需要从最基础的"文本"入手，带领学生分别从不同的维度解读文本，寻找文章阅读切入点，多角度、多方向地理解说明文内容，促使学生更快地参与到课堂教学活动中，掌握科技说明文的高效阅读方法；通过多角度寻找阅读切入点，厘清说明顺序和文章结构，探究说明文本质内容。

以 2017 年高考英语全国卷阅读理解 D 篇《自制蒸馏器》为例。在这篇文章的阅读教学中，教师要利用本文的逻辑结构，有意识地开展思维训练，结合"A build-it-yourself solar still（蒸馏器）is one of the best ways to obtain drinking water in areas where the liquid is not readily available. Developed by two doctors in the U.S. Department of Agriculture，its an excellent water collector. Unfortunately，you must carry the necessary equipment with you，since its all but impossible to find natural substitutes."

这一段落，明确本篇文章中"蒸馏器"的研发背景，之后提出"通过阅读这一段落，你能够得到什么信息"的问题，引导学生透过"你必须随身携带必要的设备"这一现象看到本质——"这一设备应用便捷性较低"。同时分配"请分别从不同的角度分析本篇文章，寻找更多的理解切入点"的任务，促使学生能够分别从蒸馏器"设备构成""使用原理""注意事项""使用过程"等角度入手，厘清文章是按照总—分的结构来介绍太阳能蒸馏器的，明确文章各个段落之间的逻辑关系，快速准确地捕捉有用信息，完成阅读过程，精准地选出答案。深入解读说明文，其实也是在帮助学生建立逻辑联结，锻炼说明文阅读技巧，培养学生的逻辑思维能力。

2. 把握关键，引导学生探寻写作目的

在高中英语科技说明文教学中培养学生的逻辑思维能力，笔者建议教师把握文章阅读关键点，比如在《自制蒸流器》一文中，要把握"蒸馏器的使用情况—使用过程—使用注意事项"的顺序，探寻其写作目的，从而掌握本文的写作思想。

结合上述阅读教学活动，教师可以从"Homemade still""Principle of self-made still""Using method of self-made still""Matters needing attention in using homemade still"等角度出发，让学生从这几个角度阅读文章，逐渐分析出这四个关键点之间的内在联系，最终推导出本文的写作目的为："普及蒸馏器相关知识""促使学生认识到可饮用水的来之不易""培养学生的科学精神"。通过这种英语科技说明文的阅读教学活动，促使学生有目的地展开科技说明文的阅读，并且形成"寻找关键点—思考关键点顺序—全面掌握文章概况与思想"的逻辑思维，初步培养学生的逻辑思维能力。

3. 明确结构，培养学生良好的阅读习惯

要想培养学生形成良好的逻辑思维能力，笔者建议教师带领学生明确文中的基础结构，把握住说明文的主要说明方法，分析各种说明方法的内在联系与作用，从而精准把握文章结构，提高阅读效率。此外，通过这种结构分析方法，还能锻炼学生的逻辑思维能力。

在人教版《高中英语必修三》第三单元"Computers"课文中，作者为了介绍计算机的发展历程和现代计算机的工作原理，分别采用了举例法、引用法进行说明，比如，"In ancient China, the earliest use of a calculation tool called the chip, also known as the chip." "In the past 50 years, the development of computer has experienced four generations, from the original roomsized computer to todays desktop, notebook computers, the development of the computer can be described as rapid." 等。

此时，教师可以让学生说一说，通过阅读这两段话，能够获得哪些信息，从而锻炼学生的逻辑思维能力，促使学生通过分析文章说明方法掌握文章结构。

4.探寻内在联系，促使学生体味文章感情

要想培养学生形成良好的逻辑思维能力，笔者建议教师利用科技说明文中的内在关系，也就是"逻辑与表达之间的关系"。与其他问题一样，科技说明文中存在主题思想，隐藏着作者的思想及情感，解读这一情感就是学生理解科技说明文的必然途径。

在人教版《高中英语必修五》第一单元"Great scientists"课文中，作者讲述了"John Snow 利用科学分析法分析霍乱的传播途径，提出有效措施，阻止了这种疾病的传播"的过程。在学习这篇课文过程中，学生既要了解"霍乱"，更要学习"John Snow"在探寻真理道路上坚持不懈的精神，同时要感受科学家为人类社会做出的巨大贡献。因此，在教学过程中，教师应适当从文中提取句子，让学生分析这些句子在文章中的作用，并且体会科学家严谨的精神，从而促使学生把握文章逻辑与情感表达之间的关系，加深其对文章情感的理解。

5.延伸场景，进一步强化学生英语逻辑思维能力

要想培养学生形成良好的逻辑思维能力，教师需要适当延伸课堂教学场景，鼓励学生在课后多阅读类似的科技说明文，让学生通过大量的阅读反复锻炼自身的逻辑思维能力，最终达到强化学生逻辑思维能力的目的。在这一方面，笔者建议高中英语教师为学生推荐一些适合他们阅读的文章及杂志，比如《新华文摘》《数字化生存》等，还可以让学生结合现有英语知识，模仿课文内容，自己撰写科技说明文，进一步锻炼学生的逻辑思维能力，最终提高学生的英语核心素养。

三、说明文写作教学规划

"课标 2017"指出"单元是承载主题意义的基本单位，单元教学目标是总体目标的有机组成部分"，单元教学设计就是从"单个知识点"或"多个知识点"的教学转向"在具体情境下运用知识解决某个问题或完成某个任务"的核心素养培育。

单元不是传统意义上的一个主题加几篇文章，而是落实学科核心素养的基本单位，因此，教师要通过研读课标、分析教材、分析学情，做好学科和学段的整体规划，确定单元内部各元素之间的关联，指导学生开展学习活动。只有站得高，才能看得远、看得清、看

得全，才能把单元教学的理念真正地落实到教学实践中。高中英语单元整体规划是指以高中三年教学为跨度，以课程标准为依据，以教材为载体，确定集知识、能力、文化、思维、策略于一体的立体化教学结构，制订进阶式教学目标，设计螺旋上升式教学活动，充分考虑学生学习起点，重视进程性学习评估。单元教学设计分为两大板块，前者侧重整体规划，注重教学目标的预设，包括单元教材教法分析、单元教学目标设计、单元设计教学思路；后者强调落地实践，注重学生学习过程的生成，包括单元学习活动设计、单元作业设计、单元评价设计、单元资源设计。

（一）说明文写作单元的确立

"课标2017"中写作是五种基本语言技能之一，属于表达性技能，涵盖了词汇、语法、句式、篇章结构、跨文化交际能力等多重因素，反映了英语学习者的综合语言运用能力和思维能力。然而，写作一直是中国学生学习英语的薄弱环节，写作教学更是困扰着很多英语教师，学生作文中所表现的语言水平低、语篇结构散、思维能力弱使很多教师觉得力不从心，觉得教师"不会教"，学生"学不会"。因此，如何开展写作教学成为英语教师关心的一个话题。面对写作教学中的实际问题，笔者选择"说明文写作"作为一个单元设计基于以下五个原因。

说明文是英语文体的主要文体之一。说明文以"说明"为主要表达方式，尽可能以客观的态度，解释不同的概念，阐明事物的运动、变化和发展规律，有相对稳定的语篇结构、文体特征和表达方式，但是根据不同的读者对象，说明文同样表达着作者的情感态度。

说明文的主题广泛，不仅和现实生活紧密相关，还蕴含丰富的文化知识。学生在进行汉语学习时，掌握相对熟悉的说明文文体写作方法和技巧，母语水平呈现正迁移状态。

教材中丰富的说明文语篇为学生学习写作提供了坚实的语言支架。

说明文属于阐释文，帮助学生建立读者观点，说清楚，通逻辑。说明文是议论文写作的基础，很多说明方法在议论文体中可以迁移使用。

说明文的写作体现丰富的语用价值，为学生未来的写作打下坚实的基础，如研究性写作概要、书评、摘要、研究计划、研究报告、毕业论文；实用文写作，如电子邮件、入学申请、幻灯片汇报、海报与宣传片、产品说明书、工作提案、实验报告等。

根据以上分析，确定"说明文写作"单元的教学目标，学生通过三年的学习，能够根据不同读者对象，运用科学有效、有理有据的方法进行说明文写作。要达成这样的目标必须基于长期有效的语言输入，跨时三年的单元整体设计提供了实施保障，同时通过"以写促读""以写促听"促进说明文文体的阅读教学，从而体现说明文写作在立体化教学结构中的地位和价值。

（二）确定进阶式教学目标

教师进行"说明文写作"单元三年整体规划，首先要研读"课标2017"中对于说明文写作的内容和要求，分析教材中说明文的教学内容分布，分析学生已有的对说明文的了解，确定三级"进阶式教学目标"。在确定单元整体教学目标后，再分解到每一学年的教学目标，最后细化到操作层面的课堂教学中的课时目标，使教学目标更为具体。三级目标之间体现出内部各要素之间的关联性，为学生的学习提供支架。

"课标 2017"将"说""写""读"统一归为"表达性技能"，提出目标要求如下：其一，清楚地描述事件的过程；其二，使用文字和非文字手段描述个人经历和事物特征；其三，在口头和书面表达中借助连接性词语、指示代词、词汇衔接等语言手段建立逻辑关系；其四，在书面表达中借助标题、图表、图像、表格、版式等传递信息，表达意义；其五，根据表达目的选择适当的语篇类型；其六，根据表达的需要选择词汇和语法结构；其七，根据表达的需要选择正式和非正式语。

"课标 2017"要求学生通过说明文的接触和学习，把握说明文的特定结构、文体特征和表达方式，以加深对说明文语篇意义的理解，并能运用说明文进行有效的表达与交流。这就要求学生学习说明文的基本信息，掌握举例、分类、比较、定义等各种说明方式，在口头或书面表达中运用恰当的说明方法进行介绍或描述。

英语教材中没有具体的说明文写作单元指导，但介绍了说明文的写作目的、基本结构和说明方法。教材中的写作教学结构体现了"句子—段落—语篇"的逐步递进的教学设计理念，即帮助学生整理基本句型小结，掌握段落的结构，练习基本写作组织手法，开展段落分类及写作，从而提高写作水平和思维品质。英语教材中的写作内容编排看似体现了渐进性，但实际上各知识点呈孤立碎片状，"句—段—篇"的写作教学思路是"自下而上"线状型，缺少语篇教学意识，不利于学生接受和内化。

根据"课标 2017"以及教材中对说明文的教学要求，高中英语教师通过重新调整、重新设定说明文写作单元的教学总目标和呈进阶式分布的各年级教学目标，从说明文语篇整体结构特征入手，再细化进行说明方法的微技能的专项训练和综合训练，最后回到说明文的整体写作，具体分布如表 7-2 所示。

表 7-2　说明文写作单元教学总目标和各年级教学目标

总目标	了解说明文的写作目的、语篇结构特征、衔接方式、语言特征
	熟练运用定义、分类、列举、举例、比较等说明方法
	选择恰当说明方法进行事物和事理介绍或描述
	根据读者对象，传递写作意图，表达情感态度
高一	掌握说明文的基本写作结构：话题导入、主题句、支持句和总结段
	导入话题中，运用设问法、定义法和场景法
	掌握主题句的作用和位置，能用自己的语言概括主题句
	运用举例、列举、分类、因果来支持中心句

续表

高二	熟练掌握说明文的基本写作结构：话题导入、主题句、支持句和总结段
	掌握说明文的更多写作技巧，导入话题能够运用定义法、列数据法、比喻法
	根据标题列出中心句提纲，能运用排比小标题；能恰当运用过程介绍、数据引用、问题解决和因果方式来支持中心句
	总结段能灵活使用总结、预测和建议等方式
高三	熟练灵活运用说明文的各种写作技巧，能用逻辑清晰的方法对事物和事理进行说明和解释
	具有读者意识，根据不同读者对象采用不同语体

（三）建立"立体化教学结构"

说明文写作教学单元贯穿于高中三年，英语教材中说明文语篇有近40篇，为说明文写作教学提供了丰富的素材。根据教材编排顺序，循序渐进展开，对单元目标进行有序分解，合理调整教学内容，从单技能训练到综合技能运用，从段落写作到篇章写作，细化写作技巧，各个写作学习阶段各有侧重，逐步过渡，适度复现，螺旋上升，为学生综合语言能力的可持续发展提供有效支持，以逐步提高写作技能，提升语言品质，提高思维品质。

说明文写作教学根据说明文写作单元目标，结合学生实际学情，确定说明文单元教学内容，建立立体化教学结构。说明文在宏观的谋篇布局中具有共性，大多数篇章结构都是首段、主体段和结尾段，三层之间层层联系，相互支撑。但是在微观结构，尤其是说明方式上呈现多样性：在首段中，为了提供背景信息，引入主题，吸引读者注意力，点明中心思想，常常使用情景法、定义法、设问法、比喻法或描述法陈述主题。主体段经常使用"主题句—扩展句"结构，为了解释、说明主题分别采用举例法、列举法、分类法、比较法、过程法、数字法、因果法等，各方法可单独使用，也可综合运用。结尾段多采用预测、推荐或重复来总结和呼应首段。

传统的教学思路是教师引导学生根据教材顺序进行学习，样样点到为止，而根据说明文写作单元的整体规划思路，教师则根据教学内容使用教材，做到有的放矢，具有针对性。根据新世纪英语教材中的说明文语篇，教师进行每一课的教材分析，确定教学内容和教材中语篇的着陆点。例如通过高一的文本"Mans fourlegged Friend"，引导学生学习首段中情景法的使用、主体段中中心句的使用。通过语篇"Cartoons and Comic Strips"，引导学生学习首段中的定义法、结尾段中的预测展望法。在高二文本"Making Friends"中，引导学生学习首段中的比喻法、主体段中的平行小标题法。在"Oceans Under Threat"一文中，引导学生学习主体段中的问题解决法和因果法。教师还可以根据语篇单元，建立教学资源库，增加学生学习机会。

在说明文写作单元整体规划时，根据教学内容和教材中的着陆点，确定本单元内语言技能在不同阶段的不同要求和内在相互关联，确定不同写作技能在高中三年各个阶段的要求。高一阶段要求学生关注情景法开段，情景法开段的目的和意义在于让学生理解情景与说明主题之间的关系。高二阶段要求学生判断语篇中的情景法的使用是否恰当，并根据主题重新创作情景作为首段，以吸引读者注意力。高三阶段要求学生在自由写作中，有意识地运用恰当的情景来支撑自己的观点，吸引读者。通过规划，学生在学习过程中，思维能力得到了发展，在教师引导下理解该写作技能，在运用该技能的过程中，创选作品，并灵活迁移运用。具体写作技能的年级要求分布如表 7-3 所示。

表 7-3　写作微技能高中三年各阶段的要求分布

Structure	Learning conten	Senior 1	Senior 2	Senior 3
Introduction	Anecdote	○	◎	√
	Questions	○	◎	√
	Definition		○◎	√
	Facts		○◎	√
	Metaphor		○◎	√
Body topic sentences	Write a topic sentence	○	◎	√
	Write series of topic sentences to make an outline		○◎	√
	Write subtitles as topic sentences	○	◎	√
	Write subtitles in parallel as topic sentences		○◎	√
Body supporting details	Order and Process	○	◎	√
	Exemplification		◎	√
	Listing	○	◎	√
	Classification		◎	√
	Comparison and contrast	○	◎	√
	Numbers and facts		○◎	√
	Problem and solution		○◎	√
	Cause and effect		○◎	√
Conclusion	To predict	○	◎	√
	To recommend	○	◎	√
	To summarize or to restate		○◎	√

注：○代表一级要求：认识和理解；◎代表二级要求：应用与实践；√代表三级要求：熟练应用并创作。

（四）确立说明文写作单元整体教学理念

说明文写作单元教学坚持"以读促写，以写促读"的教学理念，旨在培养并提高学生说明文写作技能，并提升说明文的阅读技能，从而提高综合运用水平。

阅读是写作的基础，写作是阅读的延伸。正如朱迪斯·奥斯特所指出的，阅读不仅让读者接触作者的思想、情感和经历，而且让读者学习作者如何提供信息、选择词语、组织结构，如何有效地表示自己的观点，阅读激发读者思考、感受，甚至可以思辨作者观点。

教师在使用"以读促写，以写促读"模式时，通过选择具有典型性、可读性、可模仿性的说明文阅读材料（阅读材料一部分来自教材，一部分来自补充阅读），提取与写作相关的题材元素、结构元素、组织元素、语言元素及话题元素，为写作提供内容素材、语言支撑、篇章架构的范例和写作方法的指导。在课堂阅读环节，教师有的放矢地引导学生进行信息处理，分析、理解说明文语篇的说明点即写作目的，分析说明文语篇的结构和各种说明方法的联系与运用，帮助学生体会说明文语篇中的作者意识和读者意识。整个教学过程注重对学生的启发和引导，培养学生的文本解读与分析能力，鼓励学生自我发现与归纳。

（五）说明文写作单元整体规划的思考

1. 单元设计从整体到局部

说明文写作单元的整体设计，串联起了教材中的说明文语篇。从宏观设计到微观设计，关注单元内部各要素之间的关联性，作为三年的大跨度设计，教师要有清晰的教学目标、教学思路，时刻关注学生写作水平的动态发展，在局部教学时进行动态调整。

2. 单元设计兼顾共性与个性

教师通过分析课标、教材和学生学情，说明文写作单元教学目标和教学内容呈现出共性化，但落实到课堂教学中将体现出各种个性化，如单元素材个性化、教学活动个性化、教学作业个性化等。在整体规划下，教师可以展现不同的教学智慧，殊途同归，指向整体规划总目标。

3. 单元设计从过程到进程

课堂教学以班级教学形式展开，学习过程由多个形成性活动展开，教师通过设计低台阶、可操作、易模仿的写作练习为学生搭建学习脚手架。在此过程中，学生学会观察与体验写作特征、识别并形成修辞概念、模仿与创作、分享与评价、修改与润色。但是在相同的过程中，由于写作是个性化的思考与创作过程，学生呈现出不同的学习进程，区别主要表现在语言品质、思维品质和文化意识上。每个学生在做中学，在学与做的过程中，写作技能内化，从一种必学技能发展为一种习得技能，从准确表达到流畅表达再到自由表达，语言能力和思维品质得到显著提高。

四、主位结构写作教学实践

概要写作作为一种读写相结合的写作类型，要求学生对给定语篇进行信息梳理，提炼重要信息并加以概括总结。通过概要写作训练，学生可以加强对文本结构框架和中心内容的理解，提升分析和概括等高阶思维能力，促进自身写作水平的提高。学生平时接触的语篇以说明文居多，作为一种以说明为主要表达方式的文章体裁，说明文旨在客观说明具体事物的特征、演变及其本质等内容或阐述事物自身的道理或内部的规律性，具有严谨、平实和准确等特点。学生在写作前需要充分解读语篇，从语篇的宏观和微观结构入手把握文章的脉络线索。具体来说，语篇的宏观组织结构主要包括语篇模式，而句子内部的语法结构、词语搭配、指代关系、句子和信息的展开方式则属于语篇的微观组织结构。

目前学生在写作阶段存在的主要问题是对文章段落或句子中的信息展开方式把握不准，导致概括文意时出现偏差，遗漏文章的主要信息或者把次要信息当成主要信息。我们可以借助主位结构来梳理小句关系，厘清上下文意。主位结构的主要功能是在句子内部以及句子之间合理地分布信息，使语篇中的信息逐步从已知信息向新信息过渡，同时使重要信息安排在凸显的位置上。研究语篇的主位推进模式可以帮助我们理解信息传递的方式，从而把握文章脉络，锁定写作重点。

（一）主位结构理论概要分析

语篇的信息结构，首先从语言运用的视角来分析句子的信息展开方式。一个句子可以分为主位（theme）和述位（rheme）两个部分，其中主位位于句首，是句子信息的出发点，提示说话者的语意重点；述位则是对主位的陈述，往往含有新的信息。就主位的构成而言，它可以是单项主位、复项主位以及句项主位。

例 1：From house to house I delivered newspapers. 此句中地点状语 from house to house 充当单项主位，表明说话者一再强调挨家挨户送报纸这一行为。

例 2：But strangely，he does like it at all. 此句中含有复项主位，其中 but 是衔接成分，提示该句内容与上句形成转折，strangely 表达了说话者惊讶的语气，而 he 则引出话题的行为主体，这三个主位共同传递出作者的语意重点和观点态度。

例 3：If Tom agrees，we can sign the contract. 此句中 if 条件句充当句项主位，强调主句内容实现的条件，即签署合同的前提是得到 Tom 的同意。

通过上述分析可知，掌握主位和述位的概念可以帮助读者在分析语篇时快速地找到各句话信息传递的重点，在语境中充分理解语篇所表达的中心内容。此外，语篇中各句的主位和述位不是孤立存在的。具体来说，前后句的主位和述位会不断地发生变化和联系，进而推动信息的发展，这种变化和联系就叫作主位推进（thematic progression）。

常见的主位推进模式主要包括以下几种类型：平行型（parallel progression），其特点是各句的主位相同，述位不同；集中型（concentrated progression），即各句的主位不同，述位相同；延续型（concentrated progression），即前一句的述位或述位的一部分成为后一句的主位。

就一篇结构严谨的语篇而言，主位推进模式可以反映出该语篇的信息结构，使整个语篇形成一个意义完整、结构连贯的整体，从而帮助读者明确作者如何逐步从已知信息推进到未知信息，厘清文章的脉络线索。此外，大多数语篇较少依赖于某种单一的主位推进模式，作者往往根据语意表达的需求选择多种模式的组合，从而突出重点信息，达到其写作目的。

（二）主位结构理论在说明文概要写作教学中的运用

写好概要写作的第一步是学会把握语篇的主旨大意，提取文章的内容重点。了解主位结构及其推进模式可以助力我们阅读语篇时学会分析全文信息的展开模式，明确文本的内容要点。笔者在课堂教学过程中，从概念运用、案例分析和实践操作等方面入手，带领学生逐步深入文本梳理其中的主要信息。

1. 转换视角，运用主位和述位解读语篇信息

以主位结构理论来指导学生学会分析语篇的信息推进，教师需要改变传统的依靠句法结构来分析句子成分的语法观，引导学生走入文本，关注文中段落各句信息的呈现和展开方式。在课堂教学中，选取难度适中的语篇，按照段落顺序带领学生逐句分析。鉴于主位是小句信息的出发点，笔者在授课时提问学生寻找句首成分，定位主位并进行圈画，再让学生对述位部分的内容进行概括。以高三的一篇说明文为例，该文围绕美国的木材公司不热衷追随时代潮流，拒绝对产品进行环保认证这一现象探讨了其背后的原因。首先布置学生阅读首段，并寻找各句的主位和述位，具体示例如下。

Para 1: Certifications are issued by an international organization in an effort to encourage ecologically sustainable forestry practices among wood companies. Companies that receive this certification can attract customers by advertising their product as eco-certified. Actually, in order to receive eco-certification, wood companies worldwide have started to adopt new, eco-logically friendly practices. However, wood companies in the US are unlikely to do the same for several reasons.

本段旨在引出文本的中心话题，学生阅读后可以寻找到主位中的核心词组，如 certifi-cations, companies that receive this certification 和 wood companies in the US 等。通过核心词组学生可以迅速定位该段所反映的背景信息，即木材公司和环保认证存在某种联系。但有些学生在寻找主位时往往忽略了 actually, however 等信号词。这些词作为主位放在句首，是信息的发出点，暗示段落的信息走向，忽略它们将直接影响内容概括的精准度。

例如，however 一词引出了美国木材公司不同寻常的做法，意在表明上文前三句都是背景信息铺垫，而最后一句才是该段的文眼，必须引起读者的重视。因此老师在授课时提醒学生要关注语篇主位对文章脉络线索的影响，确保学生能够全面精准地把握核心信息。

此外，四句话中述位部分的信息量较大，学生虽然可以概括基本内容，但还不能明确提炼出其中的主要信息，也不能厘清四句话之间的语义关联，判断出哪句才是重要信息的落脚点。这需要教师搭建脚手架，帮助学生通过具体的学习任务来分析各句之间的主位推进模式，从而完成核心信息的提取。

2. 构建结构概念图，学会分析语篇的主位推进模式

教师在引导学生分析语段的信息展开方式时，可以启发学生构建结构概念图（concep-tual map），以简明而直观的方式帮助学生理解文本的结构脉络和内容重点。仍以第一段为例，学生需要提取各句的主位和述位中的关键词，用箭头标识主位和述位的推进方向，进而完成概念图，具体如图 7-2 所示。

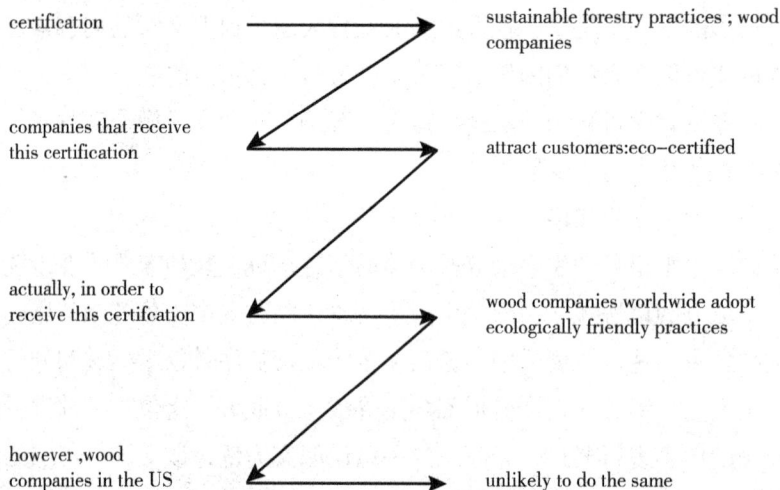

certification → sustainable forestry practices ; wood companies

companies that receive this certification → attract customers:eco-certified

actually, in order to receive this certifcation → wood companies worldwide adopt ecologically friendly practices

however ,wood companies in the US → unlikely to do the same

图 7-2　结构概念图

通过上述结构概念图，学生不难发现这四句话之间的内在联系。全段的叙事起点是 certifications，通过首句的述位部分解释环保认证是鼓励木材公司科学伐木的一种手段。第二句中的主位承接上句的述位部分进行拓展，提出获得认证的公司这一行为主体，并在述位中提出环保认证可以吸引消费者。第三句中的 actually 表明作者语义重点，通过另一主位 in order to receive eco-certification 承接上句的述位部分，并在后半句中表明全球木材公司为了获取环保认证，已经开始着手采取较为环保的伐木做法。第四句则以 however 为主位，提示作者话锋的转变，紧接着以 wood companies in the US 引出该句话题，这与第三句述位部分中的 wood companies worldwide 是整体和局部的关系，意在突出美国公司在产品环保认证备受追捧的时代背景下不随波逐流的举动，从而引出全文讨论的中心话题。

学生通过梳理结构概念图可以总结出该段运用的是延续型的主位推进模式。使用结构概念图的优势在于教师可以将抽象的理念转化为直观的、可操作的任务型活动，使学生在完成学习任务的过程中深入语篇内容，运用逻辑分析能力提炼中心内容。

3. 关注不同主位推进模式的差异，把握语篇的语意走向

学生掌握了主位推进模式的分析方法后，教师还应该有意识地引导他们比较各种推进模式的异同，从而学会从微观角度提取语篇信息的侧重点。以该语篇的第二、三段为例进行说明。

Para 2：Firstly, American consumers are exposed to so much advertising that they won't value or even pay attention to the eco-certification label. Because so many mediocre products are labeled "new" or "improved", American consumers don't place much trust in advertising claims in general.

Para 3：Secondly, eco-certified wood will be more expensive than uncertified wood because a wood company must pay to have its business examined. This additional cost gets passed on to consumers. American consumers tend to be strongly motivated by price. Therefore, they are likely to choose cheaper uncertified wood products. Accordingly, they push American wood companies to keep their prices low rather than obtain eco-certification.

　　上述两段分别阐述了美国木材公司放弃环保认证的两层原因。第二段的两句话看似简单，但学生在总结时往往试图从两句中都提炼出重点信息，尤其受到第二句中 because 一词的影响，很多学生会认定该状语从句中的信息必须出现在原因总结部分，反而使得提炼出的内容拖沓、不明确。这时教师可以指导学生画出结构概念图来观察该段的主位推进模式，从中可以发现这两句的主位不同，但述位部分相同，都强调了美国消费者不重视或不信任广告宣传。这就提示学生要寻找两句话中述位部分的内在联系，最终定位该段的核心原因，即过多的广告导致消费者对环保认证的漠视。这样提炼出来的原因才简洁清晰、一目了然。

　　有了前面的实践操作，学生在总结第三段的主位推进模式时较为顺畅熟练。通过观察可知第三段运用了延续型和平行型的主位推进模式。具体来说，前三句以 eco-certified wood 作为消息出发点，指出环保认证费用昂贵且由消费者埋单，然而消费者往往对价格极度敏感。这三句中前一句的述位分别构成下一句的主位，是典型的延续型模式。通过信息层层推进，引导读者聚焦消费者群体。从第三句到第五句，主位则切换为美国消费者，一再强调消费者更在意价格是否亲民。这三句又属于平行型的主位推进模式。此处部分学生在概括时会忽略主位推进模式的切换，只关注段首句，认为第二条原因就是环保木材价格过于昂贵，忘记消费者对于价格的影响力才是决定性因素。所以教师在指导学生阅读该段时提醒他们完成完整的结构概念图，依据概念图厘清各句的内在联系，学会分析后三句中主位部分消费者 consumers 和代词 they 之间的指代关系。学生明确了在寻找原因时不能只关注段首句中的费用问题，更应该注意到美国消费者的消费理念，这才是造成问题的根本原因。

　　通过上述活动，学生学会了根据不同的主位推进模式来判断作者的写作思路。具体来说，平行型或集中型的主位推进模式以主位或述位复现的方式来强调相应的话题重点，延续型推进模式则提醒读者紧密关注句子之间的逻辑关系以把握语意重点。上述三种模式在文中有机结合，体现出说明文语篇在行文构思时的逻辑性和条理性，有助于学生精准地理解文章的结构和内涵。

　　通过探索主位结构理论在课堂教学中的运用，概要写作教学必须以科学的理论和教学策略作为支架。以往很多学生在提炼语篇中心内容时往往采取简单粗暴的方式，即抓取每段的开头第一句话作为该段的中心句，忽略段落的内部结构，导致信息概括出现偏差或不够完整；还有些学生不懂得如何区分主次信息，在概括文章时缺少科学的方法，结果造成眉毛胡子一把抓。而主位结构理论能够帮助学生在阅读时树立语篇意识，学会从微观的角度分析段落信息的展开方式，并对其中每个段落的中心话题和要点信息进行有效的提炼和概括，进而对语篇的重点内容形成整体性把握，这是写好概要写作的重中之重。同时笔者也意识到，要把理论融入实践中需要教师设计具有实践性和关联性的活动，使学生在实战演练过程中将抽象的理论逐渐内化，直至树立语篇分析的意识。

与此同时，教师在教学过程中要把概要写作视为培养学生概括、分析等高阶思维能力的手段，不断探索行之有效的教学方法。教师也要树立语篇意识，认识到主位结构只是微观层面上对语篇的一种解读方式，还需要学会多角度探索语篇，指导学生在理解语篇结构的基础上学会借助衔接、连贯等手段把重点信息串联成一个有机的整体，这样才能精准地还原原文的精髓。这要求教师在业务上不断地提高自己的理论修养，在日常教学实践中不断归纳总结和反思提升。有了这种意识，教师在概要写作教学中才能更加科学地指导学生的读写环节，培养学生的概括和分析的思维能力，提升学生的写作水平。

参考文献

[1] 周小峰.核心素养课改背景下的高中英语写作教学探究 [J].作文成功之路（下旬），2017（10）：10-11.

[2] 吴国文.基于核心素养的高中英语写作教学策略探究 [J].青春岁月，2018（26）：312-313.

[3] 张雯.学科核心素养背景下读写结合在高中英语分层写作教学中的应用 [J].新课程（下旬），2018（10）：154.

[4] 张豪锋，王小梅.基于对话教学理论的课堂学习共同体研究与设计应用 [J].现代教育技术，2019（2）：46.

[5] 吕国燕.英汉写作实践共同体中的多重认同建构 [J].民族高等教育研究，2015（4）：80-83.

[6] 何丽艳.基于学习共同体的"三阶六步"英语写作教学初探 [J].英语画刊，2021（6）：39-42.

[7] 白超群.学习共同体概念界定重建 [J].教育前沿，2015（7）：255.

[8] 张威，郭永志.学习共同体模式的实证研究 [J].教育科学，2017（10）：32-36.

[9] 庄萍萍.创设师生学习共同体，让初中英语写作课堂更高效 [J].英语教师，2015，（20）：94-95.

[10] 许美英.北师大版高中英语必修模块 3 教学设计 [J].新课程教学，2016（12）：22-24.

[11] 陈勤保.基于话题进行高三英语一轮复习 [J].英语教师，2016（8）：138-140.

[12] 孙一敏.学习共同体模式下的高中英语写作教学中的高效策略 [J].英语画刊，2021（6）：98.

[13] 杨晓玲，陈建华.论杜威教育思想中的"学习共同体"理念 [J].南京社会科学，2017（3）：138-143.

[14] 王平.高中英语写作教学现状分析及对策 [J].课程教育研究，2019（28）：76-77.

[15] 姜凌娟，杨晓敏，王丽娜.基于学习共同体的小组合作学习问题与策略浅析 [J].课程教育研究，2016（2）：124.

[16] 李建潘，周胜.2020 年高考英语书面表达题的共时研究 [J].考试与评价研究，2021（5）：91-95.

[17] 尚雯.教师学习共同体运行机制的个案研究——以 S 中学为例 [D].兰州：西北师范大学，2020.

[18] 毕琴.学习共同体在高中英语写作中的应用 [D].武汉：华中师范大学，2015.

[19] 孙源幸.学习共同体在高中英语写作课堂上的应用 [D].福州：福建师范大学，2018.

[20] 曹莹.师生合作评价模式在高中英语写作教学中的实证研究 [D].哈尔滨：哈尔滨师范大学，2021.

[21] 贾子阳.基于学习共同体的形成性评价在高中英语写作教学中应用的行动研究 [D].长春：吉林外国语大学，2021.

[22] 王伟伟.教师反馈与同伴反馈相结合在高中英语写作教学中的有效性研究 [D].哈尔滨：哈尔滨师范大学，2021.

[23] 苏杭.中学英语"教学学术共同体"及其建构 [D].镇江：江苏大学，2018.

[24] 孔维丽.交往理论视角下中学英语"学术共同体"及其建构研究 [D].镇江：江苏大学，2020.

[25] 李爽.中学英语教师学习共同体建构研究 [D].重庆：四川外国语大学，2018.

[26] 李家容.论高中英语写作教学中的思维训练 [J].英语教师，2018，18（6）：99-101.

[27] 石岩.概要写作在高中英语写作教学中的应用研究 [D].信阳：信阳师范学院，2020.

[28] 刘玉妹.词块教学法在高中英语写作教学中的实验研究 [D].石家庄：河北师范大学，2020.

[29] 王云."以读促写"在高中英语写作教学中的应用研究 [D].洛阳：洛阳师范学院，2020.

[30] 曹倩.高中英语教学中关于读写方面的教学模式探究 [J].科学大众（科学教育），2020（6）：31-32.

[31] 税建山.高中英语教学中如何实现阅读和写作一体化教学 [J].学周刊，2020（18）：45-46.

[32] 陈贤惠.高中英语"读写一体化"教学模式探究 [J].英语教师，2020，20（10）：78-79.

[33] 邬艳莉.基于核心素养培养的高中英语读写结合教学策略探究 [J].新课程研究，2020（14）：18-19.

[34] 邓爱云.浅谈高中英语写作教学中的思维训练 [J].文教资料，2019（5）：229-230.

[35] 周帮钊.高中英语写作教学中学生思维训练对策初探 [J].科学咨询（教育科研），2020（4）：262.

[36] 李霞.高中英语写作教学中的问题及其解决策略 [J].新智慧，2019（22）：100.

[37] 侯文娟.高中英语写作教学中的问题及对策探究 [J].英语教师，2017（4）：

76-78.

[38] 钱春燕.浅析高中英语写作教学存在的问题及对策 [J].南北桥，2019（23）：54.

[39] 龙君燕.高中英语写作教学中的常见问题及改进建议 [J].新教育时代电子杂志（学生版），2018（47）：193.

[40] 孙翠萍.高中英语写作教学存在的问题及策略探究 [J].读写算，2019（13）：139.

[41] 于杰.高中英语写作教学中的问题及对策 [J].魅力中国，2019（26）：139.

[42] 田淑年.高中英语教学中学生写作水平提升方法研究 [J].中文信息，2018（2）：203.

[43] 程晓堂.英语学科核心素养及其测评 [J].中国考试，2017（5）：7-14.

[44] 朱小蔓.教育的问题与挑战：思想的回应 [M].南京：南京师范大学出版社，2016.

[45] 余文森.核心素养导向的课堂教学 [M].上海：上海教育出版社，2017.

[46] 王晓亚.高中英语课堂中国文化教学现状调查 [D].上海：华东师范大学，2020.

[47] 金彦.如何在高中英语教学中渗透中华文化及其意义 [J].中外交流，2018（11）：144.

[48] 何丽芬.高中英语教材中的中国文化融入现状分析 [J].教学与管理，2018（4）：85-87.

[49] 郭伟.文化自信视野下高中英语教学中文化意识的培养现状与对策 [J].中学课程辅导（教学研究），2020，14（18）：11.

[50] 王旭华.中华优秀传统文化融入大学英语教学的现状及影响因素探析 [J].湖北函授大学学报，2019，32（23）：164-165.

[51] 褚云姣.高中英语教学中渗透传统文化教育的实践研究 [J].课程教育研究，2020，（35）：50-51.

[52] 胡晓菲.人教版高中英语教科书中的文化内容研究 [D].上海：上海师范大学，2021.

[53] 王笃勤.英语教学策略论 [M].北京：外语教学与研究出版社，2002.

[54] 罗惠英.关注学生提高高中英语写作教学的实效性 [J].中小学外语教学（中学），2011，14（7）：1-6.

[55] 李香.浅谈新课标下高中英语写作教学策略 [J].读与写，2019，16（4）：115-116.

[56] 保鹤贤.新课标下高中英语写作教学的思考 [J].新教育时代电子杂志（教师版），2018（15）：87.

[57] 王淑雯.利用自动评分系统进行在线英语写作反馈 [J].成人教育，2011，31（8）：115-116.

[58] 任永东，张健.论过程体裁法在高中英语写作教学中的应用 [J].中国教育学刊，

2014（5）：80-83.

[59] 刘嘉欣.新课标背景下高中英语学习技巧之我见 [J].语文课内外，2019（9）：157.

[60] 李月棉，董丽.高中英语写作中式英语的成因及其表现形式 [J].教学与管理（理论版），2010（7）：82-85.

[61] 卢金飞.高中英语基础写作困难分析与训练方略 [J].海外英语（上），2012（11）：58-59.

[62] 刘建良.高中学生英语写作错误成因及训练策略 [J].中国教育学刊，2006（4）：70-71.

[63] 刘宽平，周业芳.英汉思维差异对中国学生 EFL 写作的影响 [J].外语学刊，2004（5）：107-111.

[64] 王德美.高中生英语写作现状调查与策略探讨 [J].基础教育课程，2019（10）：43-48.

[65] 徐翠筠.高中英语写作困难的成因及对策 [J].英语广场（下旬刊），2016（3）：149-150.

[66] 蔡红玉，姬振亭，靳相茹.英语专业写作现状调查 [J].河北农业大学学报：农林教育版，2012，14（2）：68-71，75.

[67] 张雨娜.高中英语新课标背景下学生思维品质的培养 [J].海外英语（下），2019（1）：175-176.

[68] 王平.高中英语写作教学现状分析及对策 [J].课程教育研究，2019（28）：96-97.

[69] 罗丹，张敏强，倪雨菡."写长法"促进高中生英语自主学习的实证研究 [J].教育导刊（上半月），2017（10）：39-43.

[70] 张纾.谈用英汉对比教学提升英语写作兴趣 [J].语文建设，2016（21）：9-10.

[71] 胡梅娴.高中英语写作困难形成的原因 [J].科教文汇，2015（18）：118-119.

[72] 丁燕云.对高中英语写作教学的几点思考 [J].内蒙古师范大学学报（教育科学版），2007，20（12）：121-124.

[73] 邢文骏.概要视角下高中英语读写教学存在的问题及其对策 [J].教学与管理（中学版），2017（2）：47-50.

[74] 黄利萍.助推高中英语写作教学转型的策略 [J].教学与管理（中学版），2016（2）：64-66.

[75] 黄慧莲.学科核心素养指导下高中英语写作教学探究 [J].英语教师，2019（6）：72-75.

[76] 郭冬花.高中英语写作教学的实践与探索 [J].学周刊，2019（20）：128.

[77] 陈冰冰.国外需求分析研究述评 [J].外语教学与研究，2009，41（2）：125-130.

[78] 陈冰冰，王欢.国内外语需求分析研究述评 [J].外语与外语教学，2009（7）：

18-21，28.

[79] 刘英杰，刘萍，谢娉婷．基于需求分析视角下的高职高专商务英语教材建设思路 [J]．湖北函授大学学报，2014（6）：191-194.

[80] 束定芳．社会需求与外语学科建设 [J]．中国外语，2017，14（1）：22-25.

[81] 鲍金丽．基于高中英语学科核心素养的有效课堂教学 [C]．教师教育论坛，2019（2）：6-8.

[82] 张革承，张洪岩．英语全球化语境中的高中英语文化教学 [J]．课程·教材·教法，2007（284）：51-54.

[83] 梅德明．培养具有中国情怀、国际视野和跨文化沟通能力的时代新人——《普通高中英语课程标准（2017年版）》的学科育人观及实现路径 [J]．人民教育，2018（7）：49-52.

[84] 夏谷鸣．作为英语学科核心素养的语言能力内涵分析 [J]．兴义民族师范学院学报，2018（6）：109-115.

[85] 许萌莉．中国学生英语核心素养研究综述 [J]．英语广场，2018（10）：141-144.

[86] 陈则航，王蔷，钱小芳．论英语学科核心素养中的思维品质及其发展途径 [J]．课程·教材·教法，2019（39）：93-100.

[87] 吴林，李华，吴彩琴．新中国中小学英语课程变革及其动因探究 [J]．广东第二师范学院学报，2015（35）：15-21.

[88] 朱芬．基于英语核心素养提升的深度教学模式探究 [J]．教学与管理，2018（15）：108-110.

[89] 臧家卓．核心素养教育在英语课堂教学中的应用 [J]．英语教师，2017（17）：129-131.

[90] 林海．核心素养与英语课堂教学 [J]．课程教育研究，2017（15）：110-111.

[91] 杨宇学．核心素养背景下的高中英语课堂教学变革 [J]．英语教师，2017（17）：28-31.

[92] 沈静燕．构建高效英语课堂发展学科核心素养 [J]．基础教育研究，2018（4）：13-14.

[93] 黄远振，黄睿．课标·课例·课堂：英语学科素养落地研究——以阅读教学为例 [J]．福建基础教育研究，2018（30）：55.

[94] 李妍．论义务教育阶段英语学科核心素养的培养策略 [J]．江苏第二师范学院学报，2019（35）：17-20.

附　录

高中英语学科思维品质培养访谈（学生访谈记录）

访谈时间：2020.12.12

访谈学校：_____

访谈对象：普通高中学生

被访谈者姓名及联系方式：_____

访谈目的：为了进一步了解中学生对高中英语学科思维品质的认识、对其培养策略和测评方式的了解情况。为课堂教学实验研究活动的开展和后续教学实验设计的改进提供真实有效的依据。

访谈提纲：

1. 你所了解的关于英语学科思维品质是什么？

2. 你对你的英语学科思维品质有多少关注？

3. 你在刚才的课堂感觉到老师对你思维的启发和培养了吗？

4. 你对英语阅读课堂感兴趣吗？有哪些兴趣点？

5. 经过一段时间高中阶段的学习，你认为的思维能力有提升吗？如在逻辑性、创新性、批判性这些方面？

访谈记录：

1. 问：你觉得英语学科思维品质有什么重要的意义？

答1：应该是很重要的吧，如果我的思维品质提升了，对英语文章的理解能更深入、文章背后深层的含义也能体会到，还有逻辑思维、创造性思维在其他科目也非常有帮助。

答2：我觉得思维的品质是一个人的素质，如果这个人的思维能力很强，在其他方面也是有很多好处的。

2. 问：你对你的英语学科思维品质有多少关注？

答1：没有太多刻意的关注，只是在老师提起的时候才意识到这方面有待提高和培养。

答2：就是在阅读课和做阅读题的时候才会去关注，或者有时候甚至没有注意到。

3. 问：你在刚才的课堂感觉到老师对你思维的启发和培养了吗？

答1：有的。比如老师问 main idea 的时候，我觉得就是对概括性思维能力的锻炼吧。

答2：有一些吧，比如老师让我们发挥想象，预测一下结果这样的问题，但是还有什么我不知道。

4. 问：对阅读课堂的兴趣点在哪里？

答1：我觉得老师课前播放的视频和图片非常能够吸引我的注意力，也提起了我的兴趣。还有老师在课堂上分析文章的背景很吸引我的注意力。

答2：在阅读课堂中的讨论活动比较让我有兴趣，可以让我们自由发挥，表达自己的想法。

5.问：对自己思维能力发展的评价。

答1：老师在课堂中比初中更加注重这种分析啊、推理判断的问题，所以我感觉自己也更关注文章的逻辑，我会自己去归纳段落大意什么的，我感觉这样能更好地理解文章。所以我觉得自己的逻辑能力要比以前强了。

答2：现在老师在课堂上经常会问到"What's your opinion？"（你的观点是什么）我感觉这个问题特别能锻炼我的批判性思维，以前遇到问题我很少去思考自己的想法，现在我看问题可以更全面一些了，会关注有两面性什么的。但是创新的方面好像还没有感觉多少变化。

访谈总结：通过和部分学生的交流，可见普通高中的许多学生对学科思维品质还没有更多的认识，让我更体会到研究高中英语学科思维品质的培养有重要的意义。作为教育研究者，不仅仅要给教学理论的发展提出有质量的研究成果和信息，还要关注教学实施的对象——学生。只有多从学校的角度出发，才能得到更有意义更有价值的研究成果。